edition suhrkamp 2808

*Unhaltbarkeit* ist eine Expedition in radikal neues Terrain. Ingolfur Blühdorn durchdenkt das bisher für undenkbar Gehaltene, dass nämlich das Projekt der ökologisch-emanzipatorischen Avantgarden seinerseits emanzipatorisch überholt und dadurch anachronistisch wird. Mit dem Untertitel *Auf dem Weg in eine andere Moderne* knüpft er bei Ulrich Becks Klassiker *Die Risikogesellschaft* (1986) an und führt dessen Analyse konsequenter weiter, als Beck selbst es sich zugetraut hatte. Das Buch leistet einen entscheidenden Beitrag zur Theorie der Spätmoderne, zur Soziologie der (Nicht-)Nachhaltigkeit und zum Verständnis der Transformation der westlichen Moderne.

Ingolfur Blühdorn, geboren 1964, ist Professor für soziale Nachhaltigkeit und Leiter des Instituts für Gesellschaftswandel und Nachhaltigkeit (IGN) an der Wirtschaftsuniversität Wien. In der edition suhrkamp erschien zuletzt *Simulative Demokratie. Neue Politik nach der postdemokratischen Wende* (es 2634).

Ingolfur Blühdorn

# Unhaltbarkeit

## Auf dem Weg in eine andere Moderne

Suhrkamp

Klimaneutral
Druckprodukt
ClimatePartner.com/14438-2110-1001

2. Auflage 2024

Erste Auflage 2024
edition suhrkamp 2808
Originalausgabe

Umschlag gestaltet nach einem Konzept
von Willy Fleckhaus: Rolf Staudt
Satz: Satz-Offizin Hümmer GmbH, Waldbüttelbrunn
Druck: C. H. Beck, Nördlingen
Printed in Germany
978-3-518-12808-4

www.suhrkamp.de

# Inhalt

Für die aktiven und ehemaligen Mitarbeiterinnen und Mitarbeiter des Instituts für Gesellschaftswandel und Nachhaltigkeit (IGN), denen ich mich in großer Dankbarkeit verbunden fühle.

Ein Mensch sieht schon seit Jahren klar:
Die Lage ist ganz unhaltbar.
Allein – am längsten, leider, hält,
Das Unhaltbare auf der Welt.

*Eugen Roth*

# 1
# Nach dem Untergang der Menschheit

»Ende oder Wende!«, »Weiter so ist keine Option!«, »Fünf vor zwölf!«, »Sozialökologische Transformation oder Unbewohnbarkeit des Planeten!«. Seit den Anfängen der Umweltbewegung bestimmen diese und ähnliche Formeln den umweltpolitischen Diskurs. Bis in die Gegenwart werden sie wiederholt: »Wir stehen am Abgrund!«, sagte UN-Generalsekretär António Guterres im November 2022. »Die Menschheit hat die Wahl: Zusammenarbeiten oder Untergehen. Entweder ein Pakt der Klimasolidarität oder ein Pakt des kollektiven Selbstmords.«[1] Aber diese Rhetorik ist alt und stumpf geworden. Sie verfehlt die Realität spätmoderner Gesellschaften. Die Bedrohungen sind heute tatsächlich größer und akuter denn je. Doch dieses Denken verdunkelt mehr, als es erhellt. Es ist an der Zeit, aus dem Dualismus von Einsicht oder Untergang auszubrechen.

Um die Wende zu den achtziger Jahren bekamen ökoapokalyptische Untergangsvisionen erstmals große, breitenwirksame Mobilisierungskraft. Neben tiefgreifenden Umweltveränderungen waren damals Großtechnologien wie die Atomkraft, die Gentechnik, die aufkommenden Heimcomputer sowie das Wettrüsten im Kalten Krieg entscheidende Auslöser. Vor diesem Hintergrund

1 Guterres 2021, 2022.

formierte sich das Projekt des zivilgesellschaftlich organisierten sozialökologischen Umbaus der kapitalistischen Industrie- und Konsumgesellschaft. Es sollte ein demokratisch-emanzipatorischer Umbau sein, der ein selbstbestimmtes und gutes Leben für alle in einer intakten natürlichen Umwelt ermöglichen sollte. Das Projekt zielte letztlich auf eine sozial und ökologisch befriedete Weltgesellschaft. Zwischenzeitlich entstand mal der Eindruck, dem Projekt gehe die Luft aus. Der gesellschaftliche Wertewandel, der für dieses Projekt ganz entscheidend war, schien zum Erliegen zu kommen. Eine neue »Zeitenwende« sei erkennbar, behaupteten führende Meinungsforscher: »Die Verbissenheit ist verschwunden, […] der Weltuntergang findet nicht statt.«[2] Sogar von einem »Aufstand gegen die siebziger und achtziger Jahre« war die Rede, von einer »aufgestauten Gegenrevolte«.[3] Doch der Protest gegen die fortschreitende Zerstörung, gegen die sozialökologischen Auswirkungen der Industrie-, Wachstums- und Konsumgesellschaft hielt an. Das Bewusstsein einer sich zuspitzenden Krise und die Einsicht, dass ein »Weiter so« nicht möglich ist, wurden immer breiter.

Heute ist der Glaube an die unbedingte Notwendigkeit dieses Umbaus beinahe hegemonial geworden, auch wenn die Wege zur praktischen Umsetzung weiterhin unklar sind. Ein gesellschaftlicher Konsens scheint erreicht, dass gerade in den reichen Ländern des Globalen Nordens ein grundlegender Strukturwandel unver-

2 Noelle-Neumann und Petersen 2001, S. 22; vgl. auch Hradil 2002.

3 Beck und Beck-Gernsheim 1994, S. 33 f.

zichtbar und dringend ist. »System change, not climate change!«, skandieren nicht nur Klimaaktivisten, sondern inzwischen äußern sich sogar die Spitzen der Wirtschaft, der Europäischen Union oder der Vereinten Nationen in diesem Sinne. $CO_2$-Neutralität ist dabei jetzt das große Mantra. Firmen, Gemeinden, Bundesländer, Nationalstaaten, die EU – alle haben mittlerweile klar deklarierte Jahreszahlen, bis zu denen sie $CO_2$-neutral sein wollen. Über Jahrzehnte haben Philosophen, Bürgerinitiativen, soziale Bewegungen, grüne Parteien, internationale NGOs, kritische Sozialwissenschaftlerinnen und Sozialwissenschaftler und vielfältige andere Akteure als gesellschaftliche Avantgarden für die große Transformation gestritten. Doch just in dem Moment, in dem mehr Einigkeit zu herrschen schien denn je und in dem auch die ökologisch-soziale Dringlichkeit höher scheint denn je, ist das ökoemanzipatorische Projekt selbst plötzlich in eine tiefe Krise geschlittert.

Klimapolitisch, ökologisch, sozial und auch sicherheitspolitisch ist die Lage heute fraglos noch brisanter als in den achtziger Jahren. Mit der digitalen Revolution und der rasanten Entwicklung künstlicher Intelligenz gibt auch der technologische Fortschritt heute nicht weniger Grund zur Sorge als in den achtziger Jahren. Aber in spätmodernen Gesellschaften breitet sich ein Gefühl der politischen Macht- und Einflusslosigkeit aus. Der zivilgesellschaftliche Optimismus und das Vertrauen der Bewegungen in die eigene Organisationsfähigkeit und politische Gestaltungsfähigkeit sind sichtbar angeschlagen. Die Aktionen von Gruppen wie Extinction Rebellion oder Letzte Generation wirken hilflos – und lösen trotz allseitiger Bekenntnisse zum Ziel der Nachhaltigkeit erhebliche Gegenreaktionen aus. Tatsächlich wird der inzwischen klima- und nachhaltigkeitswissenschaftlich umfassend begründete Konsens, dass ein grundlegender Strukturwandel moderner Gesellschaften unbedingt erforderlich und deren größte Herausforderung ist, mit Verve wieder aufgeschnürt. Agrarwende, Energiewende, Verkehrswende, Artenschutz, Klimaziele, all das wäre sicher politisch wünschenswert, aber angesichts akuter Krisen – Pandemie, Inflation, Krieg, Terrorismus, Migration, Weltmachtanspruch Chinas – scheint anderes dringender.

Die Prioritäten verschieben sich; ökologische Agenden werden zurückgestellt. Atomkraft – ein Symbolthema für die Umweltbewegung wie kaum ein anderes – wurde von der EU mit dem 1. Januar 2023 als »nachhaltig« eingestuft und entsprechende Investitionen damit für »klimafreundlich« erklärt. Kohle erlebt im Zeichen der westlichen Sanktionen gegen Russland und seinen Krieg in der Ukraine weltweit eine Renaissance. Nicht nur in der Verkehrspolitik werden Klimaziele nachgeordnet. Europäische Vereinbarungen zum Naturschutz werden in vielen Ländern nur verzögert und unvollständig umgesetzt. Tierwohl, Flächenschutz und ökologischer Landbau scheinen zweitrangig. Primär sind demgegenüber die Sorge um den erreichten Wohlstand und die Angst vor dem Groll potenzieller Rechtswähler. In Alaska hat US-Präsident Joe Biden mit Willow im Frühjahr 2023 wieder ein gigantisches neues Ölbohrprojekt bewilligt. In Europa wehrten sich liberale und konservative Parteien erfolgreich gegen das zügige Verbot von

Verbrennungsmotoren. Die aufwändige Energiesanierung der Innenstädte treibe die Mieten in die Höhe und die Gentrifizierung voran, heißt es. Erhöhte Anforderungen an das Tierwohl treibe die Bauern in den Ruin und mache das Schnitzel zum Privileg der Besserverdiener. Die hohen Kosten erneuerbarer Energien bedrohten die Konkurrenzfähigkeit des Wirtschaftsstandorts. Sozial und ökologisch produzierte Textilien oder Elektronikartikel seien für die meisten Menschen unbezahlbar. Allenthalben wird dabei das Argument der sozialen Gerechtigkeit und Teilhabe ins Feld geführt. Und die Masse derer, die das Ökologisch-Soziale schlicht nicht bezahlen können, wird gegen die privilegierteren Teile der Gesellschaft und ihr ökoemanzipatorisches Projekt in Stellung gebracht. Und überhaupt, so der österreichische Bundeskanzler Karl Nehammer, gebe es für die »Untergangsapokalypse« gar keine Beweise; mit dem Anstieg des Meeresspiegels könne man schon umgehen lernen.[4]

Hatten kritische Beobachter im Zusammenhang mit der Ideologie des Marktliberalismus noch gerade eine umfassende *Entpolitisierung* und eine Ära der *Postpolitik* diagnostiziert,[5] so ist gerade in der Klima- und Nachhaltigkeitspolitik plötzlich eine deutliche Repolitisierung mit zunehmend polarisierten Positionen unübersehbar. Dabei verschieben sich die Koordinaten und Konfliktlinien: Anders als in der klassischen Industriegesellschaft stehen nun nicht mehr die Arbeiter ge-

4 Karl Nehammer in seiner Rede »Zur Zukunft der Nation« am 10. März 2023.

5 Vgl. z.B. Wilson und Swyngedouw 2014.

gen das Kapital. Und anders als in den siebziger und frühen achtziger Jahren stehen auch nicht mehr die Neuen Sozialen Bewegungen (NSB) der postindustriellen Gesellschaft gegen die traditionelle Politik und ihre Institutionen. Vielmehr verlagert sich der zentrale Konflikt heute ins Zentrum der gesellschaftlichen Mittelklasse: Während sich im oberen Teil der Wohlstandspyramide und an deren Sockel Reichtum und Armut weiter stabilisieren und unveränderbar scheinen, verläuft die aktive politische Konfliktlinie zwischen denen, die um ihren mittelständischen Wohlstand und Lebensstil fürchten, und denen, die mit ihren Forderungen nach einer *sozial-ökologischen Transformation* als Bedrohung für beides wahrgenommen werden. Die »aufgestaute Gegenrevolte« scheint nun tatsächlich real: Die Vorkämpfer dieses Transformationsprojekts sehen sich plötzlich mit den Vorwürfen konfrontiert, sie seien vor allem selbstgerecht, hätten sich letztlich immer schon mehr um die eigenen Identitäts- und Diversitätsinteressen gekümmert als um die soziale Umverteilung und Gleichheit und seien selbst die gesellschaftliche Schicht, die von der partizipatorischen Revolution seit den siebziger Jahren am allermeisten profitiert hätte. Solche Vorwürfe sind traumatisch für sie. Sie widersprechen radikal ihrem Selbstverständnis, die Avantgarde zu sein, die im gesamtgesellschaftlichen Wandel überlegt und überlegen, einsichtig und vernünftig, moralisch und verantwortlich vorangeht. Und der globalpolitische Kontext verstärkt diese Verunsicherung noch: Das Selbstverständnis der vermeintlich fortschrittlichsten Gesellschaften der Welt bröckelt. Ihr Bewusstsein der moralischen Überlegenheit und wirtschaftlich-politischen Vorherrschaft wird zunehmend unhaltbar. Der sogenannte »freie Westen« und seine »offenen Gesellschaften« verlieren gegenüber autoritären Regimen zunehmend an Bedeutung bzw. werden selbst zunehmend postdemokratisch. Genau das, und nicht einfach nur die drastische Erhöhung des Militärbudgets, ist die »Zeitenwende«,[6] die seit dem russischen Angriff auf die Ukraine im Februar 2022 zum großen Thema geworden ist. In den Sozialwissenschaften wird sie schon länger diskutiert. Jetzt ist sie auch in der breiten alltagspolitischen Debatte angekommen.

»Ende oder Wende!«, »Weiter so ist keine Option«, »Wir stehen am Abgrund«. Diese Formeln müssen jetzt neu interpretiert werden. Eine Wende ist zweifellos erkennbar, eine Zeitenwende, die sich einstweilen noch schwer auf den Begriff bringen lässt. Überdeutlich ist aber: Es ist nicht die Wende, die Erhard Eppler sich einst vorgestellt hatte,[7] und auch nicht das, was in sozialwissenschaftlichen und Bewegungskreisen heute als »sozialökologische Transformation« firmiert. Auch ein Ende ist deutlich erkennbar. Aber es ist nicht der Untergang der Menschheit oder die Unbewohnbarkeit des Planeten, vor denen Aktivistinnen und Aktivisten seit Jahrzehnten warnen. Beides sind mögliche Szenarien, aber beides scheint nicht unmittelbar akut. Beendet scheint vielmehr die Konjunktur des ökoemanzipatorischen Projekts und des Glaubens an die von Eppler einst

6 Bundeskanzler Olaf Scholz in seiner Rede im Deutschen Bundestag vom 27. Februar 2022.

7 Eppler 1975.

beschworene *Machbarkeit des Notwendigen*.[8] Nachdem Soziologinnen und Soziologen zunächst vom »Ende der Nachhaltigkeit« gesprochen hatten,[9] diagnostizieren sie nun eine Verschiebung in der Umweltdebatte weg von »apokalyptischen« Diskursmustern, die darauf zielten, große sozialökologische Katastrophen zu verhindern, hin zu »postapokalyptischen« Diskursmustern, die davon ausgehen, dass es fürs Verhindern bereits zu spät ist und spätmoderne Gesellschaften dabei sind, sich mit der ökologischen Katastrophe zu arrangieren und sich in den ökologisch-sozialen Ruinen des Kapitalismus und der liberalen Welt einzurichten.[10] Ähnlich wie man sich Ende der achtziger Jahre von der Idee des sozialistischen Umbaus der kapitalistischen Industriegesellschaft verabschiedete, verabschiedet man sich heute (un)heimlich von der Utopie der sozialökologischen Transformation der Gesellschaft.

Das bedeutet nicht, dass umwelt-, klima- und nachhaltigkeitspolitische Fragen nun plötzlich irrelevant würden. Diese Fragen bleiben aktuell. Sie gewinnen sogar weiter an Bedeutung. Sie werden aber anders gerahmt und verhandelt als bisher. Die Vorzeichen haben sich verändert. Was an ökopolitischem Transformationskonsens bisher erreicht worden war, wird repolitisiert. »Ende oder Wende!« bezieht sich damit nicht mehr nur auf die Struktur moderner Gesellschaften, ihr Verhält-

8 Ebd.

9 Z.B. Foster 2015; Benson und Craig 2017; vgl. auch Kapitel 5.

10 Z.B. Tsing 2016; Latour 2017; Wakefield 2018; Callegard und Thörn 2018; Blühdorn 2020a; Wainwright und Mann 2021; de Moor 2022; Staab 2022.

nis zur Natur und ihren Umgang mit ihren biophysischen Grundlagen, sondern auch auf die Art und Weise, wie umweltpolitische Fragen thematisiert werden. Was zuletzt, zumindest auf deklaratorischer Ebene, noch als kategorischer Imperativ bezeichnet wurde – Klimaschutz, Menschenrechte, Demokratie, Artenreichtum, planetare Grenzen, ein gutes Leben für alle –, wird nun offen in Frage gestellt, weil es vorherrschende Freiheitsverständnisse bedroht, den erreichten Wohlstand gefährdet und im internationalen Wettbewerb handfeste Nachteile bringt, während die versprochenen Vorteile bestenfalls langfristig sind, eher fernen Ländern und fremden Menschen zugutekommen und ohnehin keineswegs sicher sind.

Das genau ist, was der Titel dieses Buches – *Unhaltbarkeit* – einfangen will: die Gleichzeitigkeit der tiefen Krise westlicher Gesellschaften und der Krise des ökoemanzipatorischen Projekts, das diese Gesellschaften transformieren wollte. Gerade in den wohlhabenden Konsumgesellschaften des Globalen Nordens fällt die Unhaltbarkeit des einen, der gesellschaftlichen Ordnung der Nicht-Nachhaltigkeit, mit einer Krise des anderen, des Projekts der sozialökologischen Transformation, zusammen. Und Letztere hat ihre Ursache nicht einfach in den Widerständen des kapitalistischen Systems. Vielmehr zerbricht, wie ich später ausführen werde, das ökoemanzipatorische Projekt ganz wesentlich auch an seiner eigenen Logik und seinen inneren Widersprüchen.[11] Es wird gewissermaßen *emanzipatorisch*

11 Vgl. dazu vor allem Kapitel 5.

*überschritten*. Insbesondere für die zahlenstarke Generation derer, die in und mit den NSB seit den ausgehenden sechziger Jahren sozialisiert worden sind und dieses Projekt einst aus der Taufe gehoben haben, bedeutet diese doppelte *Unhaltbarkeit* den traumatischen Untergang *ihrer* Selbstverständnisse, *ihrer* Sinnerzählungen und *ihrer* Welt. Doch der Untergang *ihrer Welt* bedeutet eben weder die Unbewohnbarkeit des Planeten noch den Untergang der Menschheit. Vielmehr eröffnet er die Perspektive auf eine neue Moderne, eine *nächste Gesellschaft*,[12] die sich *nach dem (Narrativ vom) Untergang der Menschheit* entfalten.

Darin liegt kein Versprechen und keinerlei Trost. Inwieweit das als Bedrohung wahrgenommen wird, wird sich weisen. In jedem Fall ist es keine Option, die man wählen oder ablehnen könnte, sondern etwas Unvermeidliches, ein eigendynamischer Zwang. Tatsächlich zwingt die doppelte Unhaltbarkeit – gerade weil der Untergang der Menschheit nicht akut ist – westliche Gesellschaften (und ihre Sozialwissenschaften) *auf den Weg in eine andere Moderne*. Der Vers von Eugen Roth, der diesem Buch vorangestellt ist, muss heute also gegen den Strich gelesen werden; der ursprüngliche Titel »Leider« müsste ergänzt werden zu »Leider nicht mehr«: Plötzlich wäre es tröstlich, wenn das Unhaltbare noch länger hielte, denn das Unhaltbare, um das es heute geht, umfasst auch das ökoemanzipatorische Projekt und dessen modernistische Leitnormen. Und wäh-

12 Den Begriff übernehme ich von Baecker 2007.

rend bisher die hartnäckige Haltbarkeit des Unhaltbaren als das große Problem erschien, wird nun dessen Ablösung zum Trauma – zumindest für die, die bislang an dieses Projekt geglaubt und auf es gehofft hatten.

## *1.1 Das ökoemanzipatorische Projekt*

Was genau ist dieses *ökoemanzipatorische Projekt*, von dem nun schon wiederholt die Rede war und das angeblich in einer fundamentalen Krise steckt? Zunächst einmal ist das ein ziemlich sperriger Begriff, den ich zur Vereinfachung fortan als ÖEP abkürze. Dann gleich zur Vermeidung von Missverständnissen: Natürlich hat es nie ein einheitliches, klar definiertes, in sich konsistentes und über die Zeit stabiles *ökologisches Projekt* gegeben, auch kein ökoemanzipatorisches. Umweltpolitische Diskurse und Agenden waren immer schon vieldimensional, in sich widersprüchlich und konfliktreich. Sie waren auch immer schon instabil und in einem fortlaufenden Veränderungsprozess begriffen. Ihre normativen Grundlagen, Problemrahmungen, Lösungsperspektiven etc. waren seit jeher vielfältig und wurden fortlaufend angepasst. Immer schon gab es romantisierend antimodernistische, (rechts)konservative, nationalistische, kapitalismus- und herrschaftskritische, liberale, radikal linke und solche Strömungen, die sich als dezidiert unpolitisch beschreiben. Das Umweltthema, hat Ulrich Beck einmal treffend gesagt, ist ein »politisches Chamäleon«; es gibt kaum eine ideologische Orientierung, die aus dem Thema keinen Honig saugen könnte.[13] Die Instabilität, die Krise, ist insofern weder neu noch ungewöhnlich, sondern sie gehört gewissermaßen zur DNA der Umweltbewegungen und Ökologiedebatte.

Wenn ich hier dennoch von der Krise des ökoemanzipatorischen Projekts spreche, geht es also nicht um den romantisierenden Rückblick auf eine vermeintlich bessere Vergangenheit, als sich noch alle Umweltbewegungen einig waren und an einem Strang zogen. So eine Zeit hat es nie gegeben. Vielmehr geht es um den Bedeutungsverlust einer ganz bestimmten Art und Weise, umweltpolitische Fragen, Probleme, Forderungen zu denken, zu formulieren und zu politisieren. Tatsächlich ist es sinnvoll, sich das, was ich hier als das ÖEP bezeichne, eher als eine sozialwissenschaftliche Konstruktion vorzustellen, nicht direkt als eine Agenda, die einem bestimmten und einheitlichen politischen Akteur zugeordnet werden könnte. Ebenso wie die sogenannten Neuen Sozialen Bewegungen seit den siebziger Jahren nicht von diesen selbst so benannt worden sind, sondern von soziologischen Beobachtern, die aus der Distanz einer Außenperspektive Gemeinsamkeiten zwischen verschiedenen Bewegungen erkannten, lässt sich auch das ÖEP am besten aus der Außensicht als Einheit durchaus unterschiedlicher Denkweisen und Ansätze bestimmen. Das ÖEP ist gewissermaßen eine Idealisierung, eine Abstraktion, ein Idealtypus, dem sich kein spezieller Akteur, kein eindeutiges politisches Subjekt zuordnen lässt.

13 Beck 1995, S. 191.

Wichtig ist zur Klärung des Begriffs zunächst die grundsätzliche Unterscheidung des ÖEP von ökokonservativen, ökonationalistischen, ökoautoritären und anderen Strömungen, die es seit den Anfängen der Umweltbewegung im 19. Jahrhundert ebenfalls immer schon gegeben hat. In westlichen, sogenannten postindustriellen Gesellschaften wurden aber seit den siebziger Jahren Denkweisen dominant, die umweltpolitische Themen und die gesellschaftlichen Naturbeziehungen aus der Perspektive und unter dem Vorzeichen emanzipatorischer Werte wie Freiheit, Gleichheit, Würde, Selbstbestimmung, Vernunft und universeller Menschenrechte betrachteten. Der Tradition der frühen kritischen Theorie folgend sahen sie einen unmittelbaren Zusammenhang zwischen der Unterdrückung, Ausbeutung und Versklavung der Natur und der Unterdrückung, Ausbeutung und Versklavung der Menschen – auch und vor allem von Frauen und Minderheiten. Ebenso wie allen Menschen wurde hier auch der Natur verbreitet eine bestimmte Subjektivität zuerkannt, ein Recht auf Eigenwertigkeit, eine unverletzliche Würde und auf Unversehrtheit. Entsprechend maß man im Kampf für die Natur und Umwelt der Befreiung von Herrschaft, Ausbeutung und Instrumentalisierung große Bedeutung zu. Und selbst wenn der Schutz der Natur nicht um ihrer selbst willen gefordert wurde, sondern letztlich doch nur instrumentell und anthropozentrischen Interessen untergeordnet blieb, wurden umweltpolitische Fragen stets klar aus der Perspektive der Befreiung von Herrschaft und Unterdrückung gedacht und unter dem emanzipatorischen Vorzeichen der politischen

Selbstbestimmung, der Ermächtigung mündiger Bürgerinnen und Bürger, der selbstorganisierten Zivilgesellschaft, der Entfaltung demokratischer Institutionen und der Entwicklung einer kosmopolitischen, integrierten Weltgesellschaft.[14] Was sich im Rahmen des gesellschaftlichen Aufbruchs seit Anfang der siebziger Jahre herausbildete, war die ökologische Erneuerung, Erweiterung und Korrektur des viel älteren *emanzipatorischen* Projekts, das in der europäischen Aufklärung seinen bürgerlich-liberalen Ursprung hatte und das bis heute das normative Fundament der westlichen Moderne ist: Freiheit, Gleichheit, Vernunft, demokratische Selbstbestimmung und kollektive Verantwortlichkeit mündiger Bürger.

Der tiefgreifende Werte- und Kulturwandel, der Ende der sechziger Jahre einsetzte und als »stille Revolution« bezeichnet worden ist,[15] hatte diese Werte in westlichen Gesellschaften weit über die NSB hinaus hegemonial gemacht. Und für das ÖEP wurden sie konstitutiv. Im Zuge dieses Wertewandels verbreitete sich auch der Glaube an die Gestaltbarkeit und Gestaltungsnotwendigkeit der Gesellschaft und ihrer Beziehung zur Natur ebenso wie der an die eigene Gestaltungs*fähigkeit* der Bürgerinnen und Bürger. Genau das ist die *emanzipatorische* Dimension des ÖEP, das eben nicht nur ein ökologisches Projekt ist, sondern ganz wesentlich auch eines der Selbstbestimmung. Entsprechend

14 Ikonisch dazu etwa das Grundsatzprogramm der deutschen Grünen von 1980.

15 Inglehart 1977.

waren für das ÖEP die Offenheit und Gestaltbarkeit der Zukunft zentrale Voraussetzungen. Die bis in die Gegenwart immer wieder aufgeworfenen Leitfragen lauten: »Wie wollen wir leben?«, »In was für einer Welt wollen wir leben?«. Die Grundannahme und der Ausgangspunkt waren also stets, dass die Menschen selbst wählen, entscheiden und steuern können, dass sie nicht einfach ihrem Schicksal ausgeliefert sind, sondern ihr Leben, ihre Gemeinschaft und ihr Verhältnis zur Natur selbst gestalten können. Dabei, so die Annahme, haben sie nicht nur ein Recht darauf, selbst zu steuern, sondern gerade angesichts ökologischer Bedrohungen sogar die Pflicht. Tatsächlich erhebt die ökologische Krise die mündige Übernahme der Verantwortung zum neuen kategorischen Imperativ. Der Glaube an eine empirisch geerdete »ökologische Vernunft« übernimmt im ÖEP als normative Grundlage die Funktion, die im kantischen Aufklärungsprojekt noch der transzendentalen Vernunft zugeschrieben wurde. Die breite gesellschaftliche Verankerung dieser neuen Denkweise war die große Errungenschaft der emanzipatorischen sozialen Bewegungen, des großen gesellschaftlichen Aufbruchs seit den späten sechziger Jahren. Statt ihre Geschicke in die Hände von politischen Eliten zu legen, machten die Bürger diese nun für die massiven gesellschaftlichen, ökologischen, politischen und ökonomischen Fehlentwicklungen verantwortlich, die seit den siebziger Jahren zunehmend sichtbar wurden.

Genau diese Perspektive oder Rahmung, diese durch die in Schaubild 1 zusammengefassten Punkte definierte normative Grundposition, ist also das, was ich hier als das ökoemanzipatorische Projekt bezeichne. Mit verschiedener Gewichtung und durchaus unterschiedlicher Konkretisierung der einzelnen Aspekte wurde – und wird – dieses Projekt getragen von emanzipatorischen Bewegungen, unzähligen NGOs, grünen Parteien, kritischen Natur- und Sozialwissenschaftlern, progressiven Verwaltungen, engagierten Kirchengruppen, Einrichtungen der politischen Bildung, sozialökologisch orientierten Wirtschaftsunternehmen und vielen anderen gesellschaftlichen Akteuren. In der Absicht, die Agenda älterer sozialer Bewegungen zu erweitern und aktualisieren, zielten ökoemanzipatorische Bewegungen und Mobilisierungen immer auf die *sozialökologische Transformation* moderner Gesellschaften – noch ein sperriger Begriff, den ich künftig als SÖT abkürze. Einige Strömungen verfolgten radikale, fundamentalistische und revolutionäre Strategien, andere setzten eher auf reformerische Ansätze und eine Politik der kleinen Schritte. Aber das Leitbild, das Bekenntnis, war allemal der ökologische und soziale Umbau der Gesamtgesellschaft, der letztlich ein gutes Leben für alle in einer ökologisch intakten Umwelt sichern sollte. Das Ziel war eine demokratisch verhandelte, kontrollierte, verantwortliche Transformation, keine durch Katastrophen und Notstände erzwungene; eine Transformation durch Design, nicht durch Desaster.

Auch hinsichtlich dieser *sozialökologischen Transformation* geht es nicht darum, ein goldenes Zeitalter zu beschwören, das es in Wahrheit nie gegeben hat. Ebenso wie das ÖEP ist auch die SÖT eine sozialwissenschaftliche Abstraktion, ein regulatives Ideal. Doch

**Schaubild 1: Konstitutive Elemente des ökoemanzipatorischen Projekts**

- Kritik an Beherrschung, Unterdrückung, Ausbeutung, Instrumentalisierung und Versklavung des Menschen und der Natur;
- Forderung nach Selbstbestimmung, Befreiung von Herrschaft, Entfaltung der Eigenständigkeit und Autonomie des Menschen und der Natur;
- Garantie der unantastbaren Würde, universeller Rechte, der Autonomie, des dem Menschen und der Natur zuerkannten Status als autonomes Subjekt;
- Überlegenheit von Vielfalt und Verschiedenheit gegenüber Normierung und Standardisierung;
- Glaube an moralische Freiheit und Verantwortlichkeit;
- Vertrauen auf Rationalität und Vernunft;
- Glaube an unverhandelbare ökologische Imperative, ökologische Vernunft und Verantwortung;
- Glaube an die Gestaltbarkeit der Gesellschaft und Welt; kollektive Steuerungsfähigkeit;
- Vertrauen in zivilgesellschaftliche Selbstorganisation und demokratische Selbstregierung;
- Anspruch auf bürgerschaftliche Mündigkeit und die Fähigkeit zu kollektiver Verantwortlichkeit für das Gemeinwesen;
- Langfristigkeit und Vorsorge als Gestaltungsprinzipien;
- Aufklärung, Information, Bildung als wesentliche Mittel zur Beförderung der ökologischen Mündigkeit und Verantwortlichkeit;
- Ausweitung demokratischer Partizipation als Mittel einer in diesem Sinne progressiven Politik;
- Selbstverständnis als Avantgarde einer ökologisch, militärisch und sozial befriedeten neuen Gesellschaft;
- weltgesellschaftlicher Horizont und kosmopolitische Perspektive.

auch dieses Projekt steht heute, wo es den allseitigen Bekenntnissen nach eigentlich breiteren gesellschaftlichen Rückhalt zu haben scheint denn je, plötzlich wieder umfassend zur Debatte. Der Glaube und die Hoffnung, dass sich die neue, transformierte, sozial, militärisch und ökologisch befriedete (Welt-)Gesellschaft tatsächlich verwirklichen lassen wird, sind ins Wanken geraten. Mehr noch: Zentrale Werte wie Demokratie, Gleichheit oder universelle Rechte stehen selbst zur Diskussion. Zwar ist evident, dass ein »Weiter so« keine Option mehr ist, dass die etablierte Ordnung nicht nur ökologisch und sozial *nicht nachhaltig* ist, sondern tatsächlich *unhaltbar* geworden ist. Eine »Zeitenwende« im oben angedeuteten Sinne lässt sich bereits beobachten. Aber entgegen aller ökoemanzipatorischen Hoffnungen und Erwartungen ist das, was da gerade zerfällt, nicht die zerstörerische Ordnung des Wachstums, der Verschwendung, der Ausbeutung und der Ungleichheit, sondern eben die ökoemanzipatorische Rahmung klima- und nachhaltigkeitspolitischer Themen. Und die neue Gesellschaft, die neue Welt, die sich da herausbildet, ist weit entfernt von dem, was die Bewegungen sich vorgestellt hatten. Angesichts biophysischer und sozialer Kipppunkte, jenseits derer sich die Dynamik der Veränderung kaum noch bremsen oder beeinflussen lässt, ist von der im ÖEP vorausgesetzten Offenheit der Zukunft wenig geblieben. Vor dem Hintergrund der Übermacht globaler Konzerne, der erdrückenden Abhängigkeit westlicher Gesellschaften von autoritären Systemen und der Entwicklung im Bereich digitaler Technologien und der künstlichen Intelligenz wirkt der Glaube an die demokratische Gestaltungsfähigkeit und Steuerbarkeit geradezu naiv. In Anbetracht der Spannung zwischen der fortlaufenden Entgrenzung verbreiteter Ansprüche auf Freiheit und Selbstverwirklichung und klar erkennbarer planetarer Grenzen dürfte ein »gutes Leben für alle« wohl ein Ding der Unmöglichkeit sein. Und angesichts des neuen, globalen Systemwettbewerbs zwischen China und dem Westen sowie der Probleme transnationaler und internationaler Institutionen wie der EU oder der UN erscheint die Vision einer kosmopolitischen Weltgesellschaft illusorisch und sonderbar anachronistisch.

Was da in die Krise geraten ist, ist also genau die Verbindung von ökologischen und emanzipatorischen Werten, die den ökologischen Gesellschaftswandel als einen emanzipatorischen dachte und davon ausging, dass die Befreiung der Natur und die des Menschen zwei Dimensionen derselben Sache seien. Was da ins Wanken gerät, ist der Glaube an die Utopie, an die Vision, die die ökoemanzipatorischen Aufbruchsbewegungen seit den siebziger Jahren geleitet hatte, und die Überzeugung der Bewegungen, selbst die Avantgarde, die Pioniere der sozial und ökologisch befriedeten Weltgesellschaft zu sein. Wolfgang Streeck hat in seinem Buch *Gekaufte Zeit* die Krise des »demokratischen Kapitalismus« als den Zerfall der eigentlich höchst unwahrscheinlichen Verbindung zwischen demokratischen und kapitalistischen Werten beschrieben.[16] In einem ähnlichen Sinne geht es hier also um die Krise und den Zer-

16 Streeck 2013.

fall der nicht weniger unwahrscheinlichen Liaison emanzipatorischer und ökologischer Werte – eben des ökoemanzipatorischen Projekts. Doch was auf diesen Zerfall folgt, ist eben nicht die Apokalypse, das Ende der Menschheit und die Unbewohnbarkeit des Planeten, sondern die Repolitisierung und Neurahmung umwelt-, klima- und nachhaltigkeitspolitischer Fragestellungen sowie die gesellschaftliche Transformation in eine andere Moderne jenseits der ökoemanzipatorischen Vorstellungskraft. Darum geht es in diesem Buch.

## *1.2 Arbeitsfragen und Kontinuitätslinien*

Schwierige Bücher muss man mitunter mehrfach schreiben. Oder besser: Große Themen, die über das Tagespolitische weit hinausgehen, kann man vielleicht nur in wiederholten Anläufen, zeitlich versetzt und aus verschiedenen Perspektiven, schrittweise durchdringen – während sie sich immer weiter entfalten. Wohl sehe ich, mit Eugen Roth gesprochen, »seit Jahren klar, die Lage ist ganz unhaltbar«. Aber diese Unhaltbarkeit auf den Punkt zu bringen, fällt mir immer noch schwer. Nach *Post-ecologist Politics*, *Simulative Demokratie* und *Nachhaltige Nicht-Nachhaltigkeit* ist dies mein vierter Versuch.[17] Wieder geht es um den Zerfall der spezifisch europäisch-aufklärerischen Perspektive auf *die ökologische Frage*, auf die Welt. Wieder befasse ich mich mit der Entstehung einer neuen Moderne, die sich von Annah-

17 Blühdorn 2000, 2013, 2020a.

men und Normen verabschiedet, die uns bisher als unhintergehbar erschienen. Wieder steht speziell die modernistische Zentralnorm des *autonomen Subjekts* im Mittelpunkt, die auch für das ÖEP der Dreh- und Angelpunkt ist. Und wieder unternehme ich den problematischen Versuch, die sozialwissenschaftliche Analyse und die politische Kampagne möglichst strikt voneinander zu trennen. Der Blick auf einige Kontinuitätslinien erleichtert vielleicht das Verständnis meines Ansatzes und der Zielsetzungen in diesem Buch.

Die Vorkämpfer des ÖEP fragen aus einer Perspektive normativer Gewissheit und im festen Glauben an ihre Gestaltungs- und Steuerungsfähigkeit: »Wie wollen wir leben?«, »In was für einer Welt wollen wir leben?«. Ihre Fragen sind rhetorisch, denn die Antworten ergeben sich unmittelbar aus dem normativen Fundament, auf dem sie sich bewegen und das sie für unhintergehbar halten. Die Sozialwissenschaften haben eine andere Perspektive. Sie sind – wenn sie ihre Aufgabe ernst nehmen – in transformativer Hinsicht weniger ambitioniert und in normativer Hinsicht weniger sicher. Es ist nicht das primäre Geschäft der Sozialwissenschaften, die Welt zu retten. In erster Linie ist es ihre Aufgabe, die Welt zu beschreiben, Diagnosen zu stellen, für diese Diagnosen mögliche Erklärungen anzubieten und dabei stets die Kontingenz der Normen zu reflektieren, auf denen diese Diagnosen und Erklärungsansätze beruhen. Erst auf dieser Grundlage machen sie sich dann möglicherweise daran, die Welt auch zu verändern – was aber angesichts der erwähnten Kontingenz gar nicht so einfach ist. In diesem Sinne geht es in diesem Buch weder um Untergangsvorhersagen noch um Rettungsversuche, sondern vor allem darum, das Besondere der gegenwärtigen Konstellation – die sozialökologische Transformation findet nicht statt, aber der Untergang der Menschheit auch nicht – zu erfassen und die Parameter auszuleuchten, die maßgeblich bestimmen, was aus dieser Konstellation neu entsteht. Dabei gilt es, Untergangsstimmungen und Kulturpessimismus ebenso zu vermeiden wie die Appelle und Hoffnungsnarrative, die in eher aktivistischen Publikationen gang und gäbe sind. Gleichzeitig dürfen die grundlegende Krise spätmoderner Gesellschaften und die tiefe Transformation, in der diese sich befinden, natürlich nicht kleingeredet oder beschönigt werden. Es geht, wie gesagt, nicht darum, Trost zu spenden oder zu behaupten, alles sei halb so schlimm. Die Nachhaltigkeitssoziologie der Spätmoderne bewegt sich also auf einem schmalen Grat zwischen dem Bemühen um eine Beschreibung und Analyse, die ihre eigene Unsicherheit mitberücksichtigt und daher immer Gefahr läuft, affirmativ zu erscheinen, und den hergebrachten Ansätzen der kritischen Soziologie, deren normative Perspektive für das Besondere der Spätmoderne notwendig blind bleibt.

Bereits in *Post-ecologist Politics* habe ich mich eingehend mit der Krise des ÖEP befasst. Im Rückgriff auf die kritische Theorie und Niklas Luhmanns systemtheoretische Perspektive auf moderne Gesellschaften ging ich der Frage nach, ob es eigentlich vorstellbar ist, dass das ökologische Problem zwar nicht gelöst wird, sich im Zuge der Rekonfiguration des gesellschaftlichen Apparates zu seiner Wahrnehmung und Verarbeitung aber einfach auflöst. Schon damals trieb mich ein Gedanke um, der auch wohl Ulrich Beck umtrieb, als er etwas kryptisch schrieb: »Die ökologische Krise kriselt. Eines Tages wird sich jemand mit dem Nachweis seine Karriere verdienen wollen, dass sie immer nur in den Köpfen der Menschen bestanden hat.«[18] Ich beschrieb die modernistische Idee des »autonomen Subjekts« – also etwas, das tatsächlich immer nur in den Köpfen der Menschen bestanden hat – als das normative Fundament, als den normativen Bezugspunkt der politischen Ökologie und verfolgte die Überlegung, dass die vermeintlich objektiven Problemdiagnosen der politischen Ökologie sowie ihre kategorischen Imperative sich im Zuge der fortlaufenden Modernisierung schlicht auflösen könnten, wenn bzw. in dem Maße, wie dieses normative Fundament seine Kraft und Tragfähigkeit verliert. Das ist eine These, die weiterhin aktuell ist. Denn gut 25 Jahre später ist genau das, worum es mir damals ging, sehr deutlich zu erkennen: »Die Entproblematisierung der menschlichen Autonomie«, meinen etwa die Gesellschaftstheoretikerin Katharina Block und ihr Koautor Sascha Dickel, »ist nicht mehr eine mögliche Zukunftsvision, sondern als die beobachtbare Demontage der Autonomie eine empirische Realität, die einer theoretischen Erklärung bedarf«, und zwar einer, »die das Phänomen nicht bloß als ein zu korrigierendes Problem begreift«.[19]

In *Simulative Demokratie* stellte ich dann die Frage,

18 Beck 1995, S. 182.
19 Block und Dickel 2020, S. 109.

ob es eigentlich vorstellbar sei, dass das höchste politische Gut, die höchste politische Errungenschaft moderner Gesellschaften, die Demokratie, sich einmal überlebt.[20] Auch dort stand die modernistische Norm des autonomen Subjekts im Zentrum der Analyse. Mit dem Theorem der »Emanzipation zweiter Ordnung« bot ich eine Erklärung für die Beobachtung an, dass die demokratische Selbstbestimmung den Bürgerinnen und Bürgern moderner Gesellschaften keineswegs nur von den Herrschenden weiterhin vorenthalten bzw. jetzt wieder entrissen wird, sondern, dass dieses Ideal sich im Zuge des emanzipatorischen Fortschritts tatsächlich erschöpft, überlebt, dass es umdefiniert und in mancherlei Hinsicht freiwillig ab- und aufgegeben wird. Inzwischen sind die grundlegende Krise und die Entzauberung der Demokratie unstrittig, und zwar tatsächlich nicht nur in dem Sinne, dass den Bürgern ihr Recht auf demokratische Selbstbestimmung vorenthalten bzw. wieder genommen wird. Das tröstende und auch keineswegs unbegründete Narrativ von der kapitalistischen Enteignung ist auch in soziologischen Kreisen freilich weiterhin sehr präsent. Doch in spätmodernen Gesellschaften entwickeln ganz verschiedene gesellschaftliche Gruppen – aus je eigenen Gründen – ein deutlich ambivalentes Verhältnis zu demokratischen Institutionen und Verfahren.[21] Um dem Paradox Rechnung zu tragen, dass demokratische Selbstbestimmung zwar einerseits weiter mit Vehemenz eingefordert wird und

20 Blühdorn 2013.
21 Vgl. z.B. Blühdorn 2018.

demokratische Werte grundsätzlich weiterhin große Zustimmung finden, sich gleichzeitig aber Zweifel ausbreiten, ob in hochkomplexen, beschleunigten und international verflochtenen Gesellschaften die Demokratie wirklich noch die beste aller Regierungsformen ist, schlug ich das Konzept der »simulativen Demokratie« vor. Ich entwickelte die These, dass in fortgeschritten modernen Gesellschaften demokratische Institutionen und Verfahren insofern als »simulativ« bezeichnet werden können, als sie demokratische Werte artikulieren und erlebbar machen, denen moderne Bürgerinnen und Bürger und Gesellschaften sich einerseits zutiefst verpflichtet fühlen und die unverzichtbarer Bestandteil ihrer Identität und ihres Selbstverständnisses sind, die andererseits aber doch auch als zunehmend ungeeignet wahrgenommen werden, die Probleme heutiger Gesellschaften mit der erforderlichen Effizienz und Effektivität zu lösen, und die auch heutigen Verständnissen von individueller Freiheit und Selbstbestimmung nicht mehr gerecht werden.[22]

Nach dem Buch *Simulative Demokratie* beschäftigte ich mich verstärkt mit der sonderbaren Haltbarkeit der etablierten gesellschaftlichen Ordnung, deren Nicht-Nachhaltigkeit eigentlich seit Jahrzehnten unstrittig ist. Dabei verstand ich Nachhaltigkeit und Nicht-Nachhaltigkeit nicht nur im ökologischen, sondern stets in einem viel umfassenderen Sinn, der auch politische, ökonomische, soziale und kulturelle Dimensionen einschließt. Indirekt stellte ich in diesem Zusammenhang

22 Vgl. dazu Kapitel 3.3 und 5.3.

immer auch die Frage, ob es eigentlich vorstellbar ist, dass die sozialökologische Transformation nicht gelingt und was das gegebenenfalls bedeuten würde. Über das engere Projekt eines Demokratiebegriffes für fortgeschritten moderne Gesellschaften hinausgehend, skizzierte ich einen *Gesellschafts*begriff: die »Gesellschaft der Nicht-Nachhaltigkeit«.[23] Genau genommen fragte ich nicht nur, ob es sein könnte, dass die SÖT nicht gelingt. Vielmehr versuchte ich im Rückgriff auf die Analysen, die dem Konzept der simulativen Demokratie zugrunde liegen, zu erklären, warum eine sozialökologische Transformation im Sinne des ÖEP wohl auch zukünftig nicht zu erwarten ist. Ich entwickelte die These, dass entgegen der Behauptung, ein »Weiter so« sei keine Option, genau dieses »Weiter so« nicht nur eine Option, sondern das Prioritätsprojekt ist, das fortgeschritten moderne Gesellschaften mit aller Entschiedenheit verfolgen – während sie das ÖEP und die Idee der SÖT *simulativ* weiterhin pflegen.

Sowohl in meinen Arbeiten zur simulativen Demokratie als auch zur Gesellschaft der Nicht-Nachhaltigkeit war es mir immer wichtig klarzustellen, dass diese Konzepte nicht etwa normative Forderungen artikulieren, sondern der Versuch sind, empirisch beobachtbare Phänomene bzw. Veränderungen begrifflich zu fassen, zu interpretieren und zu erklären. Zweitens habe ich immer betont, dass sowohl die simulative Demokratie als auch die nachhaltige Nicht-Nachhaltigkeit Übergangsphänomene sind, Zwischenspiele, die nicht auf Dauer

23 Vgl. Blühdorn 2020b.

gestellt werden können. Beide werfen also die Frage auf, was danach kommt: Übergangsphänomene wohin?

Im vorliegenden Buch rückt diese Frage des Danach nun ins Zentrum, wobei es nicht darum geht, über die noch nicht bekannte Zukunft zu spekulieren, sondern darum, den Weg zu beleuchten, auf dem spätmoderne Gesellschaften sich bewegen, und Ecksteine zu benennen, die schon erkennbar sind, Konturen, die sich bereits abzeichnen. Dabei setze ich an die Stelle des Begriffs der Nachhaltigkeit bzw. Nicht-Nachhaltigkeit jetzt den der »Unhaltbarkeit«. »Nachhaltigkeit« und »Nicht-Nachhaltigkeit« haben mehrere Schwächen: Erstens werden sie alltagssprachlich immer noch vornehmlich im ökologischen Sinne verstanden, andere Dimensionen der Nachhaltigkeit – die soziale, die politische, die kulturelle, die ökonomische – werden bestenfalls beiläufig mitgedacht. Zweitens hat die Nachhaltigkeit im Alltagsverständnis etwas Optionales. Nachhaltigkeit ist sicher unbedingt wünschenswert; Nicht-Nachhaltigkeit bedeutet aber nicht, dass man an der entsprechenden Praxis oder den entsprechenden Strukturen nicht dennoch – zumindest vorübergehend – festhalten könnte. Genau das haben moderne Gesellschaften, wie gesagt, immer mit großer Entschiedenheit getan – oft mit der ausdrücklichen Ansage: »whatever it takes«[24] –, und es gibt keinen Hinweis darauf, dass sich daran etwas ändern könnte. Drittens besteht in der Literatur seit einiger Zeit eine gewisse Einigkeit, dass der Begriff

24 So der damalige EZB-Chef Mario Draghi in der Eurokrise ab 2009 oder der deutsche Bundeskanzler Olaf Scholz in der Coronakrise.

der Nachhaltigkeit, der in den späten achtziger und frühen neunziger Jahren zunächst eine deutliche politische Dynamik entwickelte, in spätmodernen Gesellschaften weitgehend erschöpft ist und kaum noch als Leitbild für eine gesellschaftliche Mobilisierung und Transformation taugt.[25] Wenn wir von »Nachhaltigkeit« und »Nicht-Nachhaltigkeit« auf die Termini »Haltbarkeit« und »Unhaltbarkeit« umsteigen, dann werden diese Schwächen zumindest teilweise umgangen. Der Begriff der Unhaltbarkeit erscheint definitiver. Er verschiebt die Perspektive vom Wünschenswerten auf das Faktische. Zudem wird er nicht primär mit ökologischen Themen assoziiert. Und er fängt besser ein, worum es speziell in der Spätmoderne geht: Unhaltbar werden die Narrative des ÖEP sowie die gesellschaftlichen Arrangements, Selbstbeschreibungen und Selbstverständnisse der bisherigen Moderne insgesamt. Und der Ablauf von deren Haltbarkeitsdatum bedeutet, dass sie tatsächlich nicht mehr zu halten sind, egal ob spätmoderne Gesellschaften das wollen, mögen und es sich eingestehen oder nicht.

Im Vergleich zu meinen früheren Büchern erweitert sich die Perspektive also erneut: von der Demokratiekrise über die fünffache Nachhaltigkeitskrise hin zur Krise des ÖEP und zur Unhaltbarkeit der westlichen Moderne insgesamt. Die Frage lautet nun entsprechend: Ist es eigentlich vorstellbar, dass das ÖEP und das Modell der westlichen Moderne insgesamt sich ein-

25 Vgl. z.B. Foster 2015; Folkers 2022; Blühdorn 2016, 2022a; vgl. auch Kapitel 6.2.

mal erschöpfen, ohne dass dies mit dem Untergang der Menschheit oder der Welt einherginge? Letztlich stand diese Frage freilich auch schon hinter den Fragen, die mich in früheren Büchern geleitet haben. Der Begriff »Spätmoderne« hat sich inzwischen fest etabliert; die Erkenntnis, dass die Spätmoderne bereits *in der Krise* ist, auch.[26] Auch die Verabschiedung – als gesellschaftstheoretische Zentralnorm – der Idee des autonomen Subjekts, die bereits Luhmann vehement eingefordert hatte, die seinerzeit aber noch eine unerträgliche Provokation war, ist mittlerweile in guten Teilen der Sozialwissenschaften zum Mainstream geworden. »In der breiteren geistes- und kulturwissenschaftlichen Diskussion«, schreiben Block und Dickel, zeichnen sich »seit einigen Jahren dezidiert posthumanistische Deutungsangebote ab, die das Ende des autonomen Subjekts affirmieren oder aber als realistische Möglichkeit akzeptiert haben.«[27]

Schon in *Post-ecologist Politics*, in *Simulative Demokratie* und in *Gesellschaft der Nicht-Nachhaltigkeit* legte ich viel Wert darauf, die beschriebenen Phänomene nicht einfach als Verfallserscheinungen zu begreifen, und auch nicht als »regressiv«, sondern zu verstehen, dass und wie sie sich aus *dem konsequenten Vollzug* der Moderne ergeben, nicht etwa aus *deren Aussetzung* oder aus dem Verstoß gegen ihre Logik. So paradox das erscheinen mag, so meine These, müssen diese Phänomene zumindest *auch* als *emanzipatorische Errungen-*

26 Reckwitz und Rosa 2021.
27 Block und Dickel 2020, S. 110.

*schaften* verstanden werden. Demselben Muster folgend, werden hier nun auch der Zerfall des ÖEP und die Krise der Spätmoderne – obwohl der Begriff »Spätmoderne« zunächst etwas anderes nahelegt – nicht als ein Endstadium und Abschied von der Moderne begriffen, sondern als deren dialektische Fortentwicklung. Das signalisiert der von Ulrich Becks *Risikogesellschaft* für dieses Buch übernommene Untertitel *Auf dem Weg in eine andere Moderne*.[28]

## *1.3 Das Undenkbare*

Hinausgehend über die engere Beschäftigung mit der Krise des ÖEP lautet die Frage jetzt also, ob es eigentlich vorstellbar ist, dass die westliche Moderne und ihre grundlegenden Normen der Freiheit, des selbstbestimmten Subjekts, der Menschenrechte, der Demokratie, der offenen Gesellschaft etc. sich einmal überleben. Bisher war das nicht vorstellbar. Der Westen hatte sich den Untergang seines eigenen Projekts so schwer vorstellen können, dass er ihn vielmehr mit dem *Untergang der Menschheit* gleichgesetzt hat. Denn das *Ende der Geschichte* sollte nach westlicher Vorstellung die Weltherrschaft der europäisch-westlichen Aufklärungsideen sein, denen universelle Gültigkeit zugesprochen wurde und die schon seit Kant in die »kosmopolitische Gesellschaft« führen und den »ewigen Frieden« begründen

28 Beck 1986.

sollten.[29] Diese Gleichsetzung haben – in mobilisierender Absicht – gerade auch die ökoemanzipatorischen Bewegungen betrieben. Zwar traten sie immer auch als Kritiker bürgerlicher Ideale, der liberalen Demokratie und der westlichen Moderne insgesamt auf. Gerade den modernistischen Vorstellungen von Herrschaft, Kontrolle und instrumenteller Naturaneignung standen sie immer höchst skeptisch gegenüber. Gleichwohl standen diese Bewegungen und ihr Projekt aber immer fest in der Tradition der Moderne. Sie haben stets fest an die Gestaltbarkeit und Steuerbarkeit geglaubt und an den Mythos von der rationalen Politik. Sie waren entschieden, die Schwächen, Nebenwirkungen und Schattenseiten der bisherigen Moderne zu reparieren – und dafür haben sie auf ihr Recht und ihre Fähigkeit zur selbstbestimmten Gestaltung, Kontrolle und Steuerung gepocht. Auch wenn sie die Ideen der kantischen Vernunft zunehmend kritisch sahen, verfolgten sie doch fest das Projekt der Moderne, das sie aus seinen eigenen Fallstricken befreien wollten. Insofern war das ÖEP entgegen seiner häufigen (Selbst-)Darstellung nie wirklich eine *Alternative* zum, sondern vielmehr eine *erneuernde Verlängerung* des bürgerlich-liberalen Projekts. Das gilt bis heute fort, wo emanzipatorische Bewegungen das kolonialistische und rassistische Erbe der bisherigen Moderne aufarbeiten.

Die mögliche Erschöpfung ihres Projekts jedoch, sein Obsolet-Werden und seine emanzipatorische Preisgabe, konnten (und wollten) die Vorkämpfer des ÖEP

29 Kant 1983 [1784], 1983 [1795].

sich nie vorstellen. Bis heute nicht. Diese Möglichkeit war und ist aus ihrer Perspektive, d.h. innerhalb ihres normativen Horizonts, im wörtlichen Sinne *un-denkbar*. Dieses mögliche Obsolet-Werden wird, wohl nicht zuletzt darum, immer schon als das Ende, als Apokalypse, als Untergang der Menschheit gedacht. Als solcher bildet es den dystopischen Gegenpol zum *Ende der Geschichte* im ewigen sozialökologischen Frieden der kosmopolitischen Gesellschaft. Dieses Denken setzt sich in der Rhetorik heutiger Klimaaktivistinnen und Klimaaktivisten fort, zum Beispiel, wenn sie sich als die Letzte Generation bezeichnen. Ebenso spricht es aus den Warnungen von Erdsystemwissenschaftlern, dass das Überschreiten nicht verhandelbarer »planetarer Grenzen« zur Unbewohnbarkeit des Planeten führen und das Überleben der Menschheit gefährden könnte.[30] Aber das ist eine sehr westliche Vorstellung und Sorge. Sie wird in anderen Teilen der Welt, wo man sich mitunter gerade am Anfang einer neuen eigenen Blütezeit sieht, so nicht geteilt.

Tatsächlich ist die Rede vom Untergang der Menschheit – bei aller theoretischen Möglichkeit und trotz der inzwischen umfassend belegten Zerstörung biophysischer Systeme – gewissermaßen das linksaktivistische Gegenstück zur rechtspopulistischen Leugnung der Klimaerwärmung und der Nachhaltigkeitskrise. »Ende oder Wende« und »Weiter so ist keine Option« sind das TINA (»there is no alternative«) der emanzipatorischen Klimabewegung und der kritischen Umweltso-

30 Steffen et al. 2015, 2018; Rockström et al. 2009a, 2009b, 2021.

ziologie. Gemeinsam ist diesem emanzipatorisch-kritischen TINA-Denken und dem Denken der Klimawandelleugner, dass sie beide ein Szenario ausblenden, das faktisch zwar das realistischste ist, das aber aus den jeweiligen Perspektiven eine Welt zum Einsturz bringen würde und daher unerträglich ist. Allein: »There is an alternative« und »Weiter so« sind auch durchaus eine Option – das bedeutet aber, dass spätmoderne Gesellschaften sich von den Normen und gesellschaftlichen Selbstbeschreibungen trennen (müssen), die westliche Gesellschaften insgesamt, und die Vorkämpfer des ÖEP und der SÖT insbesondere, bisher lautstark und identitätsgebend vor sich hergetragen haben. Genau das ist der Preis, der entrichtet werden muss, wenn es heißt: »whatever it takes«. Entsprechend sind die Aktivistinnen und Aktivisten der Gruppe, die sich diesen Namen gegeben hat, wohl nicht die letzte Generation, die die Klimaerwärmung noch auf das im Pariser Klimaabkommen festgelegte Maß von unter 1,5 Grad begrenzen kann (dieser Glaube wäre bzw. ist eine fatale Selbstüberschätzung), und ganz gewiss nicht die letzte Generation vor dem klimabedingten Untergang der Menschheit. Eher sind sie wohl die letzte Generation, die im modernistischen Geiste und in der Tradition der ökoemanzipatorischen Aufbruchsbewegungen seit den achtziger Jahren noch daran zu glauben versucht, dass die Klimaerwärmung auf 1,5 Grad begrenzt werden und das Projekt einer sozialökologischen Transformation umgesetzt werden kann. Die Spätmoderne ist nicht am Ende *der* Geschichte, wohl aber am Ende *dieser* Geschichte.

Aus ökologischer und nachhaltigkeitsaktivistischer Perspektive ist das ausgeschlossene dritte Szenario freilich keine Option im Sinne von »keinesfalls wünschenswert«. Für die Sozialwissenschaften jedoch sind die Festlegung auf das Wünschenswerte und die entsprechende Verengung der diagnostisch-analytischen Perspektive kaum akzeptabel. Als Niklas Luhmann in den achtziger Jahren feststellte, dass funktional differenzierte Gesellschaften wegen der Unvereinbarkeit ihrer konkurrierenden Systemlogiken kaum in der Lage seien, ihre ökologische Krise zu bewältigen,[31] war das für emanzipatorische Umweltbewegungen und die kritische Soziologie zwar eine unerträgliche Provokation. Luhmann leistete damit aber einen wichtigen Beitrag zum Verständnis der nachhaltigen Nicht-Nachhaltigkeit moderner Gesellschaften und der Hindernisse für eine SÖT. Luhmann wagte sich heran an das für die klassische Soziologie Undenkbare. Das ökoaktivistische TINA hingegen ist eine Art Immunisierung nicht nur gegen den Gedanken, dass das ÖEP sich einmal erschöpfen könnte, sondern auch gegen den Verdacht und die Möglichkeit, dass das ökoemanzipatorische Denken und die gesellschaftlichen Akteure, die es vorangetrieben haben, ohne dass sie das gewollt und bemerkt hätten, selbst zum Teil des Problems geworden sein könnten. Aus der Perspektive des ÖEP ist das undenkbar. Es wäre traumatisch. Und doch scheint genau das der Fall zu sein; z. B. insofern, als dessen Vorkämpfer ihre identitäts- und selbstverwirklichungsbezogene Agen-

31 Luhmann 1986a.

da letztlich immer über ihre gleichheits- und umverteilungsbezogenen Ziele gestellt haben oder insofern, als es ihnen nie gelungen ist, ihrer Agenda der emanzipatorischen Grenzüberwindung eine gleichermaßen wirkmächtige Agenda der Grenzsetzung und Selbstbegrenzung zur Seite zu stellen.

Zum Undenkbaren, zum Traumatischen der Spätmoderne, gehört also auch, dass das ÖEP und die moderne Gesellschaft nicht zuletzt an ihrer eigenen Logik zerbrechen und sich selbst überholen. Das bedeutet, dass dem ÖEP und der modernen, offenen, demokratischen Gesellschaft insgesamt genau das widerfährt, was die marxistische Theorie immer über den Kapitalismus gesagt hatte: nämlich dass seine eigenen inhärenten Widersprüche ihn zunehmend krisenanfällig machen und destabilisieren, bis er an diesen Widersprüchen schließlich zerbrechen und damit den Weg zu einer sozialökologischen Transformation frei machen würde. Während der Kapitalismus sich allerdings weiterhin als erstaunlich überlebenstüchtig erweist, gerät das ÖEP nun seinerseits in seinen Grundfesten ins Wanken. Bei der Krise des ÖEP geht es also tatsächlich um sehr viel mehr als nur um die *postapokalyptische* Erkenntnis, dass sich das Zeitfenster für bestimmte Klimaziele und eine sozialökologische Transformation inzwischen geschlossen hat und sich bestimmte Konsequenzen, vor denen die Klima- und Nachhaltigkeitswissenschaft immer gewarnt hatte, nicht mehr verhindern lassen.[32] Es geht um die fortschreitende Normalisierung und Entproblematisierung

32 Vgl. z.B. Cassegard und Thörn 2018; De Moor 2022.

des bisher Apokalyptischen und Undenkbaren. Auch dieser Prozess macht einen Weg frei.

Für die Soziologie der Spätmoderne wird das Erkunden der Moderne jenseits ihrer hergebrachten normativen Fundamente zur besonderen Herausforderung, gerade weil die Besonderheit der spätmodernen Konstellation eben darin liegt, dass das ÖEP und die westliche Moderne insgesamt nicht einfach nur durch modernisierungs-, emanzipations- und ökologiefeindliche Mächte blockiert werden, sondern sich selbst destabilisiert haben. Dieses Buch bemüht sich, den Blick auf dieses Undenkbare freizumachen. Das bedeutet nicht, normativ eine Moderne zu fordern, die sich von den Werten des ÖEP distanziert, und auch nicht, das Ideal eines »guten Lebens für alle« aufzugeben. Beides wäre grundfalsch. Ziel ist vielmehr, das gerade in der Umwelt- und Nachhaltigkeitsliteratur oft verzerrte Verhältnis zwischen der diagnostisch-analytischen und der normativ-transformativen Agenda der kritischen Soziologie zurechtzurücken. Die kritische Nachhaltigkeitssoziologie muss aus ihrem zu engen normativen Horizont ausbrechen. Denn die emanzipatorischen Problemdiagnosen und Therapievorschläge, die sie bisher entwickelt hat, haben – vielleicht ungewollt und unbewusst – immer auch das Weiter-so ermöglicht und damit den nahtlosen Übergang in eine andere Moderne jenseits der Autonomie, Mündigkeit, Würde, Menschenrechte und demokratischen Selbstbestimmung betrieben. Sich aus nicht reflektierten Komplizenschaft zu befreien, muss für die kritische Soziologie ein ureigenes Anliegen sein. Entsprechend ist es an der Zeit, dass sie ihre Aufmerksamkeit von den normativen Forderungen nach einer sozialökologischen Transformation und den Mobilisierungsnarrativen vom Untergang der Menschheit auf die *nächste Gesellschaft* und die andere Moderne verschiebt, die sich im Schatten der Untergangsdiskurse längst entfalten.

## *1.4 Fahrplan*

Damit ist zunächst der soziologische Raum eröffnet, den es im Folgenden zu erkunden gilt. Ich habe den Blick auf die völlig neue Konstellation *nach dem Untergang der Menschheit* gelenkt, die in den folgenden Kapiteln ausgeleuchtet werden soll. Dieser Raum und diese Konstellation werden erst sichtbar, wenn wir uns jenseits des aktivistischen Dualismus von »Ende oder Wende« umschauen und wenn wir die Normativität dieses Droh- und Mobilisierungsszenarios hinter uns lassen. So wie sich die NSB und frühe grüne Parteien einst in einen neuen diskursiven und politischen Raum jenseits der Rechts/links-Schemata begeben wollten, die bis dahin das Denken und die Politik bestimmten; so, wie diese Bewegungen und ihre Intellektuellen damals die dringende Notwendigkeit sahen, dies zu tun, weil die spezifischen Merkmale und Herausforderungen ihrer Zeit und Gesellschaft allein so erschlossen werden konnten, ist es heute erforderlich, den diskursiven und politischen Raum jenseits des Dualismus von »Ende oder Wende« zu erkunden.

Auf der Grundlage dieser ersten Skizze der Thematik, Arbeitsfragen und Thesen dieses Buches geht das folgende Kapitel zunächst einen Schritt zurück und versucht noch einmal eine eher lebensweltlich ausgerichtete Annäherung an die Grenzerfahrungen und Unhaltbarkeiten, die schon längst vor der Rede von Kanzler Scholz auf eine »Zeitenwende« hindeuteten. Im Zentrum steht dabei die eben umrissene These, dass sich das Zeitfenster für eine sozialökologische Transformation inzwischen geschlossen hat, dass die gesellschaftliche Ordnung der Nicht-Nachhaltigkeit sich weiter verstetigt und dass das ökoemanzipatorische Projekt sich zunehmend erschöpft und überlebt haben könnte. In Kapitel 3 richtet sich der Blick auf verschiedene »große Transformationen« in der Spätmoderne – die Krise und Unhaltbarkeit des Kapitalismus, das Erreichen und Überschreiten planetarer Grenzen, die digitale Revolution, die autokratisch-autoritäre Wende, der Aufstieg Chinas als neue geopolitische Hegemonialmacht –, die ganz unabhängig von den konkreten Umständen, die der deutsche Kanzler mit dem Begriff »Zeitenwende« ansprach, tatsächlich dabei sind, spätmoderne Gesellschaften grundlegend zu verändern. In der Literatur sind diese Transformationen oft einzeln zum Angelpunkt konkreter Zeit- und Gesellschaftsdiagnosen gemacht worden.[33] Hier sind sie vor allem insofern von Bedeutung, als sie in ihrer Summe das Ende einer bestimmten Phase der Moderne signalisieren und die Verabschiedung von hergebrachten Idealen, die nunmehr zunehmend anachronistisch erscheinen. Zusammen ver-

33 Vgl. z.B. Brand und Wissen 2017; Zuboff 2018.

schieben diese Transformationen die Vorzeichen, unter denen klima- und nachhaltigkeitspolitische Themen heute thematisiert werden. Sie bestimmen die Parameter, nach denen das ÖEP in der Spätmoderne repolitisiert wird und die die gegenwärtige Metamorphose spätmoderner Gesellschaften konditionieren.

In Kapitel 4 und 5 werden die Krise des ÖEP und diese Metamorphose dann modernisierungstheoretisch gerahmt. Dafür greife ich die Theorieangebote auf, die Ulrich Beck seit den achtziger Jahren entwickelte. Als Beck moderne Gesellschaften als »Risikogesellschaften« beschrieb und davon sprach, dass die unvorhergesehenen Nebenwirkungen der industriellen Moderne die damaligen Gesellschaften »auf den Weg in eine andere Moderne« katapultierten, meinte er mit dieser anderen Moderne unter anderem, dass neue politische Akteure und ihre »neue Politik« nun diese unvorhergesehenen Nebenwirkungen – wie zum Beispiel Umweltschäden, soziale Ungleichheiten, Arbeitslosigkeit, Hungerkatastrophen – beseitigen würden. Gleichzeitig sollte diese neue Politik, indem sie die traditionellen, noch vormodernen Elemente der modernen Gesellschaft politisierte, dafür sorgen, dass die bis dahin erst teilweise eingelösten Versprechen der Moderne – Selbstbestimmung, Inklusion, Gleichheit, universelle Menschenrechte etc. – in einem zweiten Anlauf vollständig erfüllt würden. Becks Agenda der »zweiten Moderne« entspricht also recht genau dem, was ich hier als das ökoemanzipatorische Projekt beschrieben habe und was in sozialen Bewegungen und der einschlägigen Literatur heute als die sozialökologische Transformation bezeichnet wird. Seine Theorie der Risikogesellschaft und der zweiten Moderne fängt aber nicht nur den überwältigenden Optimismus und Aufbruchsgeist dieses Projekts ein, sondern mit seinem Begriff der »reflexiven Modernisierung« hilft Beck auch zu erklären, wie und warum diese sozialökologische Transformation, die die zweite Moderne und das ÖEP sich vorgenommen hatten, nie gelingen konnte. Obwohl dies keineswegs seine Absicht war, nahm er mit seinem Modell so die *Unhaltbarkeit* der zweiten Moderne und des ÖEP vorweg und zeigte, wie und warum die *zweite* Moderne selbst eine Transformation in eine weitere, eine *dritte* Moderne anstößt. Aufbauend auf Beck und meine früheren Experimente mit diesem Ansatz[34] laufen die Überlegungen am Ende von Kapitel 5 daher auf ein Modell der ersten, zweiten und dritten Moderne hinaus, das zum Verständnis der Krise, Unhaltbarkeit und Metamorphose der Spätmoderne und des ÖEP einen wesentlichen Beitrag leistet.

In Kapitel 6 wird mit Blick auf die drei wesentlichen Dimensionen des ÖEP – die ökologische, die emanzipatorische und die demokratische – weiterverfolgt, wie dieses Projekt nicht etwa nur von einer von außen an es herangetragenen Gegenlogik blockiert wird, sondern ganz wesentlich auch an seiner eigenen Logik und inneren Widersprüchlichkeit zerbricht. Dabei liegt der primäre Fokus in Kapitel 6 allerdings nicht mehr auf der Unhaltbarkeit und dem Zerfall des ÖEP, sondern auf der Frage, wie das ÖEP selbst die Vorzeichen rekon-

34 Vgl. z.B. Blühdorn 2013, S. 50-56 und 149.

figuriert hat, unter denen in der Spätmoderne und der *nächsten Gesellschaft* Fragen der Nachhaltigkeit, Emanzipation und demokratischen Selbstbestimmung formuliert und gesellschaftlich verhandelt werden. Diese nichtintendierte, als unbemerkte Nebenwirkung auftretende Veränderung versuche ich mit den Begriffen »Dialektik der Nachhaltigkeit«, »Dialektik der Emanzipation« und »Dialektik der Demokratie« zu fassen.

Kapitel 7 beleuchtet abschließend die Zwischenphase, in der die doppelte Unhaltbarkeit der gesellschaftlichen Ordnung der Nicht-Nachhaltigkeit und des ÖEP klar zu erkennen ist und die Konturen der neuen Moderne zunehmend sichtbar werden, in der aber, mit Antonio Gramsci zu sprechen, obwohl »das Alte stirbt, das Neue noch nicht geboren werden kann«.[35] Zentrale Themen sind hier unter anderem die gesellschaftliche Bewältigung der Spannung zwischen den verblassenden Normen und Selbstverständnissen der zweiten Moderne und den neuen, die sich schrittweise und konfliktreich durchsetzen, sowie die Dilemmata, die die doppelte Unhaltbarkeit für die kritische Soziologie, die transformative Nachhaltigkeitsforschung und die politische Bildung bedeuten.

Insgesamt verfolgt dieses Buch eine dreifache Zielsetzung: Erstens will es einen Beitrag dazu leisten, die gesellschaftstheoretischen Grundlagen der Umwelt- und Nachhaltigkeitssoziologie zu befestigen. Denn wesentliche Teile der einschlägigen Literatur bewegen sich noch immer vor allem im Bereich des Sollens, Wün-

35 Gramsci 2012, S. 354f.

schens, Hoffens und Appellierens. Aber inzwischen blicken wir auf mehr als fünf Jahrzehnte solcher Hoffnungen und Appelle zurück, und die Grenzen dieses Ansatzes sind überdeutlich geworden. Angesichts der sich weiter zuspitzenden Krisen wird die stetige Erneuerung derartiger Hoffnungserzählungen zunehmend zweifelhaft. Auch normativ gesprochen ist dieser Ansatz inzwischen unhaltbar. Denn Hoffnungserzählungen, von denen man wissen kann, dass sie unbegründet sind und ins Leere gehen, schüren absehbar Enttäuschungs- und Frustrationserfahrungen und befeuern damit gesellschaftliche Konflikte, die sich immer weniger bewältigen lassen.

Ausdrücklich will dieses Buch daher über die unendliche Wohlfühlliteratur hinausreichen, die nicht müde wird zu betonen, dass schon so viel erreicht worden sei, dass spätmoderne Gesellschaften eigentlich schon auf dem richtigen Weg seien und dass sie nun nur noch viel entschiedener voranschreiten müssten. Gleichzeitig ist das Ziel freilich nicht, Pessimismus zu verbreiten und »das schwarze Loch der Nicht-Nachhaltigkeit« zu beschwören.[36] Vielmehr geht es darum zu beleuchten, aus welcher Perspektive, aufgrund welcher normativen Orientierungen, Optimismus und Pessimismus, Hoffnung und Frustration überhaupt entstehen. Je weiter das ÖEP und die westliche Moderne ihr Haltbarkeitsdatum überschreiten, desto mehr gewinnt dieser Ansatz an Bedeutung. Denn er kann einen wesentlichen Beitrag zum Verständnis, zur Entschärfung und vielleicht

36 Vgl. K.W. Brand 2021.

zur Befriedung der politischen Konflikte, Radikalisierungen und Polarisierungen leisten, die sich in der Spätmoderne wie ein Flächenbrand ausbreiten und absehbar in Verhältnisse führen, die man als Rückfall in »eine neue Art von Barbarei«, in einen vormodernen, brutalisierten *Naturzustand* betrachten kann, in dem wieder das Recht des Stärkeren gilt.[37]

Zweitens soll dieses Buch – speziell aus der Perspektive der Umwelt- bzw. Nachhaltigkeitssoziologie – zu einer Theorie spätmoderner Gesellschaften beitragen. Denn ebenso wie in weiten Teilen der Nachhaltigkeitsliteratur die Gesellschaftstheorie eine Leerstelle ist, ist umgekehrt in der aktuellen soziologischen Theorie oft das ökologische Thema eine auffällige Schwach- oder sogar Leerstelle.[38] Selbst dort, wo es Berücksichtigung findet, bleiben die Autorinnen und Autoren meist deutlich befangen in den etablierten Kategorien und Denkschemata von progressiv vs. regressiv, emanzipatorisch vs. konservativ oder reaktionär, und bekommen damit das spezifisch Spätmoderne nicht in den Blick.[39] Die Unhaltbarkeit, die im Titel dieses Buches steht, bezieht sich aber gerade auch auf die Normativität der kritischen Theorie, aus der sich eine Theorie spätmoderner Gesellschaften herauswagen muss, wenn sie ihren Gegenstand nicht verfehlen will.

37 Horkheimer und Adorno 1969 [1944], S. 16.; vgl. auch Honneth 2012, Bauman 2017 oder Latour 2017.

38 Z.B. Reckwitz 2019, 2021; Nachtwey 2016; Amlinger und Nachtwey 2022; Nassehi 2021.

39 Vgl. z.B. Amlinger und Nachtwey 2022; Fraser 2023; Mouffe 2023.

Drittens zielt das Buch, ohne dabei ins Spekulieren verfallen zu wollen, auf eine Theorie moderner Gesellschaften *jenseits* der Spätmoderne, also einer Theorie der dritten Moderne und der *nächsten Gesellschaft* jenseits des derzeitigen Interregnums. Es will damit einen Schritt hinausgehen über die Ansätze, die sich zwar aus der Normativität der kritischen Theorie zu befreien versuchen, letztlich aber doch in der Spätmoderne, in der Verarbeitung des *Verlusts*, gefangen bleiben, die versuchen, das – und sich am – Unhaltbare(n) weiterhin festzuhalten, und die *andere* Moderne nicht wirklich erreichen.[40] Tatsächlich bearbeitet dieses Buch also nicht nur ein doppelte, sondern eine dreifache Unhaltbarkeit: a) die der etablierten Arrangements der Gesellschaft der Nicht-Nachhaltigkeit, b) die des ÖEP und seiner aktivistischen Narrative und c) die der kritischen Soziologie und ihrer Normativität. Alle drei sind, um auf den Vers von Eugen Roth zurückzukommen, in der Spätmoderne »ganz unhaltbar – leider«.

40 Vgl. z.B. Nachtwey 2016; Amlinger und Nachtwey 2022; Staab 2022.

# 2
# Grenzerfahrungen

Was im ersten Kapitel inhaltlich umrissen wurde, sind Thesen von erheblicher Tragweite – für Umweltbewegungen, für die sich als transformativ verstehende Nachhaltigkeitsforschung, für die kritische Soziologie oder auch für die politische Bildung. Treten wir also noch einmal einen Schritt zurück und unternehmen eine eher lebensweltlich ausgerichtete, an der alltagspolitischen Debatte orientierte Annäherung an die Grenzerfahrungen und Unhaltbarkeiten der spätmodernen Gesellschaft.

Mit dem Klimanotstand, den die Fridays-for-Future-Bewegung 2019 mehr denn je ins öffentliche Bewusstsein hob, der Covid-19-Pandemie seit März 2020, der seit Mitte 2021 deutlich erhöhten Inflation und mit dem Krieg in der Ukraine wurde das Phänomen der Nicht-Nachhaltigkeit plötzlich sehr konkret. *Nicht-Nachhaltigkeit* wurde, weit hinaus über das ökologische Verständnis, zur schockierenden und unausweichlichen *Unhaltbarkeit*. Praktisch über Nacht wurden alltägliche Selbstverständlichkeiten tatsächlich *unhaltbar* und wurden – anders als die vielen Dinge, von denen längst schon bekannt war, dass sie nicht-nachhaltig sind – auch wirklich eingeschränkt oder ausgesetzt, sei es durch den Zusammenbruch bestimmter Systeme (wie z. B. internationale Lieferketten) oder durch politische Verordnung (z. B. Einkaufs-, Feier-, Reise- oder Importbeschränkungen).

Das war neu. Und das betraf nicht nur bestimmte Teile der Bevölkerung, sondern in vielen Hinsichten alle – wobei natürlich die Betroffenheit durch die Pandemie und ihre Folgen oder durch den Verzicht auf russisches Gas und Öl höchst ungleich sozial verteilt war.

Schon Jahrzehnte zuvor war von *Grenzen des Wachstums* die Rede gewesen[1] – später auch von Modernisierungsverlierern und von der neoliberalen *Abstiegsgesellschaft*.[2] Neue Begrenzung und Unhaltbarkeit waren also bereits gesellschaftlich real geworden. Aber das hatte immer nur bestimmte Teile der Gesellschaft betroffen und interessiert; für die Mehrheit war das abstrakt geblieben. Auch die Stichworte Selbstbegrenzung und freiwilliger Verzicht machten lange schon die Runde, und die These, dass beim materiellen Besitz und Konsum *weniger* ja eigentlich sowieso *mehr* sei.[3] Doch die gesellschaftliche Logik des Wachstums und der Expansion, der Reichweitenvergrößerung, der Mobilitätssteigerung, der Beschleunigung, der emanzipatorischen Grenzüberschreitung und des offenen Horizonts blieb davon unberührt. In der Pandemie hingegen bekam die Grenzerfahrung eine völlig andere Qualität, und der Krieg in der Ukraine hat das gesellschaftliche Grenzbewusstsein noch einmal verstärkt. Nach Jahrzehnten des Wachstums, emanzipatorischer Entgrenzungsbewegungen und des (Markt-)Liberalismus wurde das Aussetzen des inzwischen Gewohnten, der Normalität, nun von vielen als unerträglich und die

1 Meadows et al. 1972.
2 Nachtwey 2016.
3 Jackson 2011; Paech 2012; Folkers und Paech 2020.

staatlich verordneten Beschränkungen als unzumutbarer Eingriff in persönliche Freiheiten wahrgenommen. Sowohl von einigen Liberalen als auch von Rechten wurden diese Maßnahmen umgehend als »Coronadiktatur« beschimpft. Vor dem Hintergrund der großen Resonanz der neuen Klimabewegung wurden sie als Vorgeschmack dessen bezeichnet, was im Namen »unserer Freiheit«, »unserer Werte und unseres Lebensstils« unbedingt zu vermeiden wäre: die drohende *Ökodiktatur*. Unterschwellig artikulierte sich hier eine neue Realität: Mit der akuten Erfahrung von Grenzen werden in spätmodernen Gesellschaften die Aufgabe und das Projekt der Grenzziehung, Begrenzung, Ausgrenzung und Abschiebung zentral. Wenn das Wachstum an Grenzen stößt, die Ansprüche und Erwartungen aber weiter steigen, wird die Frage virulent, wer woran weiter teilhaben darf, wo die Grenzen gezogen werden sollen, und wer und was ausgegrenzt werden muss. Die veränderte Konstellation machte nun unmissverständlich klar: *Nicht weniger, sondern mehr* ist mehr – und im Zweifelsfall auch *sicherer*. Und: Wenn weniger teilhaben dürfen, bleibt für die Berechtigten mehr! Die Rechtspopulisten haben das Thema Grenzziehung und Ausgrenzung mit ihren Kampagnen gegen die »Einwanderung in die Sozialsysteme«, die migrationsbedingte Konkurrenz um Wohnraum, im Arbeitsmarkt oder um Kita-Plätze am offensichtlichsten zu ihrem politischen Markenkern gemacht. Aber in der Spätmoderne haben sich politische Akteure ganz verschiedener Couleur das Begrenzungsthema auf ihre Fahnen geschrieben, und die Politik der Grenzziehung und Ausgrenzung hat viele Gesichter: Sie erscheint als verschärfte Identitätspolitik von links (Cancel Culture) und rechts (Nationalismen, Verschwörungsmythen), als neoliberale Doktrin der Selbstverantwortlichkeit, als die Wiederentdeckung von staatlicher Regulierung im Namen des Klimaschutzes, als rechtspopulistische Politik gegen Migranten und Minderheiten oder als fundamentalistischer Rigorismus in religiösen Gemeinschaften. Grenzzäune und Grenzkontrollen, die dem westlichen Ideal der offenen Gesellschaft eigentlich fundamental widersprechen, werden nicht nur in den USA, sondern auch in Europa plötzlich zum Prioritätsprojekt.

Nachdem es ökoemanzipatorischen Bewegungen, die das Thema bereits vor Jahrzehnten aufgegriffen hatten, nie gelungen war, das Problem der ökologischen Grenzen fest auf der politischen Agenda zu verankern und ein wirkmächtiges Konzept der kollektiven Selbstbegrenzung zu entwickeln, sind Grenzziehung und Ausgrenzung sowie deren Organisation und Legitimation nun gewissermaßen im Selbstlauf und als Nebenwirkung der bisherigen Expansionslogik zum zentralen Anliegen der verschiedensten Akteure geworden. Die kontinuierliche Grenzüberschreitung, Entgrenzung und Externalisierung der sozialen, ökologischen und zukunftsbezogenen Konsequenzen haben dazu geführt, dass es, zugespitzt formuliert, kein Außen mehr gibt; weder eines, dessen Vereinnahmung und Ausbeutung noch weiterhin *unsere Freiheit, unsere Werte und unseren Lebensstil* sichern könnte, noch eines, in das die Konsequenzen dieser Praxis noch externalisiert werden können.

## 2.1 *Am Abgrund*

Anfang der siebziger Jahre schrieb der britisch-französische Umweltaktivist, Schriftsteller und Philosoph Edward Goldsmith in einem Text, der für die damals entstehende internationale Umweltbewegung wegweisend wurde, die industriegesellschaftliche Lebensweise und ihr Ethos der Expansion würden unvermeidlich noch innerhalb der Lebenszeit der damals neugeborenen Kinder zusammenbrechen. Ungeachtet ihres bereits erreichten Wohlstands- und Konsumniveaus seien die Industriegesellschaften abhängig von immer weiterem Wachstum. Falle dieses zu gering aus oder bleibe es gar aus, würden sie notwendigerweise kollabieren. Der Versuch jedoch, das unverzichtbare Wachstum zu sichern, würde nicht nur die Ökosysteme zerstören, sondern auch soziale Ungleichheit und Spannungen schaffen, die sich bald in gewaltsamen Konflikten entladen würden. Und in Zeiten von sozialem Stress und Chaos wäre es mehr als wahrscheinlich, dass die Regierungsgewalt in die Hände skrupelloser Schurken falle, die nicht zögern würden, andere Staaten militärisch zu bedrohen.[4]

Goldsmiths Analyse war geradezu prophetisch. Damals neugeborene Kinder sind heute in ihren Fünfzigern, und die Gesellschaften des Globalen Nordens sind offenbar genau an dem Punkt, den Goldsmith vorausgesagt hatte. Ökonomische, ökologische und soziale Krisen spitzen sich zu. Sogar die Stammländer der Demokratie rutschen stetig in Richtung Autoritarismus

4 Goldsmith 1972, S. 2-5.

und Autokratie. Und selbst in Europa bleibt es nicht bei der bloßen Androhung von militärischer Gewalt. Bereits längst vor dem Krieg in der Ukraine warnte António Guterres auf der UN-Vollversammlung im September 2021:

> Wir stehen am Rande eines Abgrundes – und bewegen uns in die falsche Richtung. Unsere Welt war noch nie so bedroht wie heute. Oder mehr gespalten. Wir stehen vor der größten Kaskade von Krisen, die wir je erlebt haben. [...] Eine Welle von Misstrauen und Fehlinformationen polarisiert die Menschen und lähmt die Gesellschaften. Die Menschenrechte stehen unter Beschuss. Die Wissenschaft steht unter Beschuss. [...] Es fehlt an Solidarität – gerade dann, wenn wir sie am meisten brauchen.[5]

Eigentlich ist in modernen Ablenkungs- und Zerstreuungsgesellschaften alles darauf abgestellt, dass es zu Momenten der Besinnung und solcher Besorgnis möglichst gar nicht kommt. Doch wo die Strategien der beschleunigten Unterhaltungs- und Betäubungsindustrie nicht greifen, wird bedrohlich klar: Gerade passiert etwas sehr Grundsätzliches, das über die bisherige Diskussion der *Postdemokratie*, *Abstiegsgesellschaft* oder der *Großen Regression* weit hinausgeht.[6] »Wir kämpfen den Kampf unseres Lebens«, sagte Guterres auf der UN-Klimakonferenz in Scharm El-Scheich im Herbst 2022, »und wir sind dabei zu verlieren. Die Treibhausgasemissionen steigen weiter. Die globale Temperatur steigt weiter. Und unser Planet nähert sich rasant Kipppunkten, die das Klimachaos unumkehrbar ma-

5 Guterres 2021.
6 Crouch 2008; Nachtwey 2016, Geiselberger 2017.

chen werden. Wir sind auf dem Highway in die Klimahölle und haben den Fuß noch immer auf dem Gaspedal.«[7]

Tatsächlich gibt es keineswegs nur mit Blick auf den Klimawandel ein breit geteiltes Gefühl der fundamentalen Verunsicherung, des Niedergangs, des Endes, der unterschwelligen Panik. Viele insistieren, dass es noch nicht zu spät sei, und drängen auf »Handeln für den Wandel«. Aber längst ist klar, dass diese Narrative eher therapeutischen Wert haben, als dass sie tatsächlich einen grundlegenden Wandel herbeiführen könnten. Bewegungen wie Extinction Rebellion oder Die Letzte Generation artikulieren wie zuvor schon Fridays for Future eine Grenzerfahrung, die eigentlich sehr viel verbreiteter ist, die aber in anderen Teilen der Gesellschaft – bzw. in anderen Diskursen – erfolgreicher verdrängt und geleugnet wird. Zuweilen ist noch die Rede von überspitzten Wahrnehmungen, Stimmungsschwankungen und periodisch auftretenden Untergangsängsten, die es auch zu früheren Zeiten schon gegeben habe.[8] Aber solche Beschwichtigungen greifen nicht mehr. Der Weltklimarat fordert umfassende, sofortige Maßnahmen und einschneidende Veränderungen in allen Bereichen der Gesellschaft. Die Soziologie diagnostiziert das *Ende der Illusionen*, die notorisch *Überforderte Gesellschaft* und eine *Gesellschaft am Rande des Nervenzusammenbruchs*.[9]

Bezogen auf die Wirtschaft, deren Wachstumsraten

7 Guterres 2022.

8 Vgl. etwa Reckwitz 2019, S. 13-15.

9 Reckwitz 2019; Nassehi 2021; Lessenich 2022.

sich bereits in den siebziger Jahren deutlich verringerten, deutete sich die Krise schon früh an, und nach der Banken- und Finanzkrise 2008 ff. wäre sie beinahe ganz zusammengebrochen. Durch Staatsverschuldung, Privatisierungsprogramme, Globalisierungsstrategien, Deregulierungsinitiativen, die Niedrig- und Nullzinspolitik, vielfältige Investitionsprogramme und zuletzt staatliche Hilfszahlungen an die Bürgerinnen und Bürger und Abfederungsmaßnahmen gegen die ökonomischen Folgen der Pandemie, der Inflation oder der rabiat gestiegenen Energiepreise wurde immer wieder versucht, Zeit zu kaufen und den Eindruck zu vermitteln, die ökonomische Krise sei nur vorübergehender Natur und die Wirtschaft ließe sich bald wieder stabilisieren.[10] Aber Verschuldung, Inflation und schon vergleichsweise kleine Zinserhöhungen bedeuten für die Wirtschaft und den gesellschaftlichen Wohlstand nun eine erhebliche Bedrohung. Die etablierte Wirtschafts- und Lebensweise ist unvereinbar mit ambitionierten ökologischen und sozialen Standards, fundamental abhängig vom Import von Rohstoffen, Energie und Konsumgütern aus Staaten, die westliche Grundwerte und -rechte kategorisch ablehnen, und vom Export westlicher Produkte in Staaten, für die das ebenso gilt. Immer klarer wird erkennbar: Dieses Wirtschaftssystem funktioniert nicht mehr. Seine Haltbarkeitsgrenze ist überschritten – oder aber die der demokratischen, sozialen und ökologischen Standards, denen es nach den

10 Vgl. z. B. Streeck 2013, 2015.

selbstgesteckten Ansprüchen moderner westlicher Gesellschaften genügen soll.[11]

Ökologisch gesehen sind die lange beschworenen Kipppunkte erreicht (z.B. beim Permafrost), und die Politik scheint weitgehend hilflos. Klimagipfel führen zu keinen nennenswerten Ergebnissen. Sogenannte Green New Deals fördern bestenfalls die Wirtschaft, entfalten ökologisch aber kaum transformative Kraft. Großprojekte wie die Energie-, Verkehrs- oder Agrarwende kommen höchstens stockend voran. Lokale Initiativen und Experimente gibt es zwar in großer Zahl, sie entwickeln aber nur wenig transformative Kraft. Umweltauflagen werden im Zeichen akuter Krisen abgeschwächt oder ausgesetzt. Marktwirtschaftliche Instrumente wie die $CO_2$-Bepreisung, die über Jahrzehnte von vielen als die aussichtsreichste Strategie für eine sozialökologische Transformation angepriesen wurden, haben nur wenig erreicht und werden angesichts der Inflation, gestiegener Energiepreise und des internationalen Wettbewerbsdrucks eher ausgesetzt als ernsthaft umgesetzt. Programme der ökologischen Modernisierung brachten Verbesserungen im Bereich der Luftreinhaltung oder des Gewässerschutzes, beruhten aber oft darauf, dass ökologisch besonders belastende Prozesse in Länder mit weniger strengen Auflagen verlagert wurden. Entscheidende Probleme wie die Klimaerwärmung, den Flächenverbrauch, die Habitatzerstörung oder das Artensterben vermindern sie kaum. Inzwischen stoßen die Strategien der Externalisierung – in die Zukunft, in

11 Vgl. dazu Kapitel 3.1.

andere geografische Regionen oder in die am wenigsten wehrhaften Teile der Gesellschaft – an ihre Grenzen; die ökologische Katastrophe scheint unausweichlich.

In sozialer Hinsicht spitzt sich die Ungleichheitskrise stetig zu. Sowohl inner- als auch zwischengesellschaftliche Spaltungen vertiefen sich; die entsprechenden Konflikte werden zunehmend unversöhnlich. Fragen der materiellen Verteilung und der kulturellen Identität und Anerkennung greifen dabei ineinander und machen den sozialen Frieden höchst labil. Die Mechanismen der innergesellschaftlichen Integration stoßen ebenso an ihre Grenzen wie die des internationalen Zusammenhalts.

Und in Bezug auf die politische Kultur scheint der Niedergang, die Regression, die Rezession der liberalen Demokratie unaufhaltbar.[12] Eine weitere Demokratisierung der Demokratie, also die weitere Öffnung der demokratischen Institutionen, scheint in spätmodernen Gesellschaften nur noch wenig aussichtsreich.[13] Spaltung und Polarisierung verfestigen sich, und obwohl Wahlsieger am Abend ihres Erfolgs immer sogleich versichern, in ihrem jeweiligen Land die tiefen Spaltungen überwinden zu wollen, ist in der Praxis völlig unklar, wie das gelingen könnte. Vielmehr haben Demokratisierungsbemühungen in den verschiedensten politischen Bereichen – vom Klimaschutz bis zur Migrationspolitik – ihrerseits Schließungstendenzen ausgelöst. Der zivilgesellschaftliche Optimismus kippt in Resignation und Radikalität. Die Hoffnung auf die neue Politik der so-

12 Vgl. z.B. Levitsky und Ziblatt 2018; Manow 2020; Schäfer und Zürn 2021.

13 Vgl. dazu Kapitel 3.3 und 6.4.

zialen Bewegungen scheint heute nicht weniger erschöpft als das Vertrauen in die Institutionen der traditionellen Politik.

In all diesen Hinsichten wird überdeutlich, dass eine Grenze erreicht, ja überschritten ist, ohne dass sich alternative Perspektiven eröffnen würden. Viel mehr noch als in den achtziger Jahren, als Samuel Becketts Stücke der Hoffnungslosigkeit und Endzeitlichkeit in allen Theatern gespielt wurden, befinden sich spätmoderne Gesellschaften heute tatsächlich in einem *Endspiel*. Auch wenn die entsprechenden Akteure nicht müde werden, diese Erzählungen stetig zu wiederholen und erneuern: Es fällt immer schwerer zu glauben, dass eine kollektive Selbstbegrenzung zugunsten eines guten Lebens für alle in ökologischen Grenzen tatsächlich gelingen könnte; dass die gesellschaftlichen Spaltungen und Polarisierungen sich noch einmal versöhnen lassen oder dass die vielfältigen kleinen alternativen Initiativen und Experimente der viel zitierten »Pioniere des Wandels« tatsächlich einmal zur großen gesellschaftlichen Transformation heranwachsen werden. Zwar verspricht die EU, bis 2050 klimaneutral werden zu wollen. Aber welche Bedeutung haben solche Ankündigungen? Wenig spricht dafür, dass der fundamentale Widerspruch zwischen dem Bekenntnis zu Ökologie und Menschenrechten und der Verteidigung des westlichen Wohlstandes und Lebensstils sich auflösen lässt. Nur zu gern würde man das glauben, aber sozialwissenschaftlich gesehen spricht alles dagegen. Die gesellschaftlichen Rahmenbedingungen für eine SÖT sind nicht gegeben.

Moderne Gesellschaften sind, so könnte man umgangssprachlich sagen, »mit ihrem Latein am Ende«. In praktisch allen entscheidenden Hinsichten (ökologisch, ökonomisch, demokratisch, kulturell) sind diese Gesellschaften jenseits des Punkts, an dem sich die Eigendynamik der Krisen noch wieder einfangen ließe. Für moderne westliche Gesellschaften, für deren Selbstverständnis die Gestaltbarkeit und Steuerungsfähigkeit und die offene Zukunft immer essenziell waren, ist dieser Perspektiv- und Kontrollverlust traumatisch. In der Spätmoderne erfasst er nun auch diejenigen, die sich bisher als die Pioniere, die Avantgarde, die Aufgeklärten und Wissenden verstanden haben. Kontrollverlust ist in der Literatur oft für die sogenannten Modernisierungs- und Globalisierungsverlierer festgestellt und als wesentlicher Grund für deren Abkehr von der Politik oder ihr Abdriften zum Rechtspopulismus angeführt worden.[14] Doch inzwischen können sich auch gut gebildete, interessierte und informierte Bürgerinnen und Bürger kein klares Bild mehr machen und keine aussichtsreichen Auswege mehr weisen. Die Klimakrise, die Pandemie, der Krieg in der Ukraine oder der Konflikt in Nahost überfordern selbst die intellektuellen Eliten. Viele sehen den bewussten Rückzug ins Private, das gezielte Ausblenden und Verdrängen, als die einzig verbleibende Strategie zur Bewältigung des gleichermaßen Undurchsichtigen wie Unerträglichen. Die Jahrzehnte währende Anstrengung, ein klares Verständnis und Urteil zu ge-

14 Vgl. z. B. Nachtwey 2016; Schäfer und Zürn 2021; Amlinger und Nachtwey 2022.

winnen, sich zu engagieren und Verantwortung zu übernehmen, mündet in Überforderung, Ernüchterung und Erschöpfung.[15] Auch das ist eine Grenzerfahrung, ein *Abgrund*, ein *Notstand*.

## 2.2 *Krise als Chance?*

Aber Moment: Ist das nicht viel zu pessimistisch und deterministisch gedacht? Krisen hat es immer gegeben, sagen nicht nur die Leugner des Klimawandels, und es haben sich noch immer Lösungen gefunden. *Endspiele* wurden schon viele gespielt, aber nie waren sie das *Ende des Spiels.* Wie ist also die Behauptung zu rechtfertigen, dass die Lage heute anders und ernster sei als zuvor? Gibt es nicht gerade in jüngerer Zeit und im Zusammenhang mit den aktuellen Krisen auch sehr viel Grund zur Hoffnung und Anzeichen großer gesellschaftlicher Solidarität? Liegt nicht in jeder Krise auch eine Chance? Und sind Krisen nicht sowieso geradezu unverzichtbar, um etablierte Strukturen und Routinen aufzubrechen, damit sie dann neu gestaltbar werden? Gibt es also nicht guten Grund, gerade heute wieder stärker an das ökoemanzipatorische Projekt und die sozialökologische Transformation zu glauben? In diesem Sinne wendet sich zum Beispiel Andreas Reckwitz strikt gegen jede »defaitistische Katastrophenstimmung« und fordert stattdessen, eine »undogmatische und differenzier-

15 Vgl. z.B. Friedrichs 2022.

te Perspektive«, die die »Paradoxien und Ambivalenzen« der Gegenwart sichtbar macht.[16]

Diese Forderung ist berechtigt. Und tatsächlich sind Krisen immer schon auch als Chance gesehen worden. Gerade in der Umweltbewegung gab es seit ihren Anfängen immer schon Stimmen, die darauf gezählt haben, dass irgendwann eine große Katastrophe kommt und endlich zum Treiber für eine echte Wende wird, die die *ganz große*, ultimative Katastrophe in letzter Sekunde dann doch noch abwendet.[17] Anfang der neunziger Jahre sagte Hans Jonas: »Vielleicht ist der Mensch ohne ernsthafte Warnschüsse und schon sehr schmerzhafte Reaktionen der gepeinigten Natur nicht zur Vernunft zu bringen.«[18] Irgendwann, so war stets die Annahme, werde der objektive Druck so groß, dass er eine sozialökologische Transformation einfach unausweichlich mache und schlicht erzwinge. Auch in der kritischen Sozialwissenschaft gibt es eine fest etablierte Tradition, die in der zunehmenden Destabilisierung der bestehenden Ordnung – vor allem des Kapitalismus – eine wachsende Chance, ja sogar eine notwendige Vorbedingung für emanzipatorische Veränderungen und eine bessere Welt sieht.[19] Bis in die Gegenwart hallt das Marx'sche Argument nach, die unterdrückte und verelendete Arbeiterklasse habe letztlich nichts mehr zu verlieren als ihre Ketten. In dieser Tradition sieht etwa Chantal

16 Reckwitz 2019, S. 13, 15.
17 Vgl. auch Kapitel 4 und 5.
18 Jonas 1993, S. 11.
19 Vgl. dazu Ulrich Becks Begriff der »emanzipatorischen Katastrophe« (Beck 2017, S. 153 ff.).

Mouffe in den aktuellen Krisen die Chance für einen *linken Populismus* und eine *grüne demokratische Revolution*. Nancy Fraser sieht Potenziale für ein »gegenhegemoniales Projekt«.[20] Und auch in der populären Literatur und im Feuilleton keimt immer, wenn die Krise groß ist, erneut die Hoffnung auf, dass nun vielleicht doch endlich »alles anders werde«, dass nun endlich der Impuls stark genug sei, um wirklich einen grundlegenden Strukturwandel anzustoßen.[21]

Dem steht freilich die These gegenüber, dass der Kapitalismus die regelmäßigen Krisen, die er selbst erzeugt, zu seiner eigenen Reproduktion und zur Stärkung seiner Resilienz unverzichtbar braucht. Das würde nahelegen, dass auch die gegenwärtigen Krisen nicht etwa eine Transformation, sondern vielmehr die Erneuerung und Befestigung des Kapitalismus bringen werden. Außerdem sind die Krise und der Notstand auch immer wieder als Herrschaftsinstrument bezeichnet worden, das politische und ökonomische Maßnahmen legitimiert, die unter regulären Bedingungen nicht ohne Weiteres denkbar, möglich oder durchsetzbar wären.[22] Auch hier wird die Krise also als Chance für die Befestigung der etablierten Machtstrukturen betont, nicht für deren Transformation.

Wenn aber jede Krise doch auch eine Chance für eine Transformation ist, haben spätmoderne Gesellschaften tatsächlich mehr Chancen für die große Transformation denn je. Schließlich wächst die Zahl der Großkri-

20 Mouffe 2018, 2023; Fraser 2019, 2023.
21 Vgl. z.B. Klein 2015; Göpel 2022.
22 Z.B. Agamben 2004, 2013, 2021.

sen überall, und ihre Abstände werden immer kürzer. Tatsächlich entwickelt sich mit großer Regelmäßigkeit in jeder Krise eine neue Welle der Hoffnung. Das war so nach der Banken- und Finanzkrise 2008/09, als die Occupy-Wall-Street-Bewegung und ihre europäischen Ableger Hoffnungen auf den »Postkapitalismus« weckten und das Nachdenken über eine »Postwachstumsgesellschaft« beflügelten.[23] Die Flüchtlingskrise von 2014/15 löste enorme Hilfsbereitschaft aus, und an vielen großen Bahnhöfen ließ sich eine beeindruckende »Willkommenskultur« beobachten. Große Hoffnungen waren auch mit der Fridays-for-Future-Bewegung verbunden, deren Druck unter anderem dazu beitrug, dass das Europäische Parlament im September 2019 den »Klimanotstand« ausrief. Während der Coronakrise gingen große Hoffnungen davon aus, dass man sich plötzlich an »verschüttete Werte« wie Solidarität erinnern würde und unterbezahlte, aber »systemrelevante« Berufsgruppen ins Zentrum der öffentlichen Diskussion rücken würden. Und auch der Krieg gegen die Ukraine war mit gewissen Hoffnungen verbunden, zum Beispiel auf eine Stärkung der europäischen und westlichen Einheit und einen deutlich beschleunigten Vollzug der Energiewende.

Ebenso wie Konjunkturen defaitistischer Katastrophenstimmungen gibt es also auch Konjunkturen oder Zyklen der Hoffnungsnarrative. Auch bei diesen Hoffnungsnarrativen ist allerdings eine »undogmatische und differenzierte Perspektive« geboten. Denn obwohl Kri-

23 Z.B. Paech 2012; Mason 2018; Dörre et al. 2019; Herrmann 2022.

sen durchaus temporäre Handlungsfreiräume schaffen, ist die Hoffnung auf den großen ökoemanzipatorischen Transformationseffekt dieser Krisen letztlich doch ein Irrtum. Sie war schon immer verfehlt, und wo die Krisen nun in immer schnellerer Folge auftreten, wird das immer offensichtlicher. Diese Hoffnung ist nicht viel mehr als das tröstende, nostalgische Bekenntnis zu Werten und Idealen, die unbedingt wünschenswert erscheinen, die gleichzeitig aber unvereinbar sind mit den Rechten, Freiheitsverständnissen und Lebensweisen, die westliche Gesellschaften für sich als unverhandelbar betrachten. Sozialpsychologisch gesehen sind diese Hoffnungsnarrative Ausdruck einer Verweigerung, sich der Besonderheit der spätmodernen Konstellation zu stellen. Sie sind eine Art »Selbstillusionierung«,[24] die der entscheidenden Frage ausweicht, warum sich gerade in der jeweils aktuellen Krise erfüllen sollte, was sich seit Anfang der Umweltbewegung bisher nicht erfüllt hat. Wo genau und in welcher Hinsicht, so wäre aus sozialwissenschaftlicher Perspektive zu fragen, sind gerade jetzt die Parameter in einer Weise verändert, die Grund zu der Annahme gibt, dass die ökoemanzipatorische Vision nun Realität werden könnte?

Zweifellos, in der spätmodernen Gesellschaft sind die Grenzerfahrung, das Endzeitgefühl, das Bewusstsein der Unhaltbarkeit – sofern man sich derartige Gefühle denn überhaupt erlaubt – bohrender denn je. Aber die These vom »objektiven Druck«, der letztlich eine sozialökologische Transformation unumgänglich

24 Vgl. z. B. Blühdorn 2006, 2007, 2017, 2023; vgl. auch Kapitel 7.

machen werde, war schon immer falsch. Denn objektiven Druck gibt es nicht, sondern nur individuelle und kollektive Grenzen der Akzeptabilität und der Kapazitäten zur Bewältigung der Phänomene und Veränderungen, die die naturwissenschaftliche Forschung feststellt bzw. die gesellschaftlich breit wahrgenommen werden. Diese Grenzen sind allerdings recht beweglich. Außerdem wäre eine sozialökologische Transformation bestenfalls dann zu erwarten, wenn es eine entsprechende Vision oder Utopie gäbe, die über soziale Grenzen hinweg und weit hinaus über einzelne Länder hinreichend stark mobilisiert. Eine solche Vision ist aber trotz aller Krisen nirgends in Sicht. Vielmehr haben die jüngsten Krisen eindrucksvoll illustriert, wie sich die Grenzen des gesellschaftlich Hinnehmbaren und Erträglichen immer weiter zugunsten der Sicherung des Status quo verschieben – und wie die gesellschaftliche Fähigkeit, sich echte Alternativen zur etablierten Ordnung und ihrer Logik vorzustellen, immer weiter erodiert.

Das moralische Entsetzen über das Ertrinken im Mittelmeer und die Zustände in den Auffanglagern war anfangs groß. An den Ursachen der Migration hat das aber nichts geändert, und beim Projekt einer integrierten EU-Flüchtlingspolitik hat es kaum Fortschritte bewirkt. Während in kolonialer Manier weiterhin qualifizierte Fachkräfte aus weniger entwickelten Ländern angeworben werden, ist die Bereitschaft, Armuts- und Klimaflüchtlinge aufzunehmen, ebenso gering wie die, in ihren Herkunftsländern Bedingungen zu schaffen, die den Menschen ein gutes Leben in ihrer eigenen Heimat erlauben. Zu Beginn der Coronapandemie war zwar viel von »systemrelevanten« Berufen, von Solidarität und von der neuen Handlungsfähigkeit des Staates die Rede. Aber dann lösten bereits relativ geringfügige und zeitlich begrenzte Beschränkungen in verschiedenen Teilen der Gesellschaft mitunter erhebliche Widerstände aus, und die möglichst schnelle und vollständige »Rückkehr zur Normalität« – statt Transformation – wurde das oberste Leitprinzip der Pandemiepolitik. Im Zeichen ausbleibender Gaslieferungen aus Russland gab es große Hoffnungen auf massive Energieeinsparungen und einen beschleunigten Ausbau der Erneuerbaren. Gleichzeitig wurde auch der Wunsch nach mehr Unabhängigkeit von autoritären Regimen zentral. Noch stärker war allerdings der Wunsch, den eigenen Lebensstandard und den gesellschaftlichen Wohlstand zu verteidigen. Der Ausbau der Erneuerbaren bleibt weiter deutlich hinter den Erfordernissen zurück, das Potenzial für Energieeinsparungen wurde durch staatliche Finanzhilfen aktiv vermindert, und die Abhängigkeit von autoritären Staaten wurde lediglich von Russland auf andere Staaten verlagert, in denen demokratische Werte und universelle Menschenrechte ebenfalls wenig Bedeutung haben.

Die jüngsten Krisen können somit kaum als Katalysator für eine große Transformation betrachtet werden. Vor dem Hintergrund der Pandemie und des Krieges stößt das Narrativ von der »Krise als Chance« an seine Grenzen; es ist erschöpft. Auch das ist eine Grenzerfahrung, eine sehr entscheidende, die spätmoderne Gesellschaften gerade machen. Zweifellos haben die Krisen in verschiedenen Bereichen gewisse Reformen ausgelöst.

Die bedeuten aber keinen Ausstieg aus der herrschenden Logik und schon gar nicht deren Umkehrung. Vielmehr haben die jüngsten Krisen die Logik der Beschleunigung, des Wachstums, des Wettbewerbs, der Ungleichheit und der Exklusion sogar verfestigt und bestärkt. Denn mit jeder Krise steigt die öffentliche Schuldenlast und entsprechend auch der Druck, aus den Schulden anschließend »herauszuwachsen«. Das verringert den Spielraum für eine sozialökologische Transformation und lässt insbesondere für Postwachstum und Degrowth wenig Raum. Und, wie gesagt, erschwerend kommt hinzu: Trotz allem *sind* Krisen und Katastrophen ja wirklich Katalysatoren für Transformationen – aber eben nicht nur für die Akteure des ÖEP und der SÖT, sondern ebenso für diejenigen, die der Politik der Gleichheit, Gerechtigkeit, Inklusion, demokratischen Selbstbestimmung und ökologischen Integrität skeptisch gegenüberstehen oder sie offen ablehnen.

## *2.3 Transformationspolitik in der Falle*

Die spätmoderne Konstellation unterscheidet sich insofern grundsätzlich von früheren Krisenphasen. Ihre Besonderheit lässt sich nicht mit dem Hinweis vom Tisch wischen, dass es immer schon Untergangsstimmungen gegeben habe und sich noch immer eine Lösung gefunden habe. Eine »undogmatische und differenzierte« Betrachtung zeigt vielmehr: Moderne Gesellschaften sitzen mit ihrem Transformationsprojekt in mehrfacher Hinsicht fundamental in einer Falle. Der Abgrund, von dem António Guterres 2021 sprach, die Dringlichkeit einer sozialökologischen Transformation, die die Grundstrukturen moderner Gesellschaften und ihrer Naturverhältnisse neu aushandelt, mögen bedrohlicher bzw. größer sein denn je, doch die Transformationsfähigkeit und -willigkeit spätmoderner Gesellschaften wird durch das Zusammenspiel verschiedener Faktoren erheblich beeinträchtigt:

- Diese Gesellschaften befinden sich längst in einem Strudel, in dem sie kaum mehr für die Zukunft planen und steuern können, sondern stark gegenwartsfixiert vor allem darum bemüht sind, die unmittelbaren Folgen der immer schneller aufeinanderfolgenden Krisen wenigstens halbwegs in den Griff zu bekommen. Dabei müssen sie immer gründlicher abwägen, ob es sich lohnt, die verfügbaren Mittel für langfristige Projekte der sozialökologischen Transformation zu investieren oder für die kurzfristige Bekämpfung der jeweils akuten Katastrophenfolgen. Gerade in der Demokratie werden längerfristige Transformationsprojekte politisch immer schwerer umsetzbar, denn angesichts jeweils unmittelbar akuter Notstände sind demokratische Mehrheiten für derartige Projekte nicht leicht zu mobilisieren und noch schwerer zu stabilisieren.
- Eine sozialökologische Transformation, die ein gutes Leben für alle sichert, würde eine massive Verminderung des Konsums, eine Beschränkung der Ansprüche und Erwartungen in praktisch allen Lebensbereichen, eine Abkehr von vielen Gewohnheiten erfordern, weit über das hinaus, was heutige Bürge-

rinnen und Bürger als notfalls entbehrlichen Luxus empfinden – und keineswegs nur für eine relativ kleine Oberschicht. Denn »selbst bei einem nur minimal-komfortablen Lebensstil überschreiten die Konsumenten im Globalen Norden bei Weitem alle Zielwerte der Pro-Kopf-Emissionen«.[25] Doch spätmoderne Gesellschaften sind festgelegt auf Infrastrukturen und Praktiken, auf Verständnisse von Freiheit und Selbstbestimmung und auf konsum- und erlebnisbasierte Muster der Selbstkonstitution und Selbsterfahrung, die jede Form von Reduktion zur extremen Belastung machen. Gerade durch den Siegeszug des Neoliberalismus haben sich Verständnisse von Freiheit und Selbstverwirklichung verfestigt, die jede politische Regulierung als inakzeptable Einmischung in die Sphäre des Privaten betrachten. Dieses Entgrenzungsprojekt hat die planetaren Grenzen enorm (über)beansprucht und dabei gleichzeitig die Potenziale für eine kollektive Selbstbegrenzung erheblich vermindert.

– Tatsächlich sind nach Jahrzehnten des Marktliberalismus auch in insgesamt wohlhabenden Gesellschaften die sozialen Ungleichheiten so groß, dass eine Nachhaltigkeitswende nicht nur durch staatliche Interventionen, sondern auch vermittels »ehrlicher Preise«, also über die Internalisierung bisher externalisierter sozialer und ökologischer Kosten und über den Markt kaum mehr möglich ist. Wenn der Staat mit begrenzenden Vorschriften interveniert, mobili-

25 Gough 2020, S. 216.

siert er unvermeidlich die Teile der Gesellschaft, die solche Interventionen und das Projekt einer SÖT insgesamt ablehnen. Die Möglichkeiten des entpolitisierten Marktes sind aber nicht weniger begrenzt, denn für wesentliche Teile der Gesellschaft wären ökologisch und sozial nachhaltige Preise nicht mehr bezahlbar und unmittelbar mit einem deutlichen Abbau des Lebensstandards und mit sozialer Exklusion verbunden. Das bringt Sozialverbände, Rechtspopulisten und viele andere Akteure auf den Plan. Die jüngsten Konflikte um die gestiegenen Energiepreise und die Inflation im Allgemeinen zeigen das deutlich an. Selbst für Besserverdienende würden sozialökologische Preise einen erheblichen Einbruch ihres gewohnten Lebensstandards bedeuten. Begrenzung, Schrumpfung und Verzicht sind jedoch ein Tabu; eine absolute Reduktion etwa des Mobilitäts-, Elektronik-, Wohnraum- oder Energiebedarfs steht jenseits sehr marginaler Gruppen nicht zur Debatte.

- Jahrzehntelang haben soziale Bewegungen und wissenschaftliche Experten auf dezentrale, partizipative, konsensorientierte und flexible Politikansätze als den aussichtsreichsten Weg zu einer Nachhaltigkeitstransformation gesetzt. Governance wurde zur Norm, und Government, also staatliche Reglementierung durch gesetzliche Ge- und Verbote, wurde zum Schmähwort. Vertreter des Marktliberalismus haben sich diesen Trend zunutze gemacht und vehement mehr individuelle Selbstverantwortlichkeit gefordert. Inzwischen wird jedoch klar, dass die Möglichkeiten der neuen, dezentralen, partizipativen Politik erheblich überschätzt worden sind. Viele Klimaaktivisten und Nachhaltigkeitsforscher fordern nun wieder den starken, handlungsfähigen Staat, doch der ist durch die neoliberale Ideologie nachhaltig geschwächt worden. Transnationale Organisationen wie die EU wiederum sind gerade seit der Rückbesinnung auf den Nationalstaat und die Priorisierung nationaler Interessen umweltpolitisch sehr viel weniger handlungsfähig.

– Zudem besteht in modernen Gesellschaften ein strukturelles Missverhältnis zwischen der Idee einer sozialökologischen Transformation und den Möglichkeiten ihrer praktischen Umsetzung. Entsprechende Forderungen werden aus der Perspektive von Bürgerinnen und Bürgern und deren Erfahrung der Verletzung ihrer sozialökologischen Wertmaßstäbe formuliert. Bearbeitet werden solche Problemwahrnehmungen und Forderungen aber primär auf der Ebene der gesellschaftlichen Funktionssysteme – Recht, Wissenschaft, Wirtschaft, Medien etc. –, die jeweils ihrer eigenen Logik unterliegen, aus der sie nicht ausbrechen können und die untereinander nicht synchronisiert sind. Diese Koordination wird gemeinhin von der Politik erwartet. Die jedoch bleibt ihrerseits in der ihr eigenen Logik des Machtgewinns oder -erhalts gefangen. Edward Goldsmith hatte auf diese Schwierigkeit bereits Anfang der siebziger Jahre hingewiesen.[26] Niklas Luhmann hat sie in den achtziger Jahren gründlich ausgeführt.[27] In jüngster

26 Goldsmith 1972, S. 5.
27 Luhmann 1986a.

Zeit hat gerade die Pandemie gezeigt, in welchem Maße moderne Gesellschaften mit der Bewältigung ihrer Krisen strukturell überfordert sind: Die Vielfalt und Komplexität der Wertepräferenzen erschwert die konsensuelle Problembestimmung und stabile Prioritätensetzung. Die Konkurrenz zwischen den verschiedenen Logiken der gesellschaftlichen Funktionssysteme, die die Probleme praktisch bearbeiten müssen, bedeutet eine große Hürde für die koordinierte und konsequente Problemlösung.[28] Das Bemühen, den Imperativen der sozialökologischen Transformation dadurch mehr Legitimität und Durchsetzungskraft zu verschaffen, dass man wie Fridays for Future »Listen to the science!« fordert, ist der Versuch, aus diesem Dilemma auszubrechen. Doch auch die Wissenschaft hat keine herausgehobene Stellung. Auch sie spricht mit vielen Stimmen, und in modernen Gesellschaften haben Wissenschaftsskepsis, »alternative Fakten« und postrationale Sinnerzählungen Konjunktur.

– Und schließlich steht die Bewältigung der vielfältigen begrenzteren Krisen auch noch zunehmend im Schatten des neuen geopolitischen Großkonflikts zwischen China und dem Westen bzw. dem Wettbewerb zwischen liberal-demokratischen und autokratisch-autoritären Systemen um die globale Vorherrschaft.[29] Dieser Systemwettbewerb verstärkt den Konkurrenz- und Wachstumsdruck erneut. Nachhal-

28 Vgl. dazu auch Nassehi 2021.

29 Zu diesem Narrativ vgl. Kapitel 3.5.

tigkeits- und Transformationsprojekte müssen sich in diese Logik einfügen.

All dies bedeutet freilich nicht, dass es in heutigen Gesellschaften für ökologische Reformen keinerlei Spielraum gäbe. Die florierende internationale Dekarbonisierungsindustrie ist der beste Gegenbeweis. Doch für ein Aussetzen der Logik von Wachstum, Wettbewerb, Ausbeutung und Effizienz, für eine absolute Begrenzung und Reduktion der Ansprüche, Erwartungen, Bedürfnisse und für eine entschiedene soziale Umverteilung, die ein gutes Leben für alle ermöglichen würde, wird es tatsächlich eng. Für eine sozialökologische Transformation zur Nachhaltigkeit, die über heutige Dekarbonisierungsbemühungen weit hinausgehen müsste, wären genau diese Parameter aber unverzichtbar. Entsprechend ist eine solche Transformation aus strukturellen Gründen nicht zu erwarten. António Guterres' Warnungen, dass »unsere Welt noch nie so bedroht war wie heute« und wir »vor der größten Kaskade von Krisen stehen, die wir je erlebt haben«, sind ohne Zweifel berechtigt. Doch von der hier artikulierten Dringlichkeit und Notwendigkeit einer sozialökologischen Transformation auf die gesellschaftliche Möglichkeit und Fähigkeit zu einer solchen Transformation zu schließen, ist, wie Luhmann schon vor Jahrzehnten zeigte, verfehlt.[30] Die gängigen Appelle, dass »wir« angesichts der jeweils aktuellen Krise nun »unbedingt gemeinsam, sofort und entschieden handeln« müssen, dass es nun

30 Luhmann 1986a.

Zeit sei, »endlich vom Reden zum Handeln zu kommen«, haben vor allem Bekenntnis-, Erlebnis- und Beruhigungscharakter. Sie bedienen moralische und psychologische Bedürfnisse, beruhen aber auf einem völlig unzureichenden Verständnis spätmoderner Gesellschaften. Bereits in den achtziger Jahren beschrieb Ulrich Beck dieses Dilemma als das »System der organisierten Unverantwortlichkeit«, dessen Merkmal gerade dieser Widerspruch »zwischen systemimmanent erzeugten und systemimmanent nicht zurechenbaren, nicht verantwortbaren, nicht bearbeitbaren Gefahren« ist.[31] Dieser Widerspruch bedeutet, dass solche Appelle nicht nur auf ihren Erlebniswert und ihre Beruhigungsfunktion beschränkt bleiben, sondern durch stetige Wiederholung – Aufrufe, Weckrufe, Notrufe – letztlich Überforderungs- und Erschöpfungssyndrome erzeugen. Denn in der spätmodernen Konstellation sind die Rahmenbedingungen für eine sozialökologische Transformation, wie viele Bewegungen und Sozialwissenschaftler sie weiterhin einfordern, noch sehr viel ungünstiger, als sie es schon damals waren.

## *2.4 Zerplatzte Illusionen*

Damit wird deutlich: Auch – oder gerade – wenn man die pessimistische Rhetorik vom Untergang der Menschheit und die Hoffnungserzählungen der vielen

31 Beck 1988, S. 104.

»Umweltschriftsteller«[32] gleichermaßen skeptisch sieht und sich stattdessen bemüht, »eine undogmatische und differenzierte Perspektive zu entwickeln«, hat die aktuelle Krise eine besondere Qualität. Sie liegt darin, dass sich in der spätmodernen Gesellschaft nicht nur insgesamt die Hoffnung als unhaltbar erweist, dass in den vielen Krisen auch eine Chance für eine sozialökologische Transformation liege, sondern dass ganz konkret auch zahlreiche Annahmen und Glaubenssätze zerfallen, die für das ökoemanzipatorische Projekt konstitutiv waren und die die sozialen Bewegungen seit den siebziger Jahren breitenwirksam gesellschaftlich verankert hatten. Diese Annahmen und Glaubenssätze erscheinen mit einem Mal als überholt, naiv, idealistisch und illusionär. Damit zerbricht ein komplettes Identitäts-, Lebens-, Gesellschafts- und Weltverständnis.

Tatsächlich erscheint die gesamte Palette der Ideale der ökoemanzipatorischen Bewegungen heute plötzlich als Illusion, und ein Narrativ bekommt Konjunktur, das zur Legitimation und Sicherung der nachhaltigen Nicht-Nachhaltigkeit dringend benötigt wird: Als im Herbst 2019 die Gruppe Fridays for Hubraum gegen die Fridays-for-Future-Bewegung polemisierte, war dieses Narrativ noch eine Randerscheinung und fand wenig gesellschaftliche Akzeptanz. Ein Jahr später, im Vorfeld der deutschen Bundestagswahl 2021,

32 So bezeichnete Niklas Luhmann zuweilen die vielen Autorinnen und Autoren, die sich der Krise moderner Gesellschaften mit großem moralischem und politischem Engagement, aber mit einem beschränkten gesellschaftstheoretischen Verständnis nähern (Luhmann 1986a, b).

bei der über alle Parteigrenzen hinweg die Frage der Sicherung des Wohlstands einen zentralen Stellenwert hatte, fand die liberale Sorge, die Grünen wollten »unsere Industrienation zu einem Bullerbü mit Lastenfahrrädern machen«, bereits sehr viel breiteren Widerhall.[33] Wiederum ein Jahr später zeigte die breite gesellschaftliche Kritik am »Klimaterror« der Aktivistinnen und Aktivisten der Letzten Generation, wie grundlegend der gesellschaftliche Diskurs sich verändert hatte – wobei freilich oft betont wurde, die Klimaaktivisten hätten in der Sache sicher recht, die gewählten Mittel seien aber inakzeptabel. Wer dem Projekt einer SÖT gegenüber schon zuvor ambivalent gewesen war oder die Forderung nach einem grundlegenden gesellschaftlichen Strukturwandel aus der neuen Situation heraus zunehmend skeptisch sah, nutzte die Gunst der Stunde – in jeder Krise liegt eben eine Chance – für die Verbreitung und Verankerung vermeintlich »zeitgemäßerer« und »realistischerer« Vorstellungen, die für die Verteidigung des Status quo dringend benötigt werden. Für sie hatte die breite Kritik an den Aktionen der Letzten Generation etwas Erleichterndes, Entlastendes, Erlösendes, Befreiendes:[34] Endlich gab es einen gesellschaftlich akzeptierten Grund, sich von der Klimabewegung zu

33 Der FDP-Vorsitzende Christian Lindner im Interview mit der *Neuen Osnabrücker Zeitung* am 1. September 2021.

34 Laut einer Umfrage des *Spiegel* waren im November 2022 große Mehrheiten der Befragten der Ansicht, die Protestformen der Klimabewegung wie Straßenblockaden oder Kunstwerkbeschmutzung gingen zu weit und sollten stärker als bisher strafrechtlich sanktioniert werden (*Der Spiegel* 46/2022, S. 32-39; vgl. auch »ZDF-Politbarometer« vom 3. Mai 2023).

distanzieren. Wer hingegen versucht, an den Hoffnungen, Glaubenssätzen und Prinzipien des ÖEP festzuhalten, macht die traumatische Erfahrung, dass dieses Projekt nicht nur von seinen politischen Gegnern demontiert wird, sondern wegen seiner inneren Widersprüchlichkeit auch aus sich selbst heraus immer brüchiger wird.

Seit dem russischen Angriff auf die Ukraine und der von Bundeskanzler Scholz ausgerufenen »Zeitenwende« war in Deutschland zunächst die Abkehr vom Pazifismus der Boomer-Generation die Speerspitze dieser Diskurswende. Die Kritik an der NATO, die Forderung nach umfassender Abrüstung sowie die drastische Beschränkung der Verteidigungsausgaben, der Rüstungsindustrie und der Rüstungsexporte hatten seit der Friedensbewegung der frühen achtziger Jahre ebenso zum Grundbestand des ÖEP gehört wie die Dimensionen der Ökologisierung, der Emanzipation und der Demokratisierung. Schwerter sollten zu Pflugscharen werden. »Frieden schaffen ohne Waffen!« Bereits seit dem Kosovokrieg (1998/99) stand dieser Pazifismus in der Kritik. Später kritisierte Donald Trump, gerade die Deutschen hätten es sich unter einem militärischen Schutzschirm bequem gemacht, zu dessen Finanzierung sie wenig beitrügen, in dessen Schutz sie aber umfassende Handelsbeziehungen zu Ländern entwickelt hätten, die dem Westen feindlich gegenüberstünden. Im Zeichen des russischen Angriffs auf die Ukraine wurde dieser Pazifismus – ähnlich wie in Österreich der Neutralitätsstatus – zum Gegenstand heftiger Kritik. Vollmundig verkündete etwa Armin Nassehi mit Verweis auf all diejenigen, »die in den 1980er Jahren auf Sitzdemos gegen den NATO-Doppelbeschluss demonstriert haben und das vorherige Antigewalttraining für eine sicherheitspolitische Aktion gehalten haben«: »Biografisch schäme ich mich für kaum etwas mehr, als mit Anfang zwanzig bei solcher Verblendung mitgemacht zu haben.«[35] Was für eine ganze Generation identitätsstiftend und der Ausdruck einer tieferen Einsicht gewesen war, wurde plötzlich also zur »Verblendung« erklärt – und zwar von einem der führenden Soziologen der Gegenwart.

In der ökologischen Dimension des ÖEP erweist sich angesichts der jüngsten Entwicklungen zum Beispiel der Glaube als Illusion, das Ökologiethema könne ein einendes, kollektivierendes Menschheitsthema sein. Die Bewegungen hatten stets geglaubt und gehofft, auch eine pluralisierte, differenzierte und multikulturelle Welt werde – und müsse – in globalen Risiken und Bedrohungen wie dem Klimawandel einen gemeinsamen normativen Bezugspunkt erkennen, zu einer gemeinsamen globalen Vernunft finden und zu einer Risikogemeinschaft verschmelzen.[36] Angesichts der identitären, spaltenden und radikal polarisierenden Verschwörungs-, Querdenker-, Diversitäts- und Cancel-Kulturen innerhalb spätmoderner Gesellschaften; angesichts der Handlungsschwäche und des Zerfalls der EU oder der UN und vor dem Hintergrund eines neuen kalten Krieges mit China erscheint dieser Glaube allerdings

35 Nassehi 2022a.
36 Vgl. dazu Kapitel 4.4.

als vollständig illusorisch. »Von der Natur zu sprechen heißt nicht, einen Friedensvertrag zu unterschreiben«, schrieb Bruno Latour ernüchternd richtig. »Die Natur eint nicht, sie trennt.«[37] Auf den jährlichen UN-Klimakonferenzen wird der Interessenkonflikt zwischen den verschiedenen Ländern immer sichtbarer und unversöhnlicher. Und auch innergesellschaftlich ist gerade das Thema der sozialökologischen Transformation längst zum großen Polarisierungs- und Spaltungsthema avanciert. Während für manche Teile der Gesellschaft die eigene Solaranlage und das Elektroauto ein Mittel der ökologischen Distinktion und Ausdruck des ökologischen Bemühens sind, kritisieren andere – keineswegs nur am rechten Rand – das Projekt der sozialökologischen Transformation als antisoziale Agenda privilegierter Eliten.[38]

Damit erweist sich auch der Glaube an eine vernunft- und moralgeleitete, kollektive Selbstbegrenzung zugunsten eines »guten Lebens für alle« als Illusion. Sie kann schon deshalb nicht gelingen, weil inzwischen auch der Glaube an die informierten, urteilsfähigen, mündigen und verantwortlichen Bürgerinnen und Bürger, die im zivilgesellschaftlichen Zusammenschluss das gute Leben für alle organisieren könnten, brüchig geworden ist. Hatten die ökologisch-emanzipatorischen Bewegungen seit den siebziger Jahren noch fest an das Projekt der wahrhaft aufgeklärten, vernünftigen, partizipativen und kollektiv verantwortlichen Selbstregierung

37 Latour und Schultz 2022, S. 10.
38 Vgl. z. B. Wagenknecht 2019.

geglaubt, die ganz wesentlich auch eine vernunftgeleitete gesellschaftliche Selbstbegrenzung organisieren sollte, stecken die Umweltbildung und -erziehung heute in einer tiefen Krise. Gegenwärtige Freiheits-, Identitäts- und Emanzipationsbewegungen – ob marktliberaler, rechtspopulistischer oder »querdenkerischer« Provenienz – verfolgen mitunter gänzlich andere Agenden. Sie alle sind Teil der Zivilgesellschaft und verstehen sich als »emanzipatorisch«, aber keineswegs im Sinne des ÖEP.

Ebenso erweist sich die Überzeugung als unhaltbar, dass mehr Demokratie unbedingt zu mehr Nachhaltigkeit führe. In der Annahme, die Zivilgesellschaft und insbesondere sie selbst würden das wahrhaft Vernünftige vertreten, hatten die Bewegungen immer fest daran geglaubt, dass eine Ausweitung der Möglichkeiten zur politischen Partizipation und insgesamt eine Demokratisierung der Demokratie der aussichtsreichste Weg zu einer umfassenden Nachhaltigkeitswende seien. Inzwischen erhärtet sich aber der Verdacht, dass dies bestenfalls eingeschränkt der Fall ist. Stattdessen spricht viel dafür, dass gerade der politische Druck für mehr demokratische Teilhabe immer schon ein wesentlicher Motor der fossilen Wachstumswirtschaft war sowie auch der fortgesetzten Externalisierung sozialer und ökologischer Kosten.[39] Umgekehrt gilt zwar auf keinen Fall, dass der Abbau demokratischer Rechte und Institutionen eine Nachhaltigkeitswende begünstigen würde. Tatsächlich sind aber Demokratien *qua* Demokratien

39 Vgl. z. B. Shearman und Smith 2007; Mitchell 2011; Malm 2016.

in besonderem Maße verantwortlich für die rasante Beschleunigung des Rohstoffverbrauchs und der Umweltzerstörung seit den fünfziger Jahren. Der emanzipatorische Kampf für mehr Gleichheit, Teilhabe und Selbstbestimmung ist eine wesentliche Ursache für die davonlaufende Umweltkrise. Und gerade im Strudel der aktuellen Krisen wird die Demokratie zur »gläsernen Decke«[40] der transformativen Politik und zum wesentlichen Legitimationsinstrument für die fortgesetzte Nicht-Nachhaltigkeit.[41]

Die Liste dieser traumatischen Desillusionierungen ließe sich fortsetzen. Aber die angeführten Beispiele illustrieren bereits hinreichend, in welchem Maße in der Spätmoderne grundlegende Glaubenssätze des ÖEP unhaltbar geworden sind. Immer offensichtlicher wird stattdessen, dass die ökoemanzipatorischen Bewegungen die sozialökologische Krise nicht nur nicht lösen können, sondern sie in verschiedener Hinsicht sogar selbst verschlimmert haben: Die demokratischen Öffnungen, die sie erkämpft haben, haben die politische Gleichheit und Repräsentation zu ihren eigenen Gunsten verzerrt.[42] Gegenüber ihrer identitätspolitischen Agenda der Selbstbestimmung und Selbstverwirklichung haben sie die Agenda der sozialen Gerechtigkeit und materiellen Umverteilung immer zurückgestellt und damit unbeabsichtigt der Konjunktur des Rechts-

40 Hausknost 2020, 2022.

41 Vgl. Blühdorn 2018, 2020c; siehe auch Kapitel 3.3 und 6.4.

42 Vgl. z. B. Nachtwey 2016; Schäfer und Zürn 2021; Elsässer et al. 2021.

populismus Vorschub geleistet.[43] Aufgrund ihrer hoch entwickelten Verständnisse von Freiheit und Selbstverwirklichung und ihrer tendenziellen Zugehörigkeit zu bildungs- und einkommensstarken Milieus haben Bürgerinnen und Bürger mit einem großen Nachhaltigkeitsbewusstsein oft einen überdurchschnittlich ressourcenintensiven Lebensstil und großen ökologischen Fußabdruck.[44] Bestimmte Segmente der ökoemanzipatorischen Bewegungen haben in einer »unheiligen Allianz« gemeinsame Sache mit dem Neoliberalismus gemacht.[45] Und als politische, journalistische oder akademische Aktivisten haben sie mit ihren vor allem auf Mobilisierung zielenden Hoffnungsgeschichten von der großen Transformation – vielleicht unabsichtlich – zu der gefährlichen Erzählung beigetragen, moderne Gesellschaften hätten den Ernst und die Dringlichkeit der Lage voll erkannt, seien fest entschlossen, eine strukturelle Transformation zur Nachhaltigkeit einzuleiten und seien dabei auch bereits auf dem richtigen Weg. Doch genau wie in der spätmodernen Konstellation der Mythos der globalen Führungsrolle und Überlegenheit moderner westlicher Gesellschaften zusammenbricht, zerfällt innerhalb dieser Gesellschaften eben auch der Mythos von der Führungsrolle und Überlegenheit der Pioniere des ÖEP.

Damit stehen spätmoderne Gesellschaften an einem kritischen und höchst verunsichernden Punkt. Zwar

43 Vgl. z. B. Boltanski und Chiapello 2003; Fraser 2017.

44 Vgl. z. B. Kleinhückelkotten et al. 2016; Moser und Kleinhüttelkotten 2018.

45 Fraser und Monticelli 2021, S. 14; Amlinger und Nachtwey 2022.

beschleunigt sich die Nachhaltigkeitskrise in allen ihren Dimensionen, aber das friedensbewegte, zivilgesellschaftliche, ökologische, basisdemokratische Alternativprojekt erscheint auffällig erschöpft. Spätmoderne Gesellschaften erfahren also nicht nur konkreter denn je die Unhaltbarkeit der bestehenden gesellschaftlichen Ordnung in ihren ökonomischen, sozialen, politischen, ökologischen und kulturellen Dimensionen. Sondern gleichzeitig erfahren sie auch die Unhaltbarkeit dessen, was sie bisher für die Alternative gehalten haben: das ökoemanzipatorische Projekt. Diese doppelte Grenzerfahrung ist tatsächlich ein Abgrund. Und gerade angesichts des von den progressiven Bewegungen stetig forcierten Selbstbestimmungs-, Gestaltungs- und Steuerungsversprechens ist der Blick in diesen Abgrund traumatisch.

## 2.5 *Jenseits der kritischen Orthodoxien*

Die Soziologie wird dieser Konstellation einstweilen noch wenig gerecht. Ebenso wie die Bewegungsliteratur bleiben auch wesentliche Teile der Umwelt- und Nachhaltigkeitssoziologie – sowie auch der Gesellschaftstheorie – in ihrer hergebrachten Normativität befangen. Sie bewegen sich vor allem im Bereich des Sollens, Wünschens und Appellierens. Die Soziologie sei »weder gewillt noch gerüstet«, sagte Ulrich Beck bereits in den Nullerjahren, ihre »eigentliche Aufgabe wahrzunehmen, nämlich die gegenwärtige Verwandlung ihres Forschungsobjekts im gesellschaftsgeschichtlichen Prozess zu verorten und so die epochale Signatur des neuen Zeitalters der Moderne diagnostisch zu erschließen«.[46] Das gilt bis in die Gegenwart. Tatsächlich ist die (Nachhaltigkeits-)Soziologie weiterhin wenig gerüstet und gewillt, die Besonderheit der spätmodernen Gesellschaft und ihrer Transformation zu erfassen. Die Aufgabe wäre erstens, deren unterscheidendes Merkmal, das spezifisch Spätmoderne, genauer zu fassen, und zweitens, über das Theoretisieren der Spätmoderne in Richtung der kommenden Gesellschaft hinauszugehen, ohne dabei in der transformativen Normativität stecken zu bleiben, die bisher noch bestimmend ist. Denn es geht in der Gesellschaftstheorie nicht darum, eine *bessere* oder *befreite* Gesellschaft zu *wünschen*, sondern darum, das spezifisch Spätmoderne und die *andere* Moderne zu *erfassen* und zu *erklären*. Sowohl bei ihrer Gegenwartsanalyse als auch bei ihren Perspektiven auf die nächste Gesellschaft bleiben wesentliche Teile der aktivistischen Literatur und der kritischen Soziologie jedoch in ihren etablierten Bahnen. Angesichts des Abgrundes, der sich in der Spätmoderne auftut, zieht es sie zurück ans »soziologische Stammesfeuer« – in der Hoffnung, an den Resten der Glut der hergebrachten emanzipatorischen Werte und Agenden noch etwas Wärme zu finden.[47] Das zeigt sich selbst dort, wo die Sozio-

46 Beck 2007, S. 342ff.

47 Zygmunt Bauman (2017, S. 10f.) spricht mit Blick auf den Rechtspopulismus von »endemischer Nostalgie« und der Sehnsucht nach dem wärmenden »Stammesfeuer«, der Sehnsucht, »jene ideale Heimat wiedereinzurichten«, die uns dazu verleitet, »das kritische Denken zugunsten emotionaler Bindungen aufzuge-

logie sich ausdrücklich bemüht, aus ihrer hergebrachten Normativität auszubrechen.

So distanziert sich etwa Andreas Reckwitz mit seinem Leitsatz »kritische Analyse ja, Entlarvung nein« zwar vom normativen Erbe der kritischen Theorie.[48] Wenn er aber von der »desillusionierten Gegenwart« spricht,[49] bezieht er sich vor allem auf den Zusammenbruch der nach 1989 noch einmal aufgeflammten Annahme der klassischen Modernisierungstheorie, dass die fortlaufende Modernisierung für alle Teile der Gesellschaft eine kontinuierliche Verbesserung ihrer Lebensumstände bringe. Reckwitz' Diagnose vom *Ende der Illusionen* richtet sich also auf den klassischen, linearen Fortschrittsoptimismus, den »viele seit dem Ende des Kalten Krieges 1989/90 in den westlichen Ländern gehegt« hätten, der inzwischen aber »ganz grundsätzlich enttäuscht oder zumindest relativiert« würde. Mit Recht merkt er an, dass die Hoffnungen und Versprechen der klassischen Modernisierungstheorie »aus heutiger Sicht [...] reichlich blauäugig« erscheinen und aktuell vielmehr »das Genre der *Dystopie*« das Feld bestimmt. Das tatsächliche Trauma und die besondere Qualität der desillusionierten Gegenwart erfasst Reckwitz damit aber nicht, denn der klassische, lineare Fortschrittsoptimismus war bereits sehr viel früher zusammengebrochen. Und die heutige, spezifisch spätmoderne Desillusionierung geht nicht primär vom ent-

ben«. Beides betrifft in der Spätmoderne keineswegs nur die Rechtspopulisten.

48 Reckwitz 2021, S. 141.

49 Ebd., S. 7-27.

täuschten Versprechen der klassischen, industriellen Moderne aus, sondern vom sekundären Fortschrittsoptimismus der partizipatorischen und ökoemanzipatorischen Revolution. Deren Protagonisten hatten bereits in den siebziger Jahren mit dem »blinden Vertrauen in eine widerspruchsfreie Progressivität der Entwicklung«[50] gebrochen und anknüpfend an Horkheimer und Adornos Analyse der *Dialektik der Aufklärung* die »organisierte Unverantwortlichkeit« der modernen *Risikogesellschaft* thematisiert.[51]

Die heutige Desillusionierung ist damit viel gravierender als das, was Reckwitz erfasst. Aus heutiger Perspektive liegt die Illusion nicht im Glauben an die *Linearität*, sondern – in Kapitel 5 wird das gründlicher ausgeführt – im Glauben an die *Reflexivität*. Die (ökologische) Apokalypse wurde bereits in den siebziger Jahren und im Kalten Krieg befürchtet. Seither haben sich die biophysischen Verhältnisse signifikant verschlechtert, während sich gleichzeitig sowohl die Selbstverwirklichungsansprüche als auch die Erwartungen hinsichtlich der politischen Gestaltbarkeit und Steuerungsfähigkeit massiv gesteigert haben. Genau dieses zugespitzte Missverhältnis zwischen gesellschaftlichen Erwartungen und Ansprüchen auf der einen Seite und der Erfahrung von biophysischen Grenzen und engen Grenzen der Steuerungs- und Gestaltungsfähigkeit auf der anderen Seite bildet den Kern der spätmodernen Desillusionierung und Konstellation.

50 Ebd., S. 9 und 13.

51 Horkheimer und Adorno 1969 [1944]; Beck 1986.

Völlig richtig liegt Reckwitz freilich mit der zitierten Forderung nach einer »undogmatischen und differenzierten Perspektive« sowie mit dem Hinweis, »das Ende der Illusionen« müsse nicht zwangsläufig »in allumfassenden Pessimismus münden«. Illusionslosigkeit, insistiert er zu Recht, könne vielmehr auch »eine Tugend sein«, die den Raum für eine differenzierte Analyse öffnet und »die Paradoxien und Ambivalenzen« der spätmodernen Gesellschaft sichtbar macht.[52] Richtig ist auch, dass er die gesellschaftliche Entwicklung als einen Wechsel von Wellen der »Kontingenzöffnung« und »Kontingenzschließung« begreift und die spätmoderne Krise als eine »Kontingenzüberschusskrise«.[53] Im Gegensatz zu vielen anderen begreift Reckwitz die Malaise spätmoderner Gesellschaften also nicht mehr in erster Linie als eine Krise des Kapitalismus. Er denkt nicht mehr primär aus der kapitalismus- und herrschaftskritischen Perspektive der Unterdrückung und Entfremdung, sondern aus der Perspektive der emanzipatorischen Grenzüberschreitung und überschießenden Befreiung.[54]

Diesen Ansatz teilen auch Carolin Amlinger und Oliver Nachtwey. Die Phänomene der Coronaproteste, Querdenker und Verschwörungstheorien erklären sie nicht mehr als einen Mangel an Aufklärung, sondern als das Ergebnis emanzipatorischer Prozesse – und der enttäuschten Erwartungen, die von ihnen genährt worden waren. Mit ihren Portraits der »Driftenden«, »Ge-

52 Reckwitz 2019, S. 15.

53 Reckwitz 2021, S. 99-128.

54 Vgl. dazu Kapitel 4.

stürzten«, »Verdrehten«, »Ver-rückten«, »Aus-dem-Ruder-Gelaufenen«, »Aggressiven«, »Destruktiven« und »Regressiven« erneuern Amlinger und Nachtwey dann aber doch wieder das bekannte Lamento.[55] Ihre Analyse reproduziert die etablierten Kategorien der Kritik. Sie untersuchen die »aggressiven Energien«, »die sich zunehmend destruktiv gegen die gesellschaftliche Ordnung« wenden, bekommen aber die Unhaltbarkeit dieser Ordnung selbst und die *nächste Gesellschaft* ebenfalls nicht in den Blick.[56] Dabei wäre der Schritt über die hier zugrunde gelegten Normen hinaus mehr als überfällig, denn die werden von ökologischer, feministischer und postkolonialer Perspektive schon lange *emanzipatorisch* kritisiert; sie haben sich selbst – wie ich in Kapitel 6 gründlicher ausführen werde – längst reflexiv bzw. dialektisch ausgehebelt; und Europa und der Westen, die für diese Normen stehen, haben auch empirisch ihre geokulturelle Führungsrolle eingebüßt.

Ganz ausdrücklich bemüht sich Philipp Staab, über die kritische Orthodoxie, über die Soziologie der Autonomie, Emanzipation und Befreiung hinauszukommen. Er kritisiert den soziologischen Mainstream dafür, dass er »sich an eine überholte Normativität« klammere, »statt die nächste Gesellschaft aus ihrem Abschied von der Moderne zu erschließen«.[57] Er wendet sich gegen die »klassischen Soziologien der Freiheit«, weil gesellschaftlich vielmehr eine »Ablösung des kulturellen

55 Amlinger und Nachtwey 2022, S. 200ff., 207ff., 295, 301, 299ff., 321ff.; vgl. auch Amlinger und Nachtwey 2021.

56 Ebd., S. 321, 303.

57 Staab 2022, S. 92.

Primats der Selbstentfaltung« und die »Absage an einen modernen Begriff der Emanzipation« zu beobachten seien.[58] In der Spätmoderne, glaubt Staab, sei gerade angesichts der Klimakrise nicht mehr »Selbstentfaltung«, sondern vielmehr »Selbsterhaltung« das »eigentliche Leitmotiv«.[59] Mit seiner These von der Ablösung des *emanzipatorischen* Leitbildes durch das der »Anpassung« und seinem Konzept der »Entlastung« von den Zumutungen, die das hergebrachte emanzipatorische Leitbild bedeutet, umspielt er wichtige Phänomene,[60] aber das spezifisch Spätmoderne erfasst auch er nicht. Am Ende geht es auch Staab wieder darum, Freiheitspotenziale zu erschließen, die in der »Entlastung von Zumutungen der Selbstentfaltung«, in »der Absage an einen modernen Begriff der Emanzipation«, im »reflexiven Verzicht auf Fortschritt als Leitbild gesellschaftlicher Zukunft« und in der Befreiung aus dem Überforderungs- und Überlastungssyndrom des spätmodernen Singularisierungsdrucks lägen.[61] Auch Staab wärmt sich letztlich noch an der verlöschenden Glut des »soziologischen Stammesfeuers«. Und die empirische Evidenz für seine Erzählung von der »adaptiven Gesellschaft«, von der »adaptiven Lebensweise, der das moderne Fortschrittsdenken vollkommen fremd« sei, und von der »Anpassungspolitik«, die »dem Allgemeinen Vorrang vor dem Besonderen« gebe und die »kollektive Verpflichtung und eigenverantwortliche Selbstführung zulasten kom-

58 Ebd., S. 39, 27, 25.
59 Ebd., S. 7.
60 Vgl. dazu Kapitel 5 und 6.3.
61 Ebd., S. 107, 28, 25.

petitiver Selbstentfaltung« priorisiere, ist dünn.[62] Eine *Befreiung vom* neoliberalen, singularisierten Subjekt »als Effekt subjektiver Reflexionsgewinne«[63] ist bestenfalls als Randerscheinung zu beobachten, während die Evidenz für die fortschreitende *Befreiung des* neoliberalen, singularisierten Subjekts von kollektiven Verpflichtungen viel umfassender ist. Auch Staabs Theorie von der adaptiven Gesellschaft ist letztlich von der verlängerten Hoffnung auf »ein gutes Leben für alle« getragen.

In der soziologischen Theorie der Spätmoderne ist es aber nicht mehr genug, eine »halbierte Moderne« oder das »unvollendete Projekt der Moderne« im Hinblick auf deren Vervollständigung zu denken.[64] Vielmehr geht es darum, eine *grundsätzlich andere* Moderne zu erfassen. Jede Überlegung, dass die bisherigen Glaubenssätze und Hoffnungen der progressiven, kritischen, emanzipatorischen Politik und Soziologie heute zur Illusion, unhaltbar oder anachronistisch geworden sein könnten, läuft freilich Gefahr, missverstanden und/oder für ideologische Zwecke vereinnahmt zu werden, die ihr eigentlich fremd sind. Das macht die Soziologie der Spätmoderne zu einem höchst gefährlichen Terrain.[65] Doch die Diagnose der Unhaltbarkeit bestimmter Annahmen und Glaubenssätze der kritischen (Nachhaltigkeits-)Soziologie und des ÖEP impliziert keineswegs die Forderung nach antidemokratischen,

62 Ebd., S. 27, 115, 23.
63 Ebd., S. 107.
64 Beck 1993, S. 25; Habermas 1980.
65 Vgl. Blühdorn 2020c.

antiegalitären, antiökologischen oder antiemanzipatorischen Werten. Vielmehr geht es um die Einsicht, dass verschiedene Annahmen und Glaubenssätze des ÖEP sich in spätmodernen Gesellschaften als empirisch falsch erwiesen haben: Sie führen nicht nur nicht zur Lösung, sondern verschlimmern mitunter sogar das Problem. Diese Glaubenssätze und der politische Kampf um ihre Verwirklichung haben spätmoderne Gesellschaften ganz offensichtlich nicht in eine sozial und ökologisch befriedete Gesellschaft geführt, sondern – natürlich weder als alleinige Ursache noch bewusst und absichtlich – an den Rand eines Abgrundes und an die Schwelle zu einer neuen Moderne, die die Grundwerte der vorhergehenden hinter sich lässt bzw. ganz neu ausbuchstabiert. Das kann und muss die transformative Nachhaltigkeitsforschung sich eingestehen, auch wenn es ihre kritischen Orthodoxien grundlegend durcheinanderbringt und nicht unmittelbar ersichtlich wird, was an die Stelle der zerplatzten Illusionen treten könnte. Auch in der Soziologie ist eben eine Grenze erreicht, und mit der Weigerung, sich der Unhaltbarkeit ihrer eigenen Kategorien und Glaubenssätze zu stellen, verletzt die kritische (Nachhaltigkeits-)Soziologie nicht nur die Maßstäbe, die sie sich selbst setzt, sondern sie droht – ähnlich wie Teile der emanzipatorischen Bewegungen, die Nancy Fraser und andere des »progressiven Neoliberalismus« bezichtigen – in eine »unheilige Allianz« mit der bestehenden Ordnung zu rutschen.[66]

66 Fraser 2017, 2019; Fraser und Monticelli 2021; vgl. dazu auch Blühdorn und Dannemann 2019.

# 3
# Große Transformationen

Wurde der epochale gesellschaftliche Umbruch, um den es in diesem Buch geht, zunächst also als ein »Abgrund«, eine »Falle«, ein »Notstand«, als das »Zerplatzen von Illusionen« und als ein Bündel von *Grenzerfahrungen* thematisiert, folgt nun eine weitere Annäherung über fünf große Transformationen, die vor allem in der sozialwissenschaftlichen Literatur diskutiert werden. Damit rücken soziologische Krisendiagnosen in den Fokus, die aus unterschiedlichen Perspektiven – ökonomisch-kapitalismuskritisch, ökologisch-erdsystemwissenschaftlich, demokratiepolitisch, technologisch und geopolitisch bzw. geophilosophisch – gestellt werden. Bei jeder dieser Transformationen sind die Implikationen so umfassend, dass sich mit Recht sagen lässt: *This Changes Everything!*.[1] Und die entsprechenden Krisendiagnosen werden in der Literatur auch meist sogleich in Forderungen nach einer Gegenwehr übersetzt, die die zentralen Normen sichern soll, die die kritische Sozialwissenschaft bedroht sieht. Der Blick auf diese Transformationen ist freilich selektiv. Er soll kein vollständiges Bild des gesellschaftlichen Umbruchs ergeben. Eher geht es darum, (a) spezifische Charakteristika der spätmodernen Gesellschaft zu benennen; (b) anhand

1 Klein 2015.

der jeweiligen Krisendiagnosen genauer zu bestimmen, was in der spätmodernen Gesellschaft tatsächlich *unhaltbar* und *nicht zu halten* ist; (c) festzustellen, was demgegenüber, auch wenn es gegen etablierte Normen verstößt, als wahrscheinliches Merkmal der neuen Moderne und *nächsten Gesellschaft* betrachtet werden kann; und (d) einen gemeinsamen Kern dieser fünf großen Transformationen und Krisendiagnosen festzustellen, der in Kapitel 4 dann sozialtheoretisch ausgearbeitet werden soll.

Der Begriff »große Transformation« ist in jüngerer Zeit im Zuge eines Revivals von Karl Polanyis Klassiker *The Great Transformation* sehr populär geworden.[2] Bei Polanyi bezeichnet er vor allem die zerstörerische Transformation der frühmodernen Gesellschaft durch deren fortschreitende Vermarktlichung und den liberalen Individualismus. Gemeinschaftlich betreiben beide, so argumentierte Polanyi, die Herauslösung des Marktes aus seinem gesellschaftlichen Kontext und die Zersetzung der sozialen und biophysischen Grundbedingungen moderner Gesellschaften. Polanyi war überzeugt, dass die Idee eines sich selbst regulierenden Marktes eine »krasse Utopie« und die »Philosophie des Liberalismus« zerstörerisch sei und dass eine reine Marktgesellschaft »über längere Zeiträume nicht bestehen« könne, »ohne die menschliche und natürliche Substanz der Gesellschaft zu vernichten«.[3] Die Dynamik der Vermarktlichung bezeichnete er als einen »teufli-

2 Polanyi 1978 [1944].
3 Polanyi 1978 [1944], S. 19f.

schen Mechanismus«. Das »unausweichliche Ergebnis« der liberalen Philosophie sei zunächst die umfassende Destabilisierung der Gesellschaft und dann der »Sieg des Faschismus«, der die »völlige Vernichtung der Freiheit« bedeute.[4] Doch Polanyi entwickelte auch die These, dass die gesellschaftszerstörerischen Kräfte des liberalen Kapitalismus Gegenkräfte mobilisieren, die den Markt und das individuelle Freiheitsstreben erneut einhegen könnten. Und wenn die Wirtschaft wieder »in die sozialen Beziehungen eingebettet« werde, so hoffte er, und die Gesellschaft nicht mehr bloß »als Anhängsel des Marktes« behandelt werde, könnten sich aus den »Ruinen der alten Welt [...] die Ecksteine einer neuen« erheben. Allerdings war Polanyi hinsichtlich der Durchsetzungskraft solcher Gegenbewegungen skeptisch. Er befürchtete, dass der »Widerstand der Liberalen gegen jegliche Reform, die Planung, Regelung und Kontrolle beinhaltet«, solche Versuche letztlich blockieren und »der Sieg des Faschismus« dann doch eine »praktisch unvermeidliche« Folge des Liberalismus sein werde.[5]

Polanyi befasste sich mit der großen Transformation an der Schwelle von der feudalen zur industriellen Gesellschaft, also der Frühphase der modernen, kapitalistischen Gesellschaft. Heute befinden wir uns in der *Spätmoderne* und, wenn man den Diagnosen neomarxistischer Beobachter folgt, im krisengeschüttelten *Spätkapitalismus* – den führende Soziologen allerdings auch schon in den frühen siebziger Jahren diagnosti-

4 Ebd., S. 109 und S. 340.
5 Ebd., S. 88, 335, 340.

ziert hatten.[6] Polanyi hatte offengelassen, wo und auf welche Weise eine vollständig durchmarktete Gesellschaft die Ressourcen mobilisieren könnte, die für das Projekt der sozialen und ökologischen Einhegung des Marktliberalismus den normativen Maßstab und eine politische Richtschnur geben könnten. Heute ist diese Frage noch viel schwieriger zu beantworten. Doch im Zeichen der Banken- und Finanzkrise ab 2008 und der Warnungen des Weltklimarats vor den klar absehbaren Folgen des immer umfassender erforschten und dokumentierten Klimawandels entwickelte nicht nur Polanyis radikale Kritik am Marktliberalismus, sondern gerade auch seine Idee einer korrigierenden Gegenbewegung große Anziehungskraft. Immerhin hatte Polanyi in Aussicht gestellt, »das Ende der Marktgesellschaft könnte den Anfang einer Ära nie dagewesener Freiheit bedeuten«, in der sich die Freiheit »für alle verwirklichen« ließe und nicht mehr »nur als ein schon vom Ansatz her pervertiertes Recht der Privilegierten«. Zudem hatte er ganz im Sinne der von der Finanzkrise neu entfachten Bewegungen ausdrücklich auf die »natürliche Substanz der Gesellschaft« hingewiesen und gewarnt, dass der Marktliberalismus letztlich »zur Auslöschung der Menschheit« führen werde, wenn er nicht »den Erfordernissen der menschlichen Natur untergeordnet« werde.[7]

Zunächst griff der Wissenschaftliche Beirat der deutschen Bundesregierung für Globale Umweltveränderun-

6 Vgl. z.B. Offe 1972; Habermas 1973.
7 Polanyi 1978 [1944], S. 339, 20 und 329.

gen Polanyis Begriff im Titel seines viel beachteten Gutachtens *Welt im Wandel. Gesellschaftsvertrag für eine Große Transformation* auf.[8] Dann wurde die Rede von der »sozialökologischen Transformation« in der einschlägigen Literatur schnell zum Standard.[9] Dabei veränderte der Begriff allerdings seine Bedeutung. Denn erstens hatte der ökologische bzw. biophysische Aspekt bei Polanyi eine sehr randständige Rolle gespielt, nun rückte er aber ins Zentrum. Zweitens lag bei Polanyi der Fokus auf der retrospektiven Analyse der Dynamiken, die in die Gesellschaftskrise, die er besprach, hineingeführt hatten, während in der heutigen Transformationsliteratur der Fokus auf der Gegenbewegung liegt, die aus der spätmodernen Nachhaltigkeitskrise hinausführen soll. Drittens lässt die aktuelle Aneignung des Begriffes außer Acht, dass die Akteure des ÖEP sich selbst zwar als diese Gegenbewegung und als Avantgarde einer SÖT verstehen, gleichzeitig aber Erben des liberalen Projekts sind, das Polanyi für die große Krise verantwortlich macht. Viertens bleibt die schon bei Polanyi ungeklärte Frage nach den normativen Ressourcen, die für die Gegenbewegung und eine SÖT mobilisiert werden können, in der einschlägigen Literatur weitgehend offen, obwohl gerade der auf diese Gegenbewegung verschobene Fokus diese Frage eigentlich zentral machen müsste. Und schließlich ist die nachhaltigkeitssoziologische Aneignung des Begriffs auch insofern zweifel-

8 WBGU 2011.

9 Z.B. Vereinte Nationen 2015; U. Brand 2016; K.W. Brand 2017; Schneidewind 2018; Luks 2019; Aulenbacher et al. 2019; Brand et al. 2019.

haft, als er bei Polanyi auf die Widerherstellung eines Anspruchs und die Durchsetzung einer Norm zielte, die der Marktliberalismus blockiert und pervertiert – Freiheit und ein gutes Leben für alle –, während in der Spätmoderne genau diese Norm wohl derzeit verabschiedet wird.[10]

## *3.1 Krise des Kapitalismus*

Verschieben wir also die Perspektive wieder in Richtung der großen Transformationen, die sich in der spätmodernen Gesellschaft tatsächlich beobachten lassen, die eine sozialökologische Transformation im ökoemanzipatorischen Sinne zunehmend unmöglich machen und die gleichzeitig die »Ecksteine der neuen Welt« sind, die wesentlichen Parameter, die den Rahmen abstecken für die wirklich große Transformation, um die es in diesem Buch letztlich geht, also den epochalen Umbruch zu einer *anderen Moderne*. Zuallererst sind hier die Krise und die Zukunft des Kapitalismus zu besprechen. Insbesondere nach der Banken- und Finanzkrise von 2008/09 wurde der spezifische Zustand spätmoderner Gesellschaften und deren Transformation wieder verstärkt aus ökonomischer und kapitalismuskritischer Perspektive betrachtet. Seit Mitte der achtziger Jahre und insbesondere dann nach 1989 waren die Kapitalismuskritik und die Rahmung der Nachhaltigkeitskrise als eine Konsequenz des Kapitalismus deut-

10 Vgl. Blühdorn 2020d sowie Kapitel 5 und 6.

lich in den Hintergrund getreten. Mit der Banken- und Finanzkrise entfaltete sich jedoch eine Renaissance der marxistischen Krisentheorie. Angesichts der Katastrophe des in den neunziger Jahren hegemonial gewordenen Neoliberalismus wurde die alte These rehabilitiert, »dass die heterogenen Missstände – finanzieller, wirtschaftlicher, ökologischer, politischer, sozialer Art –, von denen wir umgeben sind, auf eine gemeinsame Wurzel zurückgeführt werden können« und »sich unsere Krise am besten [...] als *Krise des Kapitalismus* verstehen« ließe.[11] Zwar sei offensichtlich, so führte Nancy Fraser aus, dass die gegenwärtige Vielfachkrise nicht den »überkommenen Standardmodellen kapitalistischer Krisen« entspreche, denn sie umfasse »nicht nur die offizielle Ökonomie einschließlich des Finanzsektors, sondern auch solche nichtökonomische Phänomene wie die Erderwärmung, Fürsorgedefizite und die Aushöhlung staatlicher Macht auf jeder Ebene«.[12] Wenn man aber den Kapitalismus nicht nur als Wirtschaftssystem, sondern als eine »institutionalisierte Gesellschaftsordnung« und »bestimmte Lebensform« verstehe,[13] dann ließen sich die Malaise spätmoderner Gesellschaften sowie ihre sozialen Kämpfe sehr gut als eine Krise des Kapitalismus begreifen.

Die Widersprüche und die »tief verwurzelten Krisentendenzen« dieser Ordnung seien nun, so die Überzeugung und Hoffnung, »schmerzhaft offensichtlich«

11 Fraser 2013, S. 94.

12 Ebd., S. 95.

13 Fraser 2013, S. 107-109; Jaeggi 2013, S. 16-20; Fraser und Jaeggi 2020.

geworden.[14] Und gerade weil »Reformen, die es versäumen, die tiefenstrukturellen Ursachen dieser Missstände anzugehen, zum Scheitern verurteilt sind«, eröffne sich nun eine realistische Perspektive für eine sozialökologische Transformation und eine postkapitalistische Gesellschaft.[15] Vor allem die noch nicht vollständig kommodifizierten, also von der Vermarktlichung und Warenlogik noch nicht ganz durchdrungenen Bereiche der Gesellschaft seien Dispositive für »eigene normative und ontologische Grammatiken«, die »reich an kritisch-politischen Möglichkeiten« seien und »emanzipatorisches Potenzial« für »neue Konfigurationen von Wirtschaft, Gesellschaft, Natur und politischen Gemeinwesen« freisetzen könnten.[16] In Zeiten der Krise, so die in der einschlägigen Literatur verbreitete Überzeugung, ließen sich hier »Ressourcen für einen antikapitalistischen Kampf« finden, für den sich die »fortschrittlichsten Strömungen« der Gesellschaft zu einem »Block gegen das System«,[17] einer »radikalen, gegenhegemonialen und antikapitalistischen Allianz« zusammenschließen müssten.[18]

Dass der ideologische Marktliberalismus und der deregulierte internationale Finanzkapitalismus 2008/09 in eine fundamentale Krise gerieten, ist zweifellos richtig. Auch, dass das kapitalistische Wirtschaftssystem

14 Fraser und Monticelli 2021, S. 8.
15 Fraser 2013, S. 94.
16 Ebd., S. 107, 110 und 114.
17 Ebd., S. 112, 94.
18 Fraser und Monticelli 2021; vgl. auch Crouch 2008, Taus 2016, Mason 2018, Mouffe 2023, Brand et al. 2021.

systematisch seine sozialen und ökologischen Grundlagen auszehrt und in entwickelten Industriegesellschaften schon seit Jahrzehnten nur noch bescheidene Wachstumsraten produziert, die relativ kleinen Teilen der Gesellschaft zugutekommen, während andere als sogenannte »Modernisierungsverlierer« den Preis für dieses immer teurer erkaufte Niedrigwachstum bezahlen, ist umfassend dokumentiert. Allerdings folgt daraus weder, dass sich die inhärenten Widersprüche des Kapitalismus nun zu dessen finaler Krise zuspitzen würden, noch, dass es sinnvoll ist, die derzeitige Vielfachkrise vor allem als Krise des Kapitalismus zu begreifen. Ebenso wenig folgt, dass diese Vielfachkrise besonders günstige Voraussetzungen für die Formierung und den politischen Erfolg einer »antikapitalistischen Allianz« bieten würde.

Bereits vor Jahrzehnten hatten Claus Offe und Jürgen Habermas geglaubt, der Kapitalismus sei in seine Spätphase eingetreten.[19] Offe hatte den (keynesianischen) »kapitalistischen Staat« als wesentliches Instrument der Stabilisierung des Kapitalismus beschrieben, der in seiner postliberalen Spätphase nur noch durch umfassende staatliche Intervention und Steuerung – eben keynesianische Investitionspolitik und wohlfahrtsstaatliche Absicherung – gesichert und gestützt werden könne. Habermas hatte im neoliberalen Angriff auf diese beiden politischen Sicherungsinstrumente den Auslöser für eine politische Legitimationskrise im Spätkapitalismus gesehen, die durch die zunehmende Durchdrin-

19 Offe 1972; Habermas 1973.

gung (Kolonisierung) der alltäglichen Lebenswelt der Menschen durch Systemlogiken und Systemimperative noch weiter verstärkt werde. Allerdings fanden sich jenseits des keynesianischen Staates noch andere Instrumente, um den Fortbestand des Kapitalismus zu sichern.[20] Und der neoliberale Angriff auf den Wohlfahrtsstaat sowie die Kolonisierung der Lebenswelt durch die Logiken des ökonomisch-administrativen Systems führten zwar in eine politische Legitimationskrise, nicht aber zum Zusammenbruch des Kapitalismus. Vielmehr erwies sich der sogenannte Spätkapitalismus als erstaunlich anpassungsfähig, überlebenstüchtig und haltbar. Die emanzipatorischen Agenden der Neuen Sozialen Bewegungen seit den späten sechziger Jahren konnte er für sich nutzen, um einen *Neuen Geist des Kapitalismus* zu schmieden und sich in eine neue Form weiterzuentwickeln, den kreativen Wissenskapitalismus.[21] Und die ökologischen, technologischen und kulturellen Bedingungen der Spätmoderne vermag der Kapitalismus ebenso für eine aktualisierende Anpassung zu nutzen, die ihn ein weiteres Mal erneuert, stärkt und resilienter macht. Der Klimawandel und das Projekt der Dekarbonisierung sind längst zum Motor für die Entwicklung innovativer Technologien und zur Erschließung neuer Absatzmärkte geworden. Gleiches gilt für die digitale Revolution, in deren Vollzug gigantische Datensammlungen zur wesentlichen Ressource eines erneuerten Kapitalismus werden.[22]

20 Vgl. dazu z.B. Streeck 2013.
21 Boltanski und Chiapello 2003.
22 Vgl. z.B. Zuboff 2018.

Auch die Krise des globalisierten Finanzkapitalismus läutet also keineswegs ein Ende des Kapitalismus ein. Wohl zeichnet sich längst schon ein Ende des *demokratischen* Kapitalismus ab, doch der Kapitalismus überlebt auch ohne Demokratie und Menschenrechte.[23] Denn im *Kapitalistischen Realismus* bedarf er keiner Legitimation mehr, insbesondere keiner demokratischen.[24] Das nach globaler Vorherrschaft strebende China exerziert das eindrucksvoll vor. In Deutschland illustriert die Handelspolitik gegenüber der Volksrepublik oder die Energiebeschaffungspolitik gegenüber Russland, Katar und anderen autoritären Staaten, dass ökonomische Interessen und die Sicherung des Wohlstands gegenüber Demokratie und Menschenrechten allemal Vorrang genießen. Eine finale Krise des Kapitalismus ist hingegen ebenso wenig in Sicht wie eine politisch aussichtsreise Alternative zum Kapitalismus, sei es als Wirtschaftssystem, als »institutionalisierte Gesellschaftsordnung« oder als »Lebensform«. Selbst Nancy Fraser gesteht ein, dass sich das »intensive Leiden und verbreitete Elend« trotz der »gängigen Wahrnehmung einer akuten Systemkrise« einstweilen noch nicht erkennbar in eine »politisch-praktische Kraft der sozialen Transformation« übersetzen.[25]

Entsprechend ist es wenig verwunderlich, dass die Renaissance, die die Theorie von der Krise des Kapitalismus nach der Banken- und Finanzkrise erlebt hat, inzwischen bereits wieder verebbt. Das Problem dieser

23 Vgl. z.B. Crouch 2008 und Streeck 2013.

24 Fischer 2013.

25 Fraser 2015, S. 187.

Theorie liegt vor allem darin, dass sie auf Normen rekurriert, die in der spätmodernen Gesellschaft offenbar nicht die Kraft besitzen, die ihnen von den Kritikern des Kapitalismus und den Vorkämpfern einer postkapitalistischen Gesellschaft zugeschrieben wird. »Grundsätzliche und umfassende Kritik an der kapitalistischen Moderne«, schreiben Carolin Amlinger und Oliver Nachtwey sogar, sei »kaum noch vernehmbar – und wenn doch, dann praktisch ohne jede Chance auf praktische Umsetzung«.[26] Zumindest gibt es in spätmodernen Gesellschaften entgegen allen Hoffnungen auf eine »antikapitalistische Allianz« offensichtlich keine hinreichend starke, organisationsfähige, auf den Kapitalismus gerichtete Entfremdungserfahrung und Transformationssehnsucht. Dass die von Habermas einst vorhergesagte Legitimationskrise bis heute nicht eingetreten ist bzw. immer wieder absorbiert werden konnte, hat seinen Grund zum einen darin, dass das unbestreitbar verbreitete Leiden an der Gegenwart zwar erhebliche – und zunehmend gewaltsame – soziale Konflikte auslöst, es aber trotz der Erzählungen von den »Pionieren des Wandels« und ihrer »präfigurativen« Politik,[27] die in bestimmten Nischen schon ausprobiere und einübe, was dann letztlich zum guten Leben für alle ausgedehnt werde, keine hinreichend integrative und zugkräftige Vision einer besseren gesellschaftlichen Alternative gibt. Zum anderen haben die Vertreter der Krisentheorie ebenso wie die Anpassungsfähigkeit des Ka-

26 Amlinger und Nachtwey 2022, S. 345.
27 Vgl. z. B. Monticelli 2021; Fians 2022.

pitalismus auch die der Menschen und der Grenzen des gesellschaftlich Akzeptablen, Zumutbaren und Beherrschbaren immer unterschätzt. Dabei hatte Herbert Marcuse bereits in den frühen sechziger Jahren darauf hingewiesen, dass der für das Konzept der Legitimationskrise so wichtige Begriff der Entfremdung angesichts der Annehmlichkeiten der kapitalistischen Konsumgesellschaft »selbst fragwürdig« wird, dass sich ein »Bewußtsein der Knechtschaft«, von dem »alle Befreiung« gleichwohl notwendig abhänge, immer weniger einstelle und dass die »rationale Grundlage zum Transzendieren dieser Gesellschaft« damit zerfalle.[28]

Dieser Verweis auf die Bedeutung und Anpassungsfähigkeit sozialer Normen ist hier deshalb wichtig, weil die Krisentheorie und jede Kritik am Kapitalismus letztlich immer eine normative Kritik sind. Das gilt auch dann, wenn sie behaupten, keine normativen Kriterien von außen an den Kapitalismus heranzutragen, sondern nur dessen innere Widersprüche sichtbar zu machen und seine eingebaute Tendenz zur eigenen Destabilisierung und Zerstörung herauszuarbeiten. Denn »wenn der Kapitalismus als Gesellschafts- und Wirtschaftssystem zu versagen droht«, so führt Rahel Jaeggi richtig aus, dann »steht dieses Versagen immer mit dem Umstand in Verbindung, dass wir so, auf diese bestimmte Weise, *nicht leben wollen* – und nicht, dass man so nicht leben *könnte*«.[29] »Die Krise«, so hatte auch Habermas bereits Anfang der siebziger Jahre betont, »ist

28 Marcuse 1964, S. 29, 27 und 16.
29 Jaeggi 2013, S. 7.

nicht von der Innenansicht dessen zu lösen, der ihr ausgeliefert ist«.[30] Entsprechend folgt aus der Beobachtung, dass der Kapitalismus seine eigenen – ökologischen, sozialen, politischen – Grundlagen zerstört, keineswegs notwendig und sofort, dass er zusammenbricht, sondern zunächst einmal nur, dass er ökologische, soziale und politische Konsequenzen hat, die etablierte Vorstellungen und Normen von ökologischer, sozialer und politischer Nachhaltigkeit und Haltbarkeit verletzten. Das ist ein entscheidender Unterschied! Ob und wie lange der Kapitalismus dann auch in Bedingungen fortbestehen kann, die an diesen Normen gemessen als ökologisch, sozial und politisch unhaltbar erscheinen, die also als sozial inakzeptabel gelten, ist eine gänzlich andere Frage. »Wenn wir der Meinung sind«, führt Jaeggi weiter aus, die kapitalistische »Gesellschaft *funktioniert nicht*, liegt das [...] genau daran, dass wir finden, sie *funktioniert nicht gut*, sie also auf diese Weise nicht funktionieren *sollte*«. Eigentlich geht es also nicht darum, dass diese Gesellschaft und der Kapitalismus tatsächlich nicht funktionieren, sondern, dass ihr faktisches Funktionieren bestimmten Normen und Erwartungen widerspricht. »Wir halten bestimmte Arten des Funktionierens – beispielsweise eine wirtschaftliche Dynamik auf Kosten der Zukunft oder auf Kosten der Ausgeschlossenen – für *falsch*«, erklärt Jaeggi; »[e]ine Gesellschaft hinter Gittern entspricht nicht unserer Vorstellung von dem, was Gesellschaft ist

30 Habermas 1973, S. 9.

oder sein sollte«.[31] Das bedeutet aber weder, dass eine Gesellschaft hinter Gittern – oder fortifizierten Grenzzäunen – nicht möglich wäre, noch, dass gängige Vorstellungen von dem, was Gesellschaft ist oder sein sollte, unveränderlich wären. Sie können bei Bedarf – und das ist ganz normale soziale Praxis – nach Maßgabe jeweils vorherrschender Wertepräferenzen und gesellschaftlicher Prioritäten angepasst werden.

Damit wird sichtbar: Nicht der Kapitalismus ist heute in der Krise und droht zu kollabieren – er durchläuft vielleicht lediglich eine neuerliche Anpassungskrise. Sondern in der spätmodernen Gesellschaft verliert das System der Normen, die der Krisentheorie und den Visionen der postkapitalistischen Gesellschaft zugrunde liegen, seine Kraft. Eine Legitimationskrise im Habermas'schen Sinne tritt daher nicht ein. Zumindest keine, die den Fortbestand des Kapitalismus gefährden würde. Stattdessen werden in der Spätmoderne die Selbstbeschreibung und das Selbstverständnis moderner Gesellschaften als liberaler, demokratischer, gerechter, inklusiver, ökologischer und weltgesellschaftlich orientierter *offener Gesellschaften* nachjustiert. Nur auf der Grundlage dieser modernistischen Normen und Selbstbeschreibung lässt sich die wahrgenommene Krise des Kapitalismus überhaupt als Krise begreifen – und sie sind der Kern emanzipatorischer Visionen einer besseren Gesellschaft. Der Kapitalismus hingegen kann auch jenseits von deren Zerfall fortbestehen – genau so lange, wie Mittel und Wege gefunden werden, um die sozialökologi-

31 Jaeggi 2013, S. 7.

schen Normverletzungen, die er fortlaufend erzeugt, gesellschaftlich zu bewältigen.

Zweifellos sind der Kapitalismus und seine Logik für den derzeitigen Zustand der modernen Gesellschaft und ihre mehrfache Unhaltbarkeit wesentlich mitverantwortlich. Doch um die spätmoderne Unhaltbarkeit und Transformation besser verstehen zu können, muss die Soziologie über die hergebrachten Narrative von der kapitalistischen Systemkrise und der postkapitalistischen Gesellschaft hinaus. Denn die gegenwärtige Vielfachkrise und Unhaltbarkeit *erklären* sich zwar – wenigstens zum Teil – aus der Logik des Kapitalismus, sie *betreffen* einstweilen aber nicht den Kapitalismus selbst, sondern vor allem die Normen, anhand deren der Kapitalismus bisher als krisenhaft bezeichnet wurde und die den Vorstellungen einer postkapitalistischen Gesellschaft zugrunde liegen. Wenn man die mehrdimensionale Nachhaltigkeitskrise also vor allem auf die zerstörerische Logik des Kapitalismus zurückführt, erfasst man das Besondere spätmoderner Gesellschaften nicht. Und wenn man sich die gegenwärtige Krisengesellschaft vor allem als das Übergangsstadium zwischen der sich zuspitzenden Unhaltbarkeit der bestehenden Ordnung und der befreiten, sozial und ökologisch befriedeten postkapitalistischen Gesellschaft vorstellt, dann hat man eine sehr verengte Perspektive.

## *3.2 Planetare Grenzen und das Anthropozän*

Aus umweltpolitischer Perspektive sind die Leitbegriffe, mit denen die Besonderheit der Spätmoderne und ihre Unhaltbarkeit aktuell bezeichnet und diskutiert werden, vor allem der des »Anthropozäns« als Name für ein neues erdgeschichtliches Zeitalter und das schon wiederholt angesprochene Konzept der »planetaren Grenzen«, die inzwischen nicht nur erreicht, sondern bereits überschritten seien. Der Terminus »Anthropozän« hat seit Anfang des neuen Jahrhunderts in vielfältige Debatten Einzug gehalten.[32] Er bedeutet, dass der Mensch zu einer erdgeschichtlich bestimmenden Kraft geworden ist. Der Ausdruck nimmt aus natur- bzw. erdsystemwissenschaftlicher Perspektive auf, was in den Geistes- und Sozialwissenschaften bereits in den achtziger und neunziger Jahren umfassend als das »Ende der Natur«, die vollständige »Vergesellschaftung« der Natur und der Zerfall vermeintlich objektiver Referenzpunkte und fundamentalistischer Normen diskutiert worden war.[33] Das erdsystemwissenschaftliche Konzept der planetaren Grenzen wurde einige Jahre später prominent. Es aktualisiert, was bereits seit den frühen siebziger Jahren als die Grenzen des Wachstums thematisiert wird und bezieht sich dabei auf Parameter wie die globale Landnutzung, den globalen (Trink-)Wasserbedarf, die verfügbaren Phosphor- und Stickstoffvorräte,

32 Crutzen und Stoermer 2000; Crutzen 2002; Crutzen und Steffen 2003.

33 Vgl. z.B. Merchant 1980; Beck 1986; Luhmann 1986a; McKibben 1990; Böhme 1992.

die Artenvielfalt und insbesondere die globale Klimaerwärmung. Der Versuch, in den jeweiligen Bereichen planetare Grenzen zu bestimmen, die nicht überschritten werden dürfen, zielt darauf, Kipp- oder Triggerpunkte zu bestimmen, deren Überschreiten nicht mehr kontrollierbare Zerstörungsdynamiken in Gang setzt, die letztlich sogar das Überleben der Menschheit gefährden könnten.[34]

Beide Begriffe implizieren eine ganz neue Perspektive, aus der sogenannte »ökologische« oder »umwelt«-politische Probleme, Fragen und Lösungen gedacht werden. Entscheidend ist, dass sie beide die hergebrachte Dichotomie zwischen Mensch und Natur, Gesellschaft und Umwelt, sozialen Systemen und ökologischen Systemen radikal in Frage stellen. Bezeichnete schon der Ausdruck »Umwelt« im Gegensatz zum älteren Begriff der »Natur« nicht mehr ein radikal Anderes und Unabhängiges, sondern ein auf die Gesellschaft Bezogenes, so löst das Anthropozän die Dualität vollständig auf. Denn der globale »Siegeszug des Industriesystems« lässt, wie Ulrich Beck es schon vor knapp vierzig Jahren formulierte, »die Grenzen von Natur und Gesellschaft verschwinden«. Entsprechend können auch, fuhr er damals fort, »die Naturzerstörungen nicht länger auf die *Umwelt* abgewälzt werden, sondern werden mit ihrer industriellen Universalisierung zu systemimmanenten sozialen, politischen, ökonomischen und kulturellen Widersprüchen«.[35] Im neuen erdgeschichtlichen

34 Vgl. z. B. Rockström et al. 2009a, b; Steffen et al. 2015; Rockström et al. 2021; Brand et al. 2021; Blühdorn 2022a.

35 Beck 1986, S. 252.

Zeitalter wird also nicht mehr zwischen Gesellschaftssystemen und Ökosystemen unterschieden; vielmehr wird das Erdsystem als ein Ganzes betrachtet, in dem soziale und ökologische Systeme integriert sind.[36] Die Begriffe »Anthropozän« und »planetare Grenzen« beschreiben daher eine grundsätzliche Transformation der sozialökologischen Verhältnisse. Es gibt keine *Umwelt* mehr, die jenseits der Gesellschaft ist, aus der Rohstoffe ins System importiert und in die Abfallstoffe exportiert werden könnten. Alles ist *Innen*welt, und was zuvor als *Umwelt*gefahren bezeichnet wurde, wird entsprechend zu *Innenwelt*gefahren.[37]

Herkömmliche Begriffe wie »Naturschutz« oder auch »Umweltpolitik« machen vor diesem Hintergrund keinen Sinn mehr. Denn die sogenannte Umweltpolitik hat jetzt keinen eigenen Gegenstand und Wirkungsbereich mehr. Eigentlich hat sie auch keine eigenen Institutionen mehr, die gegenüber Institutionen der Sozialpolitik, der Wirtschaftspolitik oder der Außen- und Verteidigungspolitik unabhängig sind. War schon der Begriff der *Nachhaltigkeitspolitik*, der je nach Verständnis neben der ökologischen Dimension auch ökonomische, soziale, politische und kulturelle Bedeutungsdimensionen hatte, sehr viel umfassender gewesen als der ältere Begriff der *Umweltpolitik* oder gar des *Naturschutzes*, so lässt sich im Anthropozän die ökologische Dimension von anderen Dimensionen der Gesellschaftspolitik überhaupt nicht mehr sinnvoll trennen. Thema ist

36 Schellnhuber 1999.
37 Beck 1988, S. 173.

nun nicht mehr der Schutz von und die Verantwortung für ein Außen, sondern die Sicherung der (Über-)Lebensbedingungen auf dem Planeten. Ernährungssicherheit, der steigende Meeresspiegel, Biodiversität und Migrationsdynamiken – das alles sind global- und geopolitische Themen einer Weltinnenpolitik, die sich nicht mehr national organisieren lässt und von den hergebrachten Institutionen der Klima- und Umweltpolitik nicht mehr bewältigt werden kann.

Das Erreichen und Überschreiten planetarer Grenzen und das neue erdgeschichtliche Zeitalter des Anthropozän bedeuten einerseits eine erhebliche Gefahr und Bedrohung. Gleichzeitig liegen für viele Beobachter in beiden Konzepten und in der Besonderheit der Konstellation, die sie zu erfassen versuchen, aber auch eine Hoffnung und ein Versprechen. In gewisser Hinsicht sind die planetaren Grenzen und die katastrophalen Konsequenzen ihrer Überschreitung nämlich eine neue Chance, objektive, also von veränderlichen Wahrnehmungen und sozialen Normen unabhängige, Problemlagen zu diagnostizieren, aus denen sich kategorische Handlungsimperative für die Gesellschaft ergeben. Die wissenschaftliche Bestimmung von »unverhandelbaren planetaren Bedingungen, die die Menschheit respektieren muss«, verspricht konkrete Handlungsanweisungen und objektive ökologische Begrenzungsimperative.[38] Und das Erreichen bzw. Überschreiten von Kipppunkten, jenseits derer menschliches Handeln nicht mehr in der Lage sein wird, die »Dynamik der

38 Rockström et al. 2009b, ohne Seitenzahl.

Zerstörung noch umzukehren, zu steuern oder nennenswert zu verlangsamen«, bedeutet die Notwendigkeit, Gegenmaßnahmen sofort einzuleiten.[39] In dieser Kombination von konkreter Handlungs- bzw. Begrenzungsanweisung und unbedingter Dringlichkeit liegt die große Anziehungskraft des Konzepts planetarer Grenzen. Der erdsystemwissenschaftliche Versuch, einen »safe operating space for humanity« innerhalb solcher Grenzen festzulegen, könnte genau das liefern, was ökologischen Bewegungen bisher dringend gefehlt hat.[40] Er knüpft an frühere Versuche an, von der ökologischen Thematik das abzuleiten, was auch die marxistische Gesellschaftskritik immer schon gesucht hatte, aber nie bieten konnte: zwingende Referenznormen, Imperative und Leitlinien für eine grundlegende gesellschaftliche Transformation.

Die Hoffnung, dass von dem Konzept planetarer Grenzen ein signifikanter Impuls für eine sozialökologische Transformation ausgehen könnte, ist aber insofern fragwürdig, als die vermeintlich naturwissenschaftlich bestimmbaren Grenzen tatsächlich immer schon einen sozialen normativen Kern haben. Ebenso wie bei der funktionalen Kritik des Kapitalismus gilt auch im Falle der planetaren Grenzen, dass wir in einer Gesellschaft und Welt, die diese Grenzen überschreiten, möglicherweise *nicht leben wollen*, weil das etablierten Normen und Erwartungen widerspricht, nicht aber, dass man in so einer Welt *nicht leben könnte*. Der häufi-

39 Steffen et al. 2018, S. 6.
40 Rockström et al. 2009a, 2009b, 2021.

ge Verweis auf die (Un-)Bewohnbarkeit des Planeten ist insofern irreführend. Hier kehrt das Problem zurück, das auch die marxistische Krisentheorie hat: Wenn planetare Grenzen überschritten werden, dann gibt es sicher *kein gutes Leben für alle* mehr, dann gehören verheerende Katastrophen, großes Leid und der zunehmende Verlust der Kontroll- und Steuerungsfähigkeit zu den unvermeidbaren Konsequenzen. Sie sind die zentralen Charakteristika des Anthropozäns, und für solche Katastrophen, solches Leid sowie für den Kontrollverlust gibt es reichlich empirische Evidenz. Aber damit ist noch nichts über die gesellschaftliche Fähigkeit ausgesagt, diese Konsequenzen zu akzeptieren und bewältigen, und entsprechend auch nichts über die Haltbarkeit und Zukunftsfähigkeit der verursachenden Praktiken und Arrangements.

Was jenseits der Grenzen nicht haltbar ist, sind also nicht unbedingt die von Bewegungen und Wissenschaftlerinnen und Wissenschaftlern als nicht-nachhaltig bezeichneten etablierten Praktiken und Arrangements, sondern zunächst einmal die dabei angelegten Maßstäbe ihrer Beurteilung. Die jedoch sind, wie gesagt, flexibel, und entsprechend ist die Haltbarkeit des Nicht-Nachhaltigen wesentlich eine Frage der Anpassung und Resilienz. Anpassung und Resilienz sind in der Nachhaltigkeitsforschung in der Tat längst zum primären Ziel avanciert; sie sind das Prioritätsprojekt der spätmodernen Nachhaltigkeitspolitik. Dabei geht es zwar nur selten ausdrücklich um die Anpassung sozialer Normen und Erwartungen, also die Entproblematisierung etwa von zunehmender Ungleichheit, ökologischer Zerstörung oder sozialer Exklusion. Das bedeutet aber nicht, dass dort nicht erhebliche Potenziale lägen, deren Aktivierung tatsächlich auch Kernbestandteil jeder Resilienz- und Anpassungspolitik ist.[41] Die Hoffnung, dass die Bestimmung, das Erreichen und das Überschreiten planetarer Grenzen einen wesentlichen Impuls geben, eine normative Richtschnur und einen konkreten inhaltlichen Fahrplan für eine sozialökologische Transformation vorschreiben könnten, ist also verfehlt.

Sehr ähnlich verhält es sich in Bezug auf das neue Erdzeitalter, das Anthropozän. Auch mit diesem Begriff verbinden sich durchaus Hoffnungen. Ebenso wie das Konzept der planetaren Grenzen soll auch das des Anthropozäns mobilisierende und ermöglichende Wirkung haben. Denn im Anthropozän werden die bekannten Fragen »Wie wollen wir in Zukunft leben?«, »In welcher Welt wollen wir in Zukunft leben?« wichtiger denn je. Wenn kein Außen oder Gegenüber der Gesellschaft mehr vorhanden ist, von dem kategorische Imperative ausgehen, wird die sogenannte *ökologische* Frage zu einer radikal *sozialen* Frage. Dann wird alles verhandelbar und alles *muss* verhandelt werden. War für das ÖEP, wie in Kapitel 1.2 dargestellt, die Frage »Wie wollen wir in Zukunft leben?« tatsächlich noch eine weitgehend rhetorische Frage gewesen, die nie wirklich offen war, so hat sich das im Anthropozän grundlegend verändert. Ergab sich für das ÖEP die einzig mögliche, moralische, vernünftige und verantwortliche Antwort auf

41 Vgl. Kapitel 7.3 und 7.4.

diese Frage noch wie von selbst aus dem modernistischen, normativen Fundament, auf das es gegründet war, so entfällt im Anthropozän jede normative Sicherheit[42] – und gleichzeitig auch die handlungstheoretische Sicherheit des ÖEP, also das feste Vertrauen in die Gestaltungs- und Steuerungs*fähigkeit* sowie den Gestaltungs- und Steuerungs*anspruch* der mündigen, vernünftigen und verantwortlichen Zivilgesellschaft. Die Fragen »Wie und in welcher Welt wollen wir leben?« sind im Anthropozän tatsächlich in keiner Hinsicht mehr normativ vorentschieden und in alle Richtungen radikal offen. Doch während sich die Möglichkeit und Notwendigkeit eines integrierten »Earth-System Management« und einer koordinierten »Earth-System Governance«[43] radikalisieren, haben sich die Annahmen und Voraussetzungen des modernistischen Verständnisses von Politik verflüchtigt, das davon ausgeht, dass ein Problem zunächst klar erkannt und entsprechende Politikziele bestimmt, dann geeignete Politikinstrumente ausgewählt, die anschließend von geeigneten Akteuren und Institutionen koordiniert und konsequent angewendet werden, bis das Ziel erreicht ist.

Das Anthropozän ist also einerseits ein Zeitalter der nie dagewesenen Notwendigkeit und Möglichkeiten: Alles ist verhandelbar und gestaltbar, und diese umfassende Gestaltung ist keine Option mehr, sondern ein Zwang. Gleichzeitig ist es aber auch das Zeitalter der katastrophalen Überforderung und des vorprogrammier-

42 Vgl. Kapitel 1.1, Schaubild 1 sowie Kapitel 5.
43 Biermann 2014.

ten Scheiterns. Denn für den Erfolg der umfassenden Gestaltung fehlen alle notwendigen Voraussetzungen. Das Scheitern hingegen – wenn es im neuen Zeitalter überhaupt noch Kriterien gibt, es als solches zu kategorisieren – hat seine Ursache im Kern und Wesen des Anthropozäns selbst. Denn das Ende des Dualismus von Natur und Gesellschaft bedeutet, wie gesagt, dass *ökologische* Fragen vollständig zu *sozialen* Fragen werden und es für deren Beantwortung keinen belastbaren normativen Referenzpunkt mehr gibt, der nicht sozial geformt und also kontingent wäre. »Ohne die Natur«, schrieb der Klimaaktivist und Autor Bill McKibben bereits Anfang der neunziger Jahre voller Entsetzen, »gibt es nichts außer uns selbst.«[44] Erst mit dem Anthropozän offenbart sich ganz, was diese reine Selbstreferenzialität bedeutet: Natur und Ökologie, die nach dem Tod Gottes und dem Ende der transzendentalen Vernunft gewissermaßen als normativer Ersatzanker auftreten sollten, hinterlassen eine gähnende Leerstelle.[45]

Einerseits bedeutet das Anthropozän also die radikale Zentralisierung sozialer Werte und subjektiver Präferenzen, denn es gibt keine externalisierende Objektivierung mehr. Das ist eine Hyperzentrierung des Humanen, die über jeden Anthropozentrismus im bisherigen ökopolitischen Denken weit hinausgeht. Entsprechend haben ökomodernistische Ideen einer wissenschafts- und technologiegestützten Earth-System Governance im Anthropozän noch einmal erhebli-

44 McKibben 1990, S. 54.
45 Vgl. dazu auch Kapitel 4.4 und 5.1.

chen Auftrieb – im prometheischen Traum vom »guten Anthropozän«.[46] Andererseits führt das Anthropozän aber selbst über dieses subjekt- und humanzentrierte Denken hinaus – ähnlich wie bereits die Luhmann'sche Theorie sozialer Systeme das klassische subjekt- und autonomiezentrierte Denken der Soziologie für verfehlt gehalten hatte. Denn in dem integrierten sozioökologischen System, das mit der Auflösung des hergebrachten Dualismus entsteht, ist der Mensch integrierter Mitspieler und hat keine herausgehobene Sonderstellung mehr, insbesondere keine Steuerstellung. Entsprechend der alten ökologischen Kritik an der prometheischen Überheblichkeit und gemäß der alten Forderung, der Mensch müsse sich in die Natur einfügen und sich deren Gesetzmäßigkeiten unterordnen, wird in der Literatur zum Anthropozän daher auch die Forderung nach einem radikal anderen Verständnis von Subjektivität, Autonomie und Emanzipation wieder sehr deutlich artikuliert.[47]

So wird also an den planetaren Grenzen und in der Weltinnenpolitik des Anthropozäns – zumindest aus der hergebrachten modernistischen Perspektive betrachtet – die Notwendigkeit zum Management, zur Begrenzung, zur Regulierung, zur Katastrophenbewältigung – eben zur Earth-System Governance – größer denn je. Da aber die Voraussetzungen für dieses Projekt nicht erfüllt sind (bzw. gerade zerfallen), bleiben entsprechende Anstrengungen beschränkt auf das herumtastende Experimentieren als Modus der Bewältigung einer *öko-*

46 Vgl. z.B. Neyrat 2019.

47 Vgl. z.B. Latour 2017, 2018; Dobson 2022; Pellizzoni 2022.

*logischen Unregierbarkeit.* Weil die Komplexität der Verhältnisse zu hoch und die Volatilität der Sachlagen zu groß ist, weil die Problemwahrnehmungen und Prioritäten zu divers sind und es für eine koordinierte, langfristige und effektive Weltinnenpolitik keine Institutionen gibt, ist das Projekt der Earth-System Governance wenig aussichtsreich. Die Hoffnung, dass sich mit Hilfe der Feststellung planetarischer Grenzen ein »safe operating space for humanity« bestimmen und einhalten ließe, ist unbegründet. Spätmoderne Gesellschaften bewegen sich vielmehr in einem notorisch und chronisch »unsafe operating space«. Statt Earth-System Management sind sie beschränkt auf fortgesetztes Experimentieren mit immer neuen Versuchen, sich anzupassen und möglichst resilient zu werden.[48]

Ebenso wie es verfehlt ist, von den planetaren Grenzen einen signifikanten Impuls für das ÖEP und die SÖT zu erwarten, gilt dies also auch für das Anthropozän. Wenig verwunderlich ist daher, dass das Überschreiten der planetaren Grenzen und die Ankunft des Anthropozän bisher tatsächlich vor allem fachwissenschaftliche Diskurse und für das praktische Projekt der SÖT weitgehend ohne konkrete Auswirkungen geblieben sind.[49] Gleichwohl macht die ökopolitische Perspektive auf die spätmoderne Gesellschaft, das heißt deren Betrachtung durch die Konzepte der planetaren Grenzen und des Anthropozäns, eine wahrhaft große Transformation sichtbar: Das unterscheidende Merk-

48 Vgl. z. B. Bulkeley 2023; auch Kapitel 7.3.
49 Vgl. z. B. Biermann 2021; Bulkeley 2023.

mal der Spätmoderne liegt im Zerfall des modernistischen Dualismus und sämtlicher Grundlagen des ökomodernistischen Denkens, die auf diesem Dualismus beruhen. Die Entstehung des integrierten Systems radikalisiert einerseits das ökologische *Prinzip Verantwortung* insofern, als Menschen nun eine erdgeschichtlich gestaltende Kraft sind.[50] Sie schafft es gleichzeitig aber auch ab und setzt an seine Stelle eine radikalisierte Form von Ulrich Becks »organisierter Unverantwortlichkeit«. Indem es die Voraussetzungen der modernistischen Politik aushebelt und den Glauben an die Gestaltbarkeit und Steuerungsfähigkeit zerstört, liefert das Anthropozän die Menschen wieder unvorhersehbaren, unkontrollierbaren und unbeherrschbaren Bedingungen aus. Die Katastrophen des Anthropozäns sind zwar keine *Natur*katastrophen mehr, sondern von Menschen gemacht, doch die Menschen haben weder als Verursacher noch als Betroffene die Kontrolle über sie. Und die allermeisten sind ihnen weitgehend schutz- und hilflos ausgesetzt.

So schafft das Anthropozän die Natur als Gegenüber der Gesellschaft ab, holt aber die völlige Unsicherheit des überwunden geglaubten Naturzustands, in dem die Menschen den übermächtigen Naturgewalten ausgeliefert waren, in die Gesellschaft hinein. Zwar sind die Lebensverhältnisse nun vollständig künstlich, gemacht und gestaltet, aber die Unsicherheit, Verwundbarkeit und das Ausgeliefertsein sind zurück. Sie kommen jetzt nicht mehr von außen, von der Natur, son-

50 Jonas 1979.

dern – was aus modernistischer Perspektive noch unerträglicher erscheint – von innen, von der »organisierten Unverantwortlichkeit«. In diesem »neuen Naturzustand« ist unhaltbar geworden, was die bisherige Moderne als Zivilisation und westliche Werte bezeichnet hatte und was das Ziel der europäischen Aufklärung gewesen war. Jenseits der Hoffnungen auf eine SÖT und eine Earth-System Governance bringt das Anthropozän *ökologische Unregierbarkeit* und beste Voraussetzungen für die Herrschaft und das Recht der Stärkeren.[51] Für die große Mehrheit jedoch wird das Leben, wie schon bei Hobbes, dann wieder freudlos, beschwerlich und kurz.[52] Wie schon im Falle des Krisenkapitalismus zeigt sich also auch bei der ökologischen und erdsystemwissenschaftlichen Betrachtung der Spätmoderne: Nicht etwa die etablierte Ordnung der Nicht-Nachhaltigkeit ist unhaltbar, sondern vor allem die Annahmen und Normen, die das Projekt der SÖT untermauerten.

## *3.3 Die autokratisch-autoritäre Wende*

Aus politischer Perspektive betrachtet stellen sich die Besonderheit, die Krise, die Unhaltbarkeit und die große Transformation spätmoderner Gesellschaften als die Krise der Demokratie und als *autokratisch-autoritäre Wende* dar.[53] Was in den siebziger Jahren von Konserva-

51 Vgl. auch Kapitel 1.4.

52 Hobbes 1970 [1651], Kap. 13

53 Z.B. Lührmann und Lindberg 2019; Schäfer und Zürn 2021; Blühdorn 2022a.

tiven befürchtet und den als hedonistisch, zügellos und unverantwortlich kritisierten emanzipatorischen Bewegungen angelastet worden war,[54] ist inzwischen umfassend eingetreten: Die vielleicht größte politische Errungenschaft moderner Gesellschaften, die liberale Demokratie, ist im Niedergang begriffen. Spätmoderne Gesellschaften sind immer schwieriger politisch zu steuern, zumal demokratisch. Ihre Krisen, Konflikte und Katastrophen – und zwar nicht nur die ökologischen – sind in der Tat zunehmend *unregierbar*. Hinsichtlich der Erklärungen der von ihnen befürchteten *Unregierbarkeit* griffen die Konservativen damals zwar erheblich zu kurz, aber tatsächlich gehen heute die politische Steuerungsfähigkeit und Kontrolle, die Plan- und Gestaltbarkeit, zunehmend verloren. Zumindest ist der Staat immer weniger in der Lage, den gerade im Zeichen von Krisen und Katastrophen hohen Erwartungen der Bürgerinnen und Bürger zu entsprechen. Die Nachhaltigkeitskrise, der Klimawandel, die Migrationsproblematik, die Covidpandemie oder der Krieg in der Ukraine illustrieren eine grundlegende und strukturelle *Überforderung* des Staates.[55] Politische Institutionen verlieren kontinuierlich an Vertrauen, und das gilt insbesondere für die Institutionen und Verfahren der Demokratie.

Die Krise der Demokratie hat vielfältige Ursachen. Oft wird sie vor allem auf die Dominanz der Logik des Kapitalismus (Wettbewerb, Ungleichheit, Kapitalakku-

54 Vgl. z. B. King 1975; Crozier et al. 1975.
55 Vgl. Kapitel 2.3; auch Nassehi 2021.

mulation) über die Logik der Demokratie (Gleichheit, Inklusion, Umverteilung) zurückgeführt. Insbesondere mit der Globalisierung ist dieses Ungleichgewicht immer größer geworden, weil es für internationale Konzerne immer leichter wurde, sich der politischen Kontrolle zu entziehen und der Politik den Takt vorzugeben. Gleichzeitig hat sich mit der Globalisierung die Bedeutung der nationalstaatlichen demokratischen Institutionen abgeschwächt, ohne dass auf transnationaler Ebene angemessener Ersatz geschaffen worden wäre. Die »Globalisierung und die Beschneidung der souveränen Macht der Nationalstaaten«, schreibt etwa Wendy Brown, seien »entscheidende Faktoren für die aktuelle Entdemokratisierung des Westens«. Mit der Globalisierung verliere die Demokratie »eine notwendige politische Form und Einfassung«, und mit der Beschneidung der nationalstaatlichen Souveränität gäben Staaten den »Anspruch auf, die Volkssouveränität zu verkörpern und somit den Willen des Volkes auszuführen«. Die »von einem begrenzten souveränen Territorium [...] abgetrennte Demokratie« werde »politisch bedeutungslos«.[56]

Damit verbunden wird die Demokratiekrise auch oft als eine *Repräsentations*krise begriffen: In der durch den globalisierten Marktliberalismus zunehmend ungleichen Gesellschaft fühlen sich immer größere Teile der Gesellschaft von den politischen Institutionen nicht mehr repräsentiert.[57] Die Politikwissenschaftler Armin

56 Brown 2012, S. 60f.; vgl. auch Jörke 2019.

57 Vgl. z. B. Nachtwey 2016; Manow 2020; Amlinger und Nachtwey 2022.

Schäfer und Michael Zürn sprechen von einer »doppelten Entfremdung«, die die tatsächlichen politischen Prozesse immer weiter vom demokratischen Ideal entferne und die Bürgerinnen und Bürger immer weiter von den demokratischen Institutionen.[58] Unstrittig ist inzwischen auch der »asymmetrische Einflussgewinn« bildungs- und artikulationsstarker sozialer Schichten durch die kontinuierliche Erweiterung der formalisierten Partizipationsmöglichkeiten. Dass Parlamentarier von ihrem soziostrukturellen Hintergrund her ganz überwiegend aus einem recht engen, in mehrfacher Hinsicht privilegierten Spektrum der Gesellschaft kommen, verstärkt noch einmal die »asymmetrische Responsivität« liberaler Demokratien.[59]

Verbreitet wird der Niedergang der Demokratie darüber hinaus mit der Konjunktur des Rechtspopulismus und den »aggressiven« und »destruktiven« Energien »regressiver Rebellen« erklärt, die von vielen Seiten als die größte Bedrohung für die Demokratie bezeichnet werden.[60] Eine wesentliche Ursache liegt auch im neuerlichen Strukturwandel der Öffentlichkeit im Zuge der Verbreitung der sozialen Medien und der digitalen Revolution.[61] Gerade die sozialen Medien werden dafür verantwortlich gemacht, dass der öffentliche Raum und der öffentliche Diskurs in immer kleinere Arenen zerfallen, in denen vor allem identitätsverfestigend und

58 Schäfer und Zürn 2021, S. 20.
59 Vgl. z.B. Elsässer et al. 2021.
60 Z.B. Schäfer und Zürn 2021; Amlinger und Nachtwey 2022, S. 299-335.
61 Vgl. z.B. Habermas 2021.

selbstbestätigend, d.h. abgrenzend und ausgrenzend *nach innen*, aber sehr viel weniger pluralistisch und verständigungsorientiert *miteinander* kommuniziert wird. Wesentlich ist für die Krise und Transformation der Demokratie zudem auch die Veränderung gesellschaftlich vorherrschender Verständnisse von Subjektivität, Selbstbestimmung und einem guten Leben. Ideale der komplexen und flexiblen Persönlichkeit, der dynamischen und flüchtigen Identität sind in Bezug auf die Demokratie ebenso problematisch wie Verständnisse von Freiheit und Selbstbestimmung, die nicht verallgemeinerbar sind.[62] Und nicht zuletzt wird der Niedergang der Demokratie auch als »Beschleunigungskrise« und als eine Folge der fortlaufenden Differenzierung und Komplexitätssteigerung gesehen.[63]

Diese verschiedenen Erklärungen sind nicht alternativ zueinander, sondern sie ergänzen und verstärken sich wechselseitig. In der Summe bewirken sie, dass unterschiedlichste soziale Gruppen aus ihren je eigenen Gründen ein tiefgreifend ambivalentes Verhältnis zur Demokratie entwickeln.[64] Doch insbesondere der Gedanke der *emanzipatorischen* Entdemokratisierung – in Kapitel 6.4 wird er gründlicher ausgeführt – wird weiterhin kaum verfolgt. Genau hier liegt demokratiepolitisch betrachtet aber wohl das spezifisch Spätmoderne der gegenwärtigen Konstellation und der großen Transformation mit Blick auf die nächste Gesellschaft. Das unterscheidende Merkmal der Spätmoderne liegt aus

62 Z.B. Blühdorn 2013, 2020d, 2022a; vgl. auch Kapitel 6.4.
63 Z.B. Bauman 1999, 2003; Rosa 2005, 2021; Nassehi 2021.
64 Vgl. z.B. Blühdorn 2018, 2020c.

dieser Perspektive tatsächlich darin, dass die Demokratie, die ungeachtet ihrer Wurzeln im antiken Griechenland eine spezifisch moderne Erfindung war und ein Ideal, das aufs Engste mit der aufklärerischen Idee des autonomen Subjekts verbunden ist, in und jenseits der Spätmoderne – genau deswegen – schlicht nicht mehr haltbar ist, nicht nur faktisch, weil die empirischen Voraussetzungen nicht mehr erfüllt sind, sondern wohl auch normativ. Indirekt wird das freilich längst anerkannt. Das zeigt sich etwa am neuen Misstrauen grüner Parteien gegenüber der ehemals favorisierten »Basisdemokratie« oder an den Forderungen der Klimabewegung an den Staat. Auch die neoliberalen Versuche einer gezielten Entpolitisierung (und damit auch Entdemokratisierung) der öffentlichen Verwaltung können hier als Beleg gesehen werden. Ebenso die Tendenz, die sogenannte »experimentelle Politik« nicht mehr primär als eine aussichtsreiche Strategie zur sozialökologischen Nachhaltigkeitstransformation zu sehen, sondern – zumindest auch – als eine Strategie zur Bewältigung der Krise modernistischer Politikansätze und der ökologischen Unregierbarkeit.[65]

Doch im überwiegenden Teil der einschlägigen Literatur wird nach der mehr oder weniger ausführlichen Diagnose der Krise der Demokratie im zweiten Schritt dann gefragt, wie die Demokratie sich stabilisieren, verteidigen oder wiederherstellen ließe. Nur wenige gehen dem Gedanken nach, dass eine solche Wiederherstel-

65 Vgl. z.B. Bulkely 2023; Blühdorn 2023; Haderer 2023; vgl. auch Kapitel 7.3.

lung und Verteidigung der Demokratie unter den Bedingungen der Spätmoderne nicht nur empirisch aussichtslos sein könnte, sondern vielleicht auch gar nicht normativ wünschenswert.[66] Aber tatsächlich wird in spätmodernen Gesellschaften – wenn auch die lautstarke Kritik an demokratischen Defiziten und die vielfältigen Forderungen nach *echter* Demokratie etwas anderes nahezulegen scheinen – der Anspruch auf demokratische Selbstbestimmung nicht zuletzt wegen der Belastungen, Verpflichtungen und Verantwortung, die mit demokratischer Selbstregierung notwendig einhergehen, oft bereitwillig aufgegeben und abgetreten. Der permanente Aufruf zum Engagement und zur Verantwortlichkeit und der damit verbundene moralische Druck werden verbreitet als Überforderung und Überlastung wahrgenommen.[67] In der lebensweltlichen Praxis kommt es meist vor allem darauf an, dass die immer komplexeren und prekäreren Arrangements des Alltags effizient geregelt sind und gut funktionieren. Aber moderne Bürgerinnen und Bürger haben immer weniger die Zeit, die Kraft und die jeweils erforderliche Kompetenz, selbst mit dafür zu sorgen, dass auf gesellschaftlicher Ebene die dafür notwendigen Voraussetzungen erfüllt sind.

Waren die emanzipatorischen Bewegungen noch fest entschlossen gewesen, neue Formen der kollektiven, demokratischen Selbstregierung zu erproben und einzuüben, so wird im Zeichen der Vielfachkrise – »in den

66 Vgl. z.B. Brennan 2016; Van Reybrouck 2016.

67 Blühdorn 2013, S. 143ff.; Friedrichs 2022; Staab 2022; vgl. auch Kapitel 6.3 und 6.4.

Ruinen der liberalen Welt«[68] – der abwehrende Rückzug ins Private zur Norm. Politische Führung und verbindliche Entscheidungen, die sich auf demokratischem Wege offenbar nicht mehr im erforderlichen Tempo und in der gewünschten Verlässlichkeit herstellen lassen, werden vom Staat und von der Wissenschaft erwartet.[69] »Weder die weitere Demokratisierung noch die emanzipative Umwälzung der Verhältnisse«, schreibt Philipp Staab etwas überspitzt, stünden noch »im Mittelpunkt politischer Bedürfnisse«. Bestimmend würden in der spätmodernen Gesellschaft stattdessen die »Sehnsucht nach technokratischer Entpolitisierung« und die »sukzessive Normalisierung gesellschaftlicher Risiken«. Die »protektive Technokratie« sei der »Fluchtpunkt des Gesellschaftsvertrages«.[70] Diese Diagnose mag übermäßig generalisierend sein, doch tatsächlich lässt sich diese autokratisch-autoritäre Sehnsucht in verschiedenen Varianten bei Klima- und Nachhaltigkeitsaktivisten ebenso beobachten wie bei Marktliberalen und Rechtspopulisten.

Für die kritischen Sozialwissenschaften und emanzipatorischen Bewegungen bedeuten diese zunehmenden Zweifel an der Demokratie, das bereitwillige Auf- und Abgeben demokratischer Ansprüche und Kompetenzen, ein fundamentales Problem. Zwar gibt es, ähnlich wie aus ökologischer Perspektive die Überwindung des autonomen Subjekts inzwischen normativ affirmiert und gefordert wird, auch an der Demokratie längst schon

68 Wakefield 2018, 2021.
69 Haderer 2023.
70 Staab 2022, S. 30-31.

eine normative Kritik. Sie bezog sich zunächst vor allem auf die liberale, repräsentative Demokratie, dann aber auch auf die deliberative und die direkte. Das war jedoch immer primär eine Kritik *im Namen* des freien, selbstbestimmten Subjekts, also eine Kritik, die selbst auf diese Norm rekurrierte. Mit der historischen Kontingenz dieser Norm selbst kann die kritische Soziologie hingegen nur schwer umgehen, und entsprechend auch nicht mit der gesellschaftlichen Entproblematisierung des Demokratieverlustes und der autokratisch-autoritären Wende. Die kritische Soziologie spricht von »Aporien der Freiheit« und untersucht, wie in der Spätmoderne die Bürgerinnen und Bürger »im Namen« der Selbstbestimmung und Selbstverwirklichung gegen die demokratischen Institutionen rebellieren.[71] Unter Beibehaltung der normativen Perspektive der Moderne werden dann allerdings mit großer Regelmäßigkeit immer neue Demokratisierungsinitiativen vorgeschlagen. Ein neuer Schulterschluss demokratischer Initiativen und Gruppen wird gefordert und für aussichtsreich gehalten. Ähnlich wie Nancy Fraser von einem »gegenhegemonialen Block« träumt oder Chantal Mouffe von einem »linken Populismus« und einer »demokratischen Revolution«, hoffen etwa Carolin Amlinger und Oliver Nachtwey auf eine »rebellierende« Demokratisierung, die »die Demokratie [...] erneuert und in eine wahrhafte Demokratie verwandelt«.[72]

71 Vgl. z.B. Manow 2020; Blühdorn 2020c, 2020e; Amlinger und Nachtwey 2022.

72 Crouch 2008; Fraser 2019, 2023; Schäfer und Zürn 2021, S. 195-222; Amlinger und Nachtwey 2022, S. 354f.; Mouffe 2023.

Die Frage, welchen Leitnormen die eingeforderte Demokratisierung der Demokratie eigentlich folgen sollte, bleibt dabei allerdings ungeklärt. Schließlich waren es nicht zuletzt die früheren Versuche zur Demokratisierung der Demokratie, die ihrerseits die politische Repräsentation immer weiter verzerrt haben, die auch die Ausdifferenzierung und Unregierbarkeit spätmoderner Gesellschaften immer weiter vorangetrieben haben und die für die »regressiven Rebellen« heute der Stein des Anstoßes sind. Demokratisierungsbewegungen haben also ihrerseits – insofern hatten die Konservativen der siebziger Jahre recht – einen wesentlichen Anteil an der spätmodernen Krise der Demokratie und Politik.[73] Die Frage wäre mithin, wie gesichert werden kann, dass weitere Demokratisierungsbemühungen die nunmehr bekannten Nebenwirkungen nicht noch weiter verstärken. Zudem werden neuerliche Demokratisierungsinitiativen nie von absoluten, vermeintlich unveränderlichen Kriterien der *wahren* Demokratie geleitet, sondern immer von genau den Vorstellungen und Verständnissen von Freiheit, Selbstbestimmung und einem guten Leben, die zum jeweiligen Zeitpunkt in einer entsprechenden Gesellschaft dominant sind. Und in spätmodernen Gesellschaften gibt es wenig Grund zu der Annahme, dass das zu mehr Gleichheit, Gerechtigkeit, Ökologie, Menschenrechten etc. führen könnte.

Das heißt natürlich nicht, dass nicht überall Demokratisierungsforderungen gestellt würden oder solche Forderungen grundsätzlich unberechtigt, aussichtslos

73 Dazu ausführlicher in Kapitel 6.4.

und kontraproduktiv wären. Gerade in kleinen, begrenzten und konkreten Kontexten ist das eindeutig nicht der Fall. Aber ähnlich wie die Kapitalismuskritik und postkapitalistische Postwachstumsbewegungen höchst unsichere Annahmen hinsichtlich der Verbreitung und Wirkmächtigkeit von Entfremdungserfahrungen und Befreiungshoffnungen zugrunde legen, und ähnlich wie der Glaube an die transformative Kraft von planetaren Grenzen und dem Anthropozän auf nicht haltbare Annahmen beruht, gilt auch hier: Die Hoffnung auf eine Demokratisierung der Demokratie tut so, als habe die spätmoderne Gesellschaft für dieses Projekt die erforderlichen Rahmenbedingungen sowie tragfähige und aussichtsreiche Leitnormen. Beides ist jedoch nicht der Fall. Umgekehrt gilt hinsichtlich der autokratisch-autoritären Wende, also für das Mainstreaming postdemokratischer und postpolitischer Formen der Governance: Die gesellschaftliche Entproblematisierung der Postdemokratie ist faktisch weit fortgeschritten. Die Rahmung der offenkundigen Transformation spätmoderner Demokratien als »Krise« ist angesichts der in spätmodernen Gesellschaften verbreiteten autokratischen Sehnsucht und des libertären Autoritarismus zunehmend zweifelhaft. Wie schon im Falle der Kapitalismuskritik und bei der ökologisch-erdsystemwissenschaftlichen Perspektive auf die Spätmoderne deutlich wurde, zeigt sich auch bei der Betrachtung der Spätmoderne aus demokratiepolitischer Perspektive: Ihr unterscheidendes Merkmal darin liegt, dass die modernistischen Normen zerfallen, auf deren Grundlage bisher demokratische Defizite diagnostiziert und Demokratisierungsprojekte formuliert wurden. Demokratiepolitisch ist genau dies, also die Unhaltbarkeit der hergebrachten Normen, Defizitdiagnosen und Transformationshoffnungen, die große Transformation der Spätmoderne. Das spezifisch spätmoderne Merkmal ist, dass demokratische Ansprüche bereitwillig ab- und aufgegeben und autokratisch-autoritäre Governance-Formen als notwendig akzeptiert und geradezu gefordert werden. Für die nächste Gesellschaft lässt sich entsprechend vermuten, dass sie nicht nur weiterhin kapitalistisch und gemessen an hergebrachten Nachhaltigkeitsnormen weiterhin nicht-nachhaltig sein wird, sondern drittens auch autokratisch-autoritär – und zwar nicht nur, weil das von außen erzwungen würde, sondern ebenso, weil sich von innen ein entsprechendes Verlangen herausbildet.

## *3.4 Digitalisierung und künstliche Intelligenz*

Technologisch betrachtet ist die große Transformation spätmoderner Gesellschaften und ihr unterscheidendes Merkmal die digitale Revolution. Den entscheidenden Anstoß gaben die massenhafte Verbreitung der Computertechnologie in Personal- bzw. Heimcomputern seit den späten achtziger Jahren und der schrittweise Umstieg in der Wirtschaft und öffentlichen Verwaltung auf elektronische Datenverarbeitung. Als in den neunziger Jahren die Verbreitung der damals neuen Informations- und Kommunikationstechnologien folgte – Mobiltelefon, Internet, E-Mail und die ersten sozialen Netzwerke –, verknüpften sich mit der digitalen Revolution zunächst große emanzipatorische Hoffnungen. In diesen Neuerungen wurden große Möglichkeiten für die Ausweitung und Vertiefung der demokratischen Partizipation gesehen. Die digitalen Medien sollten die gesellschaftliche Integration verbessern, die soziale Vernetzung über soziale, geografische und politische Grenzen fördern und die politische Organisationsfähigkeit emanzipatorischer Bewegungen stärken. In dieser Phase bedeutete die Digitalisierung noch keine Revolution. Sie sollte ein Werkzeug sein, ein Instrument zur effektiveren Verwirklichung der modernistischen Werte, Normen und Ziele, die im ÖEP der frühen achtziger Jahre noch einmal aktualisiert worden waren.

Diese Hoffnungen haben sich zum Teil durchaus erfüllt. Heute wird diese Transformation von einigen allerdings auch als bedrohlich und krisenhaft wahrgenommen. Die wesentlichen Ängste, die sich mit ihr verbinden, sind der Verlust der individuellen Autonomie, die Gefährdung der Demokratie und das Szenario der digitalen Totalüberwachung.[74] Bezogen auf die Demokratie hat die digitale Revolution zwar in der Tat zur Vernetzung beigetragen. Gleichzeitig zersetzt sie aber den gesellschaftlichen Zusammenhalt und bewirkt den Zerfall der politischen Kultur. Einerseits vernetzen sich reale Personen, gleichzeitig befördert die Digitalisierung aber die Beschleunigung und Zerstreuung über ein für die Demokratie zuträgliches und verkraftbares Maß hinaus. Insbesondere führt sie zum Zerfall der geteilten gesellschaftlichen Wirklichkeit und des öffent-

74 Vgl. z.B. Hofstetter 2014, 2016; Zuboff 2018; Augstein 2017.

lichen Raums.[75] Es entstehen virtuelle Realitäten, und es bilden sich virtuelle Communitys aus Social-Media-Profilen, denen keine natürlichen Personen entsprechen. An die Stelle der mehr oder weniger erfolgreichen Kommunikation und Integration vieldimensionaler natürlicher Personen treten in der digitalen Welt die abgrenzende Konfrontation und der Konflikt sehr viel weniger komplexer und vor allem *nicht fühlender* Profile. Das wirkt auf die analoge Welt zurück. Im politischen Diskurs gewinnen im Zeichen dieser profilierenden Distinktion der Protest, die Rebellion und die Aggression an Bedeutung gegenüber der deliberativen Verhandlung und der gemeinschaftlichen Gestaltung. Die Digitalisierung radikalisiert, was sich längst vorher als die Individualisierung und Singularisierung moderner Gesellschaften[76] abgezeichnet hatte: die Zersetzung kollektiver Akteure und Identitäten in individualisierte Subjekte, die sich ihrerseits in fragmentierte, fluide Identitäten ausdifferenzieren und immer weniger den Anspruch haben, in sich konsistent und stabil zu sein. Realpolitisch ist die digital vervielfachte Gesellschaft mit ihren fragmentierten, virtualisierten und dynamisierten Wirklichkeiten und Bewohnern immer weniger regierbar.

Hinsichtlich der Autonomie beziehen sich die Bedenken gegen die digitale Revolution insbesondere auf den Ausbau der umfassenden Infrastruktur zur Erfassung von Daten in praktisch allen Lebensbereichen und

75 Vgl. z.B. Mounk 2018; Habermas 2021; Dörre 2021.
76 Vgl. z.B. Beck und Beck-Gernsheim 1994; Reckwitz 2017.

Tätigkeiten des Alltags, auf deren Verarbeitung durch Algorithmen, die die unfreiwilligen Datenspender nicht verstehen, sowie auf die Verwendung der Daten zu Zwecken, die den Datengebern nicht bekannt sind und über die sie keine Kontrolle haben. Big Data verwandelt die analoge Welt in eine unendliche Masse von Informationen, die aus ihren jeweiligen Zusammenhängen herausgelöst sind, von Algorithmen neu kombiniert und zu beliebigen Zwecken genutzt werden können. Es entsteht eine digitale Parallelwelt – bzw. eine Vielzahl solcher Parallelwelten –, gesteuert von algorithmischer Intelligenz, die sich der analogen Welt gegenüber verselbständigen und ihr zunehmend die Regel geben.

Tatsächlich gehören digitale Parallelwelten, algorithmengestützte Entscheidungsprozesse und künstliche Intelligenz längst für alle Bürgerinnen und Bürger zur unverzichtbaren Infrastruktur spätmoderner Gesellschaften. In praktisch allen Bereichen der Wirtschaft, der Politik, der Verwaltung und des öffentlichen sowie privaten Lebens spielen sie eine bestimmende Rolle und sind auch nicht mehr wegzudenken. Die Angst vor panoptischer Überwachung, algorithmischer Fremdbestimmung und künstlicher Intelligenz übersetzt sich aber nirgends in die Forderung, die Digitalisierung auszusetzen. Denn die in spätmodernen Gesellschaften gepflegten Verständnisse von Effizienz, Freiheit, Selbstbestimmung und einem guten Leben sind untrennbar mit digitalen Technologien verbunden und von ihnen abhängig. Zwar wird die hohe Verwundbarkeit digitaler Systeme immer mehr zu einer fundamentalen Bedrohung für spätmoderne Gesellschaften, doch die digitale

Revolution wird von praktisch allen politischen Akteuren als Prioritätsprojekt vorangetrieben. Selbst grüne Parteien betrachten sie als positiven Beitrag zur Lösung der vielfachen Nachhaltigkeitskrise – vielleicht weil Autonomie, Gestaltungsanspruch und Steuerungsfähigkeit sich in der Spätmoderne nur noch im Vorantreiben ihrer eigenen Abschaffung artikulieren und erleben lassen. Das führt »geradezu unausweichlich zu einer ontologischen Rekonfiguration« spätmoderner Gesellschaften, »in der menschliche Subjekte zu Objekten« der Beobachtung, Verwaltung und Steuerung durch künstliche Intelligenz werden.[77]

Um dieser Gefahr zu begegnen, fordern Aktivistinnen und Aktivisten, durch strenge Regulierung die Demokratie und die Autonomie der Bürgerinnen und Bürger – verstanden vor allem als deren Privatsphäre – zu schützen und den Zugriff auf persönliche Daten sowie deren Nutzung transparent zu machen. Ausgehend von dem Argument, dass die Algorithmen und lernende Maschinen letztlich nur Technologien seien, die nicht normativ vorprogrammiert und per se autonomie- oder demokratiefeindlich, sondern in ihrer Entwicklung, Gestaltung und Anwendung immer offen seien, wird die Politisierung und kritische Einhegung der digitalen Revolution gefordert.[78] Die derzeit stark ungleiche Verteilung von Information, Wissen, Datenzugriff etc. ließe sich, so das verbreitete Argument, durch eine politische Kontrolle und Regulierung transparent machen, umge-

77 Block und Dickel 2020, S. 112.
78 Vgl. z.B. Hofmann 2022.

stalten und insgesamt demokratisieren. So ließen sich die Vorteile der Digitalisierung mit der Verteidigung von Menschenrechten, individueller Autonomie und demokratischer Selbstbestimmung vereinbaren. Entsprechende Organisationen und Netzwerke bemühen sich daher um die Erarbeitung ethischer Kriterien zur Entwicklung und Nutzung dieser Technologien. Es gebe erhebliche Spielräume und Möglichkeiten für die demokratie- und autonomiefreundliche Gestaltung und Nutzung algorithmischer Systeme, und diese Potenziale gelte es auszuschöpfen. Angestrebt werden daher Leitlinien und Gütesiegel zur Unterscheidung zwischen »guter« und »schlechter« Digitalisierung und guter und abzulehnender KI.[79]

Derartige Bemühungen um eine »gute« Digitalisierung und KI sind unmittelbar vergleichbar mit der bekannten Diskussion um »gutes« und »schlechtes« Wirtschaftswachstum, der Unterscheidung zwischen »nachhaltigkeitsförderlichen« und »nachhaltigkeitsschädlichen« Marktinstrumenten oder den Hoffnungen auf ein »gutes« Anthropozän. Auch in diesen Bereichen ist der Kampf um politische Aufsicht, um mehr Transparenz, um Rechenschaftspflicht, um demokratische Öffnung und Anbindung an ethische und ökologische Normen allerdings immer wieder gescheitert. Nie haben diese Bemühungen zu einer strukturellen Korrektur und Umkehrung der Logik und Ordnung der Nicht-Nachhaltigkeit geführt. Entsprechend scheint auch die Hoffnung auf demokratische Kontrolle der digitalen Revo-

79 Vgl. z. B. Djeffal 2018; Europäische Kommission 2022.

lution und der künstlichen Intelligenz wenig begründet. Denn demokratische Gestaltung, Steuerung und Kontrolle folgen eben keinen kategorischen Leitlinien, sondern immer nur den jeweils vorherrschenden, kontextabhängigen Normen des (wie immer definierten) Demos.

Tatsächlich wird, wenn zur Kritik der Digitalisierung auf die Gefährdung der Demokratie und die Bedrohung der Autonomie als normative Bezugspunkte verwiesen wird,[80] zumeist der enge Zusammenhang zwischen emanzipatorischen Werten und Agenden auf der einen und der digitalen Revolution auf der anderen Seite ausgeblendet. Es wird vernachlässigt, in welchem Maße vorherrschende Vorstellungen von einem selbstbestimmten, guten und erfüllten Leben selbstverständlich und unverhandelbar auf den Errungenschaften der digitalen Revolution aufbauen. Ebenso wenig wird berücksichtigt, dass in spätmodernen Gesellschaften der Anspruch auf Freiheit und Selbstbestimmung zwar allenthalben betont wird, dass die lebensweltliche Komplexität und Unentscheidbarkeit aber längst zur lähmenden Überforderung geworden sind, bei deren Bewältigung digitale Technologien eine zentrale Rolle spielen und als emanzipatorischer Gewinn wahrgenommen werden. In ähnlicher Weise gilt hinsichtlich der Demokratie: Zwar hat die abstrakte Forderung nach »echter Demokratie« im politischen Diskurs einen hohen Stellenwert, doch in spätmodernen Gesellschaften sind – wie oben aus-

80 Vgl. z.B. Crouch 2015; Hofstetter 2014; Welzer 2017; Zuboff 2018.

geführt – demokratische Ambivalenz und »antidemokratische Gefühle« weit verbreitet,[81] und zwar nicht nur unter Marktliberalen, Rechtspopulisten oder Anhängern von Verschwörungstheorien, sondern auch in den umwelt- und sozialbewussten Mittelschichten, wo sich viele eine stärker »evidenzbasierte« Politik wünschen. Und wenn kritisiert wird, dass die Algorithmen und die künstliche Intelligenz nur das Bestehende reproduzieren und den gesellschaftlichen Status quo befestigen, aber nie etwas grundsätzlich Neues, Alternatives und Besseres imaginieren können, dann wird vernachlässigt, dass in der Spätmoderne auch die natürliche Intelligenz der Bürgerinnen und Bürger sich offenbar höchst schwer damit tut, eine gesellschaftliche Zukunft oder Alternative zur bestehenden Ordnung zu imaginieren – und derartige Visionen für die meisten Menschen auch kaum attraktiv wären, insbesondere wenn sie die digitale Revolution aussetzen oder umkehren wollten.

Darüber hinaus verkennen die Hoffnungen und Narrative der politischen Kontrolle und Einhegung der Digitalisierung auch vollständig den kategorialen Sprung der digitalen Revolution vom modernistischen Projekt der Partizipation, Inklusion und Teilhabe als autonome Subjekte verstandener natürlicher Personen hin zu deren totaler Erfassung, Übersetzung und Auflösung in binär codierte Daten. Anders gesagt: Die Erzählung von der politischen Kontrolle übersieht oder verleugnet das eigentlich Revolutionäre an der digitalen Revolu-

81 Rancière 2011.

tion. Denn in der digitalen Gesellschaft sind als autonome Subjekte verstandene, natürliche Personen, denen nach modernistischer Tradition Vernunft und Moralität und eine unantastbare Würde zugesprochen wird, nicht mehr der relevante Bezugspunkt, sondern künstliche Intelligenz steuert, verwaltet und verwertet Datensätze, die natürliche Menschen und ihre Gemeinschaften zwar angeblich abbilden, die aber radikal von ihnen abgelöst und kategorial verschieden sind. Insofern mit der digitalen Revolution nicht nur die Autonomie vom menschlichen, moralischen, vernunftbegabten Subjekt auf selbstlernende Maschinen übertragen wird, sondern statt natürlicher Personen zunehmend maschinengenerierte Datensätze zum Bezugspunkt von Interaktionen werden, die ihrerseits von Algorithmen gesteuert werden, bedeutet die Digitalisierung tatsächlich eine Revolution. Ebenso wie das Anthropozän hebelt auch diese Revolution die Grundprinzipien, die Grundwerte und das Selbstverständnis der europäischen Moderne vollständig aus. Zielte die Moderne auf die möglichst umfassende »Inklusion der Gesamtbevölkerung in politische, rechtliche, wirtschaftliche, pädagogische und kulturelle Prozesse«, so ist »das Projekt der Digitalisierung, die Transformation analoger in diskret abzählbare, binär codierte, statistisch auswertbare, maschinell berechenbare Prozesse«.[82] Die digitalisierte Gesellschaft dreht sich also immer weniger um natürliche Personen – und schon gar nicht um autonome Subjekte, die auch zuvor in erster Linie eine normative Idee waren. An die

82 Baecker 2018, S. 9.

Stelle von deren Partizipation und Inklusion tritt in der digitalisierten Gesellschaft die möglichst vollständige Übersetzung der Bürgerinnen und Bürger und ihres Lebens in statistisch erfassbare und administrativ und ökonomisch verwertbare Datensätze. Teilnahme und Teilhabe sind »nicht mehr eine Frage der individuellen Entscheidung, sondern der kollektiven Erfassung«.[83]

Vor diesem Hintergrund ist die Vorstellung, die digitale Revolution, d. h. die Rekonfiguration und Neuinterpretation der modernistischen, analogen Welt der autonomen Subjekte als eine neue Welt digitaler Daten und künstlicher Intelligenz, ließe sich wirksam politisch kontrollieren, regulieren oder gar anhalten, wenig überzeugend. Sie beruht auf einer Vermischung und Verwechslung zweier kategorial verschiedener Logiken bzw. Grammatiken und zweier nicht miteinander kompatibler Welten. Ebenso wie beim Klimawandel gilt auch hier: Wenn es je eine Möglichkeit und ein Gelegenheitsfenster zur modernistischen Einhegung der digitalen Revolution gegeben hat, dann hat es sich längst geschlossen. Auch Kritiker der Digitalisierung müssen zugestehen: »Es ist nicht erkennbar, wie man sich die Entwicklung und Nutzung maschinellen Lernens zum Wohle aller jenseits von manipulierenden Empfehlungsalgorithmen und Entscheidungsautomatisierung vorzustellen hätte.« Tatsächlich ist die Vorstellung einer »guten« KI-Gesellschaft, »die die große Bedeutung dieser Technologien einerseits und die darin enthaltenen Wahlmöglichkeiten andererseits so ausbuchstabiert, dass

83 Ebd.

die darin liegenden Herausforderungen demokratisch bearbeitbar würden«, wohl illusionär.[84] Ebenso wie die Idee des »guten« Anthropozäns ist sie ein Widerspruch in sich. Beide Ideen sind der Versuch, die Logik der analogen Moderne der autonomen Subjekte (»gut« im Sinne modernistischer Werte und Ideale) in eine neue Moderne zu implantieren, die nach einer grundsätzlich anderen Logik funktioniert. Versuche der Politisierung und demokratischen Kontrolle werden daher die digitale Revolution ebenso wenig bremsen wie die weitere Entfaltung des Anthropozäns. Vielmehr werden die spätmoderne Gesellschaft und ihre Bürgerinnen und Bürger sich aller Voraussicht nach auf dem Wege der Anpassung ihrer modernistischen Bewertungsnormen und -maßstäbe mit diesen tiefgreifenden Revolutionen arrangieren.

So vollzieht sich die digitale Revolution zwar nicht selbstläufig, sondern sie wird – so wie seinerzeit die neoliberale Globalisierung – als politisches Projekt gezielt betrieben. Ihre Betreiber sind jedoch selbst Getriebene, und ihr Projekt lässt sich nicht nur nicht anhalten, sondern ist auch nur sehr eingeschränkt steuerbar und regierbar – nur akzelerierbar. Es ist längst so weit fortgeschritten; die Digitalisierung, Datafizierung und Algorithmisierung sind bereits ein so essenzieller Bestandteil des täglichen Lebens, der vorherrschenden Verständnisse von Freiheit und Selbstbestimmung und der völlig unverhandelbaren Normalität geworden, dass eine ernsthafte Politisierung und Infragestellung nicht

84 Hofmann 2022, S. 9.

mehr zu erwarten ist. Denn digitale Technologien und die künstliche Intelligenz leisten einen unverzichtbaren Beitrag zur Bewältigung der desorientierenden Optionenvielfalt, den emanzipatorische Bewegungen selbst mit erzeugt haben. Künstliche Intelligenz schlägt dem Individuum und gesellschaftlichen Entscheidungsträgern eine Schneise durch das Dickicht spätmoderner Komplexität; sie macht sie überhaupt erst wieder lebbar und erträglich. Sie stößt in die Lücke, die aufgerissen und offen geblieben ist, nachdem emanzipatorische Bewegungen zwar die Herrschaftsstrukturen und Glaubenssätze der Tradition abgeräumt hatten, es ihnen aber nicht gelungen war, diese durch neue Imperative der sozialökologischen Vernunft und Moral zu ersetzen.

Vor dem Hintergrund der individuellen und kollektiven Überforderung, des Kontrollverlusts, der Unregierbarkeit, an dem Punkt, da die emanzipatorischen Bewegungen selbst die normative Orientierung und das politische Selbstvertrauen verlieren, werden die Autonomie und Souveränität nun an Algorithmen und die künstliche Intelligenz übertragen. Die werden entsprechend immer weniger als Bedrohung wahrgenommen, sondern eher als Rettung, Ermöglichungsbedingung und unverzichtbare Infrastruktur. Gleichzeitig werden sie zum neuen Modus der Legitimitätsbeschaffung, der in dem Maße an Bedeutung gewinnt, wie das Vertrauen in die Mündig- und Entscheidungsfähigkeit der Bürger und in die sich selbst regierende Zivilgesellschaft zerfällt. Künstliche Intelligenz ermöglicht eine neue Variante von *evidenzbasiertem* Entscheiden, Verwalten und Regieren. Und wenn die »Singularisierung« spätmoderner Individuen, Identitäten und Lebensstile eine Folge und Errungenschaft der emanzipatorischen Revolution ist,[85] dann macht gerade diese Entwicklung, also die Emanzipation selbst, die digitale Infrastruktur erforderlich – einerseits zur Artikulation und Entfaltung dieser Singularität und andererseits, um sie wieder einzufangen und regierbar zu machen. Entsprechend sind emanzipatorische Werte als normative Grundlage für die Kritik und Regulierung der digitalen Revolution nur wenig geeignet.

Vielmehr lässt sich der Verzicht auf Datafizierung, Algorithmisierung und »demos scraping«[86] angesichts der in Aussicht gestellten Verbesserungen und Kostenersparnisse etwa im Gesundheitsbereich, bei der Verbrechensbekämpfung oder in der öffentlichen Verwaltung immer weniger rechtfertigen. In all diesen Bereichen wäre es irrational und völlig unverantwortlich, beim individuellen und kollektiven Entscheiden nicht auf die Fertigkeiten und Empfehlungen der Algorithmen zurückzugreifen und sich nicht von ihnen leiten zu lassen. Als evidenz-basierte Technologie ist KI leistungsfähiger und legitimer als jede demokratische Verhandlung und Entscheidung. Denn was nutzt eine demokratische Entscheidung, wenn sie nicht rechtzeitig zustande kommt, nicht dauerhaft belastbar ist oder von Teilen der Gesellschaft als inakzeptabel zurückgewiesen wird? »Die Hoffnung, fatale Fehlentscheidungen mithilfe von Algo-

85 Vgl. Reckwitz 2017.
86 Ulbricht 2020.

rithmen vermeiden zu können«, schreibt Jeanette Hofmann richtig, »mag sich tatsächlich als eine schwer zu widerstehende Versuchung erweisen.«[87] Nicht anders verhält es sich etwa mit lernenden, voll kommunikationsfähigen Chatbots: In dem Weltwissen, auf das sie zurückgreifen, ihrem Tempo und meist auch in ihrer Artikulationsfähigkeit sind sie natürlichen Personen längst überlegen. Spätestens seit der Markteinführung der ChatGPT-Software ist es irrational, ineffizient und unverantwortlich, bei der Bewältigung gängiger Aufgaben – vom ganz Alltagspraktischen bis hin zum Wissenschaftlichen – nicht auf derartige Programme zurückzugreifen. »Zu erwarten ist« daher, »dass algorithmische Verfahren im Zuge ihrer Nutzung zunehmend normalisiert werden.« Der unvermeidliche »Preis für eine allgemeine Anerkennung algorithmischer Urteile« ist allerdings das »allmähliche [...] Verblassen von Autonomie als demokratischer Norm« und einer »unverzichtbaren Grundvoraussetzung demokratischen Zusammenlebens«.[88]

Deutlicher noch als im Fall der Kapitalismuskritik, bei der Diskussion um das Anthropozän und bei der autokratisch-autoritären Wende zeigt sich also bei der digitalen Transformation spätmoderner Gesellschaften, in welchem Maße der »Totalverlust des autonomen Subjekts« nicht nur antizipiert und passiv hingenommen, sondern normativ affirmiert und eingefordert wird, denn »die Idee des autonomen Subjekts erscheint« in der

87 Hofmann 2022, S. 10.
88 Ebd., S. 9, 10.

Spätmoderne »ganz praktisch als anachronistisch«.[89] Die digitale Revolution vollendet gewissermaßen die Ablösung des autonomen Subjekts als der modernistischen Zentralnorm. Hatte bereits die systemtheoretische Analyse der modernen Gesellschaft die bürgerliche Idee des autonomen Subjekts aus dem Zentrum der Gesellschaft in die Umwelt ihrer verschiedenen Funktionssysteme verbannt,[90] wollte der ideologische Marktliberalismus das autonome Subjekt bereits durch den selbstregulierenden Markt ersetzen und hatten Theorien der »flüchtigen Moderne«, der »Emanzipation zweiter Ordnung« oder der »Singularisierung« nahegelegt, dass auch die emanzipatorische Logik selbst über das hergebrachte Ideal des autonomen Subjekts hinausweist,[91] so verabschiedet die digitale Revolution diese Ankernorm der Moderne endgültig und setzt die künstliche Intelligenz an ihre Stelle. Der Siegeszug der KI ist als »Untergang der bürgerlichen Moderne« gewissermaßen das kulturelle Pendant zu dem von der Klimabewegung befürchteten Untergang der Menschheit. Während diejenigen, die vor den unkontrollierbaren Katastrophen des Klimawandels und des Anthropozäns warnen, das *biophysische* Ende der Menschheit fürchten, bedeutet die digitale Revolution das *kulturgeschichtliche* Ende der Menschheit, der Zivilisation, im Sinne des Endes der vermeintlich universell gültigen Ideale, die den normativen Kern der europäisch-west-

89 Block und Dickel 2020, S. 114.

90 Vgl. Luhmann 1984.

91 Vgl. z. B. Bauman 2003; Blühdorn 2013; Reckwitz 2017; vgl. dazu auch Kapitel 6.3.

lichen Moderne bilden. Diese umfassenden Transformationsprozesse sind in den Sozialwissenschaften, so hält Jeanette Hofmann ernüchtert fest, »zwar zunehmend beliebte Forschungsfragen, [...] im politischen Handeln aber erlangen sie faktisch keine Aufmerksamkeit«.[92]

## *3.5 China und der neue Systemkonflikt*

Als eine fünfte große Transformation der Spätmoderne muss schließlich noch Chinas Aufstieg zur neuen globalen Führungsmacht angesprochen werden und damit verbunden der neue geopolitische Ost-West-Konflikt. Nachdem sich der Mittelpunkt der modernen Welt, das Zentrum der Macht und die Frontlinie des Fortschritts zunächst von Europa nach Amerika verschoben hatte und die »Neue Welt« auf das alte Europa zurückblickte, verlagern sie sich jetzt – entgegen der Annahme, dass das Ende der Geschichte in der Globalisierung europäisch-westlicher Werte und der liberalen Demokratie liegen würde – nach Asien und insbesondere ins autoritäre China. Dessen Staatspräsident Xi Jinping erhebt ausdrücklich Anspruch darauf, wirtschaftlich, technologisch und militärisch die globale Führungsmacht zu werden. Dafür bietet China eine eigene Vision einer integrierten Weltgesellschaft, deren Umsetzung die Volksrepublik – zum Beispiel mit dem 2013 verkündeten Projekt der Neuen Seidenstraße – gezielt und strate-

92 Hofmann 2022, S. 9.

gisch vorantreibt. Die von westlichen Ländern, insbesondere den USA, lancierte Krisenerzählung thematisiert den Aufstieg Chinas und den Verlust der globalen Führungsrolle der sogenannten freien Welt als die neue Konkurrenz zwischen liberalen, demokratischen Systemen und ihren autoritären, autokratischen Herausforderern. Weit hinausgehend über Fragen der politischen Organisation betrifft die schleichende Neuordnung der globalen Machtverhältnisse allerdings das westliche Wertesystem und die europäisch-westliche Moderne insgesamt, die keineswegs nur von China, sondern auch von Russland und anderen Staaten radikal in Frage gestellt bzw. ausdrücklich abgelehnt werden. Das Narrativ des Systemwettbewerbs zwischen der autoritären Volksrepublik und der freien, demokratischen Welt nimmt die alte Rhetorik des Kalten Kriegs wieder auf und aktualisiert gleichzeitig die noch ältere Erzählung vom *Untergang des Abendlandes.*[93] Es legt nahe, dass die in den vorhergehenden Abschnitten bereits in verschiedenen Aspekten andeutungsweise beschriebene *andere* Moderne eine asiatische, eine chinesische Moderne wird.

Der Aufstieg Chinas und die geopolitische Machtverschiebung ergeben sich daraus, dass die Abhängigkeit der westlichen Wirtschaft von der Volksrepublik als Hersteller preiswerter Produkte für den westlichen Massenkonsum und als Absatzmarkt für westliche Produkte in den vergangenen Jahren sehr schnell gewachsen ist. Zweitens tritt China weltweit unter anderem

93 Spengler 1922.

bei kritischer Infrastruktur als entscheidender Investor auf. Drittens ist das Land gerade im Bereich der digitalen Zukunftstechnologien hoch entwickelt, ohne sich dabei etwa von Fragen des Datenschutzes einschränken zu lassen. Viertens schmiedet die Volksrepublik geopolitisch gezielt überall dort Allianzen und Abhängigkeiten, wo der Westen bzw. die Industrienationen bisher zwar (post-)koloniale Ausbeutungsinteressen verfolgt, die Entwicklungsinteressen der jeweiligen Länder dabei aber vernachlässigt haben. In der öffentlichen Debatte über Chinas offenbar unaufhaltbaren Aufstieg zur Weltmacht spielen darüber hinaus vor allem die Verletzung der Menschenrechte der in Umerziehungslagern internierten Uiguren, das seit 2020 forciert entwickelte digitale Sozialkredit-System, die Praxis umfassender Produktpiraterie und Industriespionage, die gewaltsame Unterdrückung der Demokratiebewegungen in Hongkong und die zunehmende Bedrohung der Eigenständigkeit von Taiwan eine prominente Rolle – sowie die Tatsache, dass die Volksrepublik mit großem Abstand das Land mit dem größten, und weiter wachsenden, Kohleverbrauch und den höchsten $CO_2$-Emissionen ist. Hinzu kommen der totale Machtanspruch des autoritären, in seiner Amtszeit formal nicht begrenzten Staatspräsidenten Xi Jinping, der gleichzeitig auch Generalsekretär der Kommunistischen Partei und Vorsitzender der Zentralen Militärkommission ist, die militärische Stärke Chinas und, seit dem Krieg in der Ukraine, die Perspektive einer strategischen Allianz zwischen der Volksrepublik und Russland.

In der Angst vor dem Aufstieg Chinas verbinden sich

also wesentliche Elemente der anderen, oben beschriebenen Krisendiskurse: die im Staatskapitalismus noch gesteigerte Übermacht des Kapitals, die autokratisch-autoritäre Wende, die digitale Totalüberwachung, die Unterdrückung von Demokratie, Freiheit und Menschenrechten, die Sorge um die Klimaerwärmung und die Bedrohung des westlichen Selbstverständnisses der ökonomischen, politischen und moralischen Überlegenheit – der radikale Statusverlust des Westens gegenüber seinem bisherigen Dienstleister. Allerdings ist die gängige Erzählung von der neuen Systemkonkurrenz und der Bedrohung des Westens durch China leicht erkennbar ein ideologisches Mobilisierungs- und Verteidigungsnarrativ, das vor allem auf die Bestätigung und Absicherung des westlichen Anspruchs auf moralische Überlegenheit und eine globale Führungsrolle zielt. Die vielschichtige Krise und Nicht-Nachhaltigkeit des westlichen Systems, dessen systemische Unhaltbarkeit, blendet diese Erzählung hingegen aus. Zum Verständnis des spezifisch Spätmodernen und der gegenwärtigen Transformation spätmoderner Gesellschaften trägt sie daher zunächst nur insofern bei, als mit ihr eine spätmoderne Praxis der diskursiven Verarbeitung und Bewältigung der eigenen Krisenhaftigkeit und Unhaltbarkeit in den Fokus rückt. Die kritische Dekonstruktion dieser Erzählung vertieft allerdings einige Aspekte, die in den vorigen Abschnitten bereits angesprochen wurden.

Bezeichnend an diesem Narrativ ist vor allem, dass es die Bedrohung von Freiheit, Demokratie und den sogenannten westlichen Werten weitgehend nach außen verlagert und in einem einzigen oder primären Gegner bündelt. Das ermöglicht, ja zwingt gewissermaßen dazu, von den komplexen und schwer zu bearbeitenden, inneren Widersprüchlichkeiten und den Dynamiken der *Selbst*destabilisierung spätmoderner Gesellschaften abzusehen, sie hinter die prioritär erscheinende Verteidigung von Grundwerten gegen den klar benennbaren externen Gegner zurückzustellen. Damit rückt aus dem Fokus, dass diese Grundwerte selbst sich als fundamental problematisch – und unhaltbar – erwiesen haben. In dieser Konstellation tiefer gesellschaftlicher Verunsicherung bietet das Narrativ vom Systemwettbewerb neue normative Orientierung und Sicherheit:

- Der Kapitalismus an sich – seine ökologische, soziale und demokratische Nicht-Nachhaltigkeit – ist jetzt nicht mehr das Problem, sondern vor allem der Staatskapitalismus in China.
- Die westliche Unfähigkeit zur ökologischen Selbstbegrenzung und Postwachstumspolitik tritt zurück hinter die Wachstumsorientierung, die Technologiefixierung, den Kohleverbrauch und den Zentralismus des von der chinesischen Führung propagierten Projekts der »ökologischen Zivilisation«.[94]
- Die autokratisch-autoritäre Wende selbst in den Stammländern der liberalen Demokratie erscheint nun sekundär gegenüber der Bedrohung der Demokratie durch China.
- Die Missachtung von Grundwerten und universellen Menschenrechten – etwa in der Migrationspolitik

94 Vgl. z. B. Liu et al. 2018; Kuhn 2019; Tyfield und Rodríguez 2022.

oder im Bereich der Rohstoff- und Konsumgüterbeschaffung – zugunsten des Wohlstandserhalts und der Reichtumsvermehrung in westlichen Ländern verschwindet hinter den Menschenrechtsverletzungen in der Volksrepublik.

- Die digitale Revolution erscheint nicht mehr per se als Problem, sondern vor allem die digitale Überwachungspraxis im autoritären China.

Ausgeblendet wird bei dieser Externalisierung der Bedrohung nicht nur die lange Tradition der sowohl konservativen als auch emanzipatorischen Reflexion über die *Selbst*destabilisierung und *Selbst*zerstörung westlicher Gesellschaften, sondern auch, dass das Autokratisch-Autoritäre westlichen Gesellschaften selbst keineswegs grundsätzlich fremd ist. Entsprechend geht es bei dem Systemkonflikt mit China auch nur an der Oberfläche um einen Wettstreit zwischen Demokratie und Autoritarismus, sondern eher um den zwischen verschiedenen Varianten des Kapitalismus. Im Übrigen hat der Westen selbst – wenn auch unwillentlich – China kontinuierlich zu seiner heutigen Position verholfen.

Aber auch heute geben westliche Gesellschaften die Grundwerte, für die sie kategorische und universelle Gültigkeit behaupten, nicht etwa unter dem Zwang externer Mächte auf, sondern aus freier Entscheidung und im Namen der Sicherung und Verteidigung ihres eigenen Wohlstands. Sie betreiben eine freiwillige Entäußerung – bzw. fortlaufende Neubestimmung – dieser Werte im Interesse jeweils aktueller Verständnisse von Freiheit, Selbstbestimmung und einem guten Leben.

Tatsächlich hatten westliche Gesellschaften immer schon ein ambivalentes Verhältnis zu ihren Grundwerten und -rechten. Diese waren immer schon und per definitionem exklusiv, also weder kategorisch noch universell. Nicht nur der materielle Wohlstand in den Industrienationen ist unmittelbar von Armut in anderen Ländern abhängig. Auch die Zuerkennung demokratischer, politischer, sozialer und ökologischer Rechte implizierte stets die Verweigerung ebendieser Rechte für andere.[95] Die ökologische Modernisierung und verbesserte Umweltqualität in den wohlhabenden Ländern des Globalen Nordens beruhte bereits seit den achtziger Jahren wesentlich auf der Verlagerung von verschmutzungsintensiven Industrien in Länder mit niedrigeren Umwelt- und Sozialstandards. Das gilt unverändert bis zum gegenwärtigen Projekt der Energiewende, die mit erheblichem Rohstoffbedarf und verheerenden Umweltschäden vor allem im Globalen Süden verbunden ist.[96] Auch die neokoloniale An- bzw. Abwerbung gut qualifizierter Arbeitskräfte in bzw. von Ländern des Globalen Südens ist für die wohlhabenden Länder des Globalen Nordens offenbar unproblematisch.

Das westliche Bekenntnis zu universellen Rechten und Werten war also immer schon doppelbödig, und in der Spätmoderne, an den planetaren Grenzen, die auch die Grenzen der Externalisierung sind, werden entsprechende Selbstverpflichtungen mehr denn je zur Belastung. Nicht nur in der internationalen Politik zie-

95 Vgl. z. B. Lessenich 2018, 2019.
96 Vgl. z. B. Jasansky et al. 2023.

hen sich westliche Staaten vom Kampf für universelle Menschenrechte, Freiheit und Demokratie zurück, sondern auch innerhalb westlicher Gemeinschaften wie der EU – der Brexit ist hier nur ein prominentes Beispiel – scheren sie aus der Verpflichtung auf angebliche soziale und ökologische Grundwerte bei Bedarf bereitwillig aus. Nicht nur in den USA gewinnen sogenannte Isolationisten an Bedeutung. Entsprechend ist der befürchtete *Untergang des Abendlandes* also weder von außen aufgezwungen, noch kann er wirklich als Krise beschrieben werden, denn er vollzieht sich im Interesse der Sicherung von Freiheit und Wohlstand – und hat, wenn man ein verändertes Verständnis von Emanzipation zugrunde legt, sogar emanzipatorisches Potenzial.[97]

Die gängige Darstellung der geopolitischen Transformation als Wettstreit zwischen Freiheit und Demokratie auf der einen und Autoritarismus und Diktatur auf der anderen Seite ist also eine Erzählung, die vor allem die ins Wanken geratene Ordnung der Nicht-Nachhaltigkeit stabilisiert und die Legitimation für deren Fortschreibung organisiert. Als reines Verteidigungs- und Stabilisierungsnarrativ trägt sie zur Erhellung der tatsächlichen Unhaltbarkeit und Transformation spätmoderner Gesellschaften wenig bei. Der Blick auf die geopolitische Machtverschiebung und deren gesellschaftliche Verarbeitung in der Erzählung von der Systemkonkurrenz macht aber einen Mechanismus transparent, der das Fortschreiben der nachhaltigen Nicht-

97 Dazu ausführlicher Kapitel 6.3.

Nachhaltigkeit ermöglicht oder sogar erzwingt. Denn die Rede vom Wettbewerb zwischen Freiheit und Autoritarismus, Demokratie und Diktatur impliziert eine moralische Verpflichtung, für die Seite der Freiheit und Demokratie Partei zu ergreifen und damit gegen China und Russland. Für Letzteres gibt es sicher gute Gründe, aber es wäre irrig zu glauben, die autokratisch-autoritäre Wende in westlichen Ländern hätte ihre wesentliche Ursache in China oder Russland. Und entsprechend ist es auch irrig zu meinen, es werde der Demokratie und Freiheit zuträglich sein, sich nunmehr verstärkt hinter das Projekt des *freien Westens* zu stellen.

## *3.6 Zwischenbilanz: Transformation der Moderne*

Die fünf im Vorhergehenden behandelten und aus verschiedenen Perspektiven festgestellten Krisen der Spätmoderne haben einen gemeinsamen Kern. Letztlich diagnostizieren sie alle Verletzungen der Zentralnorm der europäisch-westlichen Moderne, also der Idee des *autonomen Subjekts*. Und die mit den jeweiligen Krisendiagnosen verbundenen Transformationsforderungen zielen immer auf die Verteidigung oder Wiederherstellung genau dieser Norm. Doch in der Spätmoderne wird offenbar:

- Unhaltbar ist zum gegenwärtigen Zeitpunkt nicht der Kapitalismus, sondern die normative Erzählung von dessen Krisenhaftigkeit und Zusammenbruch und von der befreiten postkapitalistischen Gesellschaft.

- Das Überschreiten planetarischer Grenzen bedeutet nicht den Untergang der Menschheit, sondern die volle und irreversible Durchsetzung einer erdgeschichtlichen Zeitenwende; und die wiederum, das Anthropozän, bedeutet den Zerfall der Weltsicht und Denkweise, auf denen die bisherigen Diagnosen der ökologischen Krise und das ökologisch-emanzipatorische Projekt einer sozialökologischen Transformation beruhen.
- Die postdemokratische und autokratisch-autoritäre Wende ist nicht per se ein Rückfall oder Verlust; vielmehr wird die Demokratie in der Spätmoderne zunehmend als dysfunktional und legitimationsschwach wahrgenommen. Alternative Verfahren des Entscheidens und Regierens erscheinen überlegen und wünschenswert.
- Die digitale Revolution und künstliche Intelligenz werden immer weniger als fundamentale Bedrohung wahrgenommen, sondern sind eine unverzichtbare Voraussetzung und Infrastruktur des guten Lebens, der Selbstentfaltung und der öffentlichen Verwaltung.
- Der Zerfall europäisch-westlicher Selbstbeschreibungen und der Verlust der globalen Führungsrolle lassen sich kaum überzeugend als die Folge der Bedrohung durch einen äußeren Feind (China) darstellen, sondern ergeben sich immer deutlicher aus dem Vollzug der inneren Logik der europäisch-westlichen Moderne.

Während hier vordergründig fünf große Transformationen beleuchtet wurden, ist im Hintergrund also eine sechste sichtbar geworden, eine kulturelle, und die ist letztlich die entscheidende. Die hier beleuchteten Krisen erscheinen zunächst als *Vielfachkrise*, und so werden sie in der einschlägigen Literatur auch verbreitet thematisiert.[98] Aber eigentlich handelt es sich doch um eine *Einfachkrise*. Denn in all diesen Dimensionen geht es immer wieder um die Verletzung der einen Ankernorm der europäischen Moderne. Richtig ist die Annahme, dass die Vielfachkrise eine *Systemkrise* bedeutet. Das zerfallende System ist aber entgegen der gängigen Annahme nicht etwa der Kapitalismus (weder als ökonomisches System noch als Gesellschaftsordnung im umfassenderen Sinne), sondern das Wertesystem der europäisch-westlichen Moderne. Die *empirisch-faktische* Seite der hier beleuchteten Transformationen bleibt davon freilich unberührt. Aber die wird immer weniger als problematisch, als Krise, wahrgenommen, weil die dafür notwendigen Normen immer weniger Kraft haben. Und entsprechend deren Verletzung auch immer weniger Gegen- und Verteidigungsbewegungen mobilisiert. Oder genauer gesagt: Es mangelt keineswegs an Protesten und sozialen Bewegungen, denn die Spätmoderne ist entgegen der These von der »Postpolitik« eine Phase der Hyperpolitisierung.[99] Aber Gegenbewegungen *in der Tradition des ÖEP* entwickeln immer weniger Kraft.

98 Vgl. z.B. Brand 2009; Demirović et al. 2011.

99 Vgl. z.B. Wilson und Swyngedouw 2014; Blühdorn und Deflorian 2021; Jäger 2023.

So führt die Auseinandersetzung mit den verschiedenen Transformationen der Spätmoderne – die wesentlichen Dimensionen und Ergebnisse sind in Schaubild 2 tabellarisch dargestellt – zu einem sehr viel umfassenderen Verständnis sowohl der Unhaltbarkeit als auch der großen Transformation spätmoderner Gesellschaften. Die Unhaltbarkeit bezieht sich letztlich auf das gesamte Wertesystem der europäisch-westlichen Moderne und die gesellschaftlichen Institutionen und Arrangements, denen diese Werte zugrunde liegen. Die große Transformation, die damit in Gang kommt, erscheint – ebenso wie Polanyis *Great Transformation* – normativ wenig erstrebenswert. Sie entfaltet sich aber unabhängig von der Frage, ob sie gewünscht und in ihrer Bedeutung verstanden wird. Die neue Welt, die heraufziehende andere Moderne, ist allerdings nicht, wie Polanyi, die ökoemanzipatorischen Bewegungen und die kritische Soziologie es gehofft hatten, eine Welt »nie dagewesener Freiheit für alle«,[100] die Natur eingeschlossen, sondern eine Welt jenseits europäisch-westlicher Zentralwerte und jenseits hergebrachter Vorstellungen von ökologischer Integrität. Sie geht hervor aus den Ruinen des liberalen Denkens und Lebens, der Demokratie, der »offenen Gesellschaft« und des ökoemanzipatorischen Projekts der sozialökologischen Transformation.[101] Diese große Transformation *really changes everything*.

Wesentliche Teile der Nachhaltigkeitsliteratur ste-

100 Ebd., S. 339.
101 Vgl. Wakefield 2018; Blühdorn 2023.

**Schaubild 2: Große Transformationen in der Spätmoderne**

| Perspektive | Krisenwahrnehmung | geforderte/erhoffte Transformation | faktische Transformation | faktische Unhaltbarkeit | Entproblematisierung |
|---|---|---|---|---|---|
| **ökonomisch** | Zusammenbruch des Kapitalismus | befreite Postwachstumsgesellschaft | aktualisierende Anpassung des Kapitalismus | Referenznormen der hergebrachten Kapitalismuskritik | Kapitalismus ohne Demokratie und Menschenrechte |
| **ökologisch; erdsystemwissenschaftlich** | Kollaps biophysischer Systeme; Gefahr für Bewohnbarkeit des Planeten und Überleben der Menschheit | sozialökologische Transformation; Earth-System Governance; kollektive Selbstbegrenzung | neues erdgeschichtliches Zeitalter; Gesellschaft der Nicht-Nachhaltigkeit; ökologische Unregierbarkeit; neuer Naturzustand | Dualismen der Moderne; ökopolitische Imperative; *Prinzip Verantwortung* | Ende der Natur; Verletzung der modernistischen Normen des ÖEP |
| **politisch** | Bedrohung der Demokratie | Verteidigung und Stärkung (Demokratisierung) der Demokratie | autokratisch-autoritäre Wende | politische Freiheit, demokratische Selbstbestimmung | autokratisch-illiberale Postdemokratie |
| **technologisch** | autoritäre Überwachungsgesellschaft | *Reclaim autonomy*; autonomie- und demokratiekonforme Digitalisierung | analoge Welt in digitale Datensätze; algorithmengesteuerte, Gesellschaft | Vorstellung des Subjekts von Freiheit, Würde und universellen Rechten als zentraler Referenzpunkt | Autonomie der Maschine; Herrschaft systemischer Imperative |

cken jedoch fest in modernistischen Vorstellungen von intentionaler und gesteuerter Transformation. Diese Literatur kreist um normative Ziele und Sinnhorizonte, die im Zuge der beschriebenen Transformationen anachronistisch geworden sind. Entsprechend gilt:

– Wer in der Spätmoderne weiterhin vom Ende des Kapitalismus und von der postkapitalistischen Gesellschaft spricht, der vernachlässigt, dass für beides die grundlegenden Voraussetzungen fehlen.

- Wer angesichts der zunehmenden Instabilität und des Zusammenbruchs biophysischer Systeme kollektive Verantwortlichkeit und demokratische Selbstbegrenzung anmahnt, der übersieht, dass das Anthropozän genau diese Verantwortlichkeit zwar einerseits radikalisiert, andererseits aber die Grundlagen dieses Denkens radikal abschafft.
- Wer in hergebracht kritischer Weise das Ende der Demokratie und die autokratisch-autoritäre Wende beklagt, der verweigert sich der Einsicht, dass Autonomie, Demokratie und Mündigkeit längst zur unerträglichen Belastung geworden sind und spätmoderne Bürgerinnen und Bürger sich nach entlastender Einfachheit, Orientierung, Führung und Autorität sehnen.
- Wer die Digitalisierung und künstliche Intelligenz vor allem als Bedrohung der Autonomie und der Demokratie sieht und die politische Regulierung der KI fordert, der blendet aus, dass beide mit Entschiedenheit als Entlastungs- und Befreiungsprojekt befürwortet und vorangetrieben werden.
- Wer den Aufstieg Chinas und den sogenannten *Untergang des Abendlandes* als äußere Bedrohung wahrnimmt, der verdrängt, dass die sogenannte freie Welt ihre universellen Werte und ihren moralischen Führungsanspruch selbständig und im Interesse ihrer aktuellen Verständnisse von Freiheit und Selbstbestimmung aufweicht und aufgibt.
- Und wenn die kritische Soziologie und die transfor-

mative Nachhaltigkeitsforschung sich an den modernistischen Vorstellungen von Autonomie, Gestaltbarkeit und gesteuerter Transformation festklammern, bestätigen sie, mit Eugen Roth gesprochen: »Am längsten hält das Unhaltbare auf der Welt.«

Gleichwohl führt die faktische Transformation nicht, und das ist entscheidend, in die Dystopie. Stattdessen, so legen die hier angestellten Überlegungen nahe, trägt sie spätmoderne Gesellschaften – obwohl der Begriff »Spät«-moderne eigentlich etwas anderes nahelegt – in eine neue Moderne, die die unerfüllten Versprechen und Ideale der Aufklärung hinter sich lässt, »ohne dass dies dystopische Szenarien nach sich ziehen würde«.[102] Denn zusammen mit den hergebrachten Vorstellungen einer normativ wünschenswerten Transformation werden eben auch die hergebrachten Vorstellungen einer zu vermeidenden Dystopie unhaltbar. Die aus der Perspektive der subjektzentrierten Moderne notwendig als dystopisch erscheinende Zukunft verliert – eine eher traumatische als tröstliche Vorstellung – ihren Schrecken. Natürlich gibt es Übergangsbeschwerden, die sich auf vielfältige Art und Weise artikulieren. Ein prominentes Beispiel dafür ist das von Carolin Amlinger und Oliver Nachtwey bei den Coronaleugnern und sogenannten Querdenkern diagnostizierte Syndrom der »gekränkten Freiheit«[103] – das im Übrigen keineswegs auf Coronaleugner und Querdenker beschränkt ist. In

102 Block und Dickel 2020, S. 118.
103 Vgl. Amlinger und Nachtwey 2022; vgl. auch Kapitel 7.3.

der Tat kennzeichnet spätmoderne Gesellschaften ein widersprüchliches Nebeneinander von Phänomenen, die sich auf die Enttäuschung von modernistischen Selbstbestimmungs- und Selbstverwirklichungsversprechen zurückführen lassen, und der bewussten Verabschiedung vom Ideal des autonomen Subjekts, die diesen Abschied nicht nur entproblematisiert, sondern ihn sogar normativ einfordert und sich emanzipatorischen Gewinn von ihm verspricht. Diese Gleichzeitigkeit ist eine erwartbare Erscheinung der Übergangsphase.[104] Denn die Spätmoderne hat, qua »Spät«-Moderne, die Verabschiedung des autonomen Subjekts und die entsprechende Trauerarbeit noch nicht abgeschlossen.

Der Versuch, diese *ganz große Transformation* zu erfassen und zu theoretisieren, bedeutet freilich auf keinen Fall, sie normativ gutzuheißen und die Aufgabe westlicher Werte zu propagieren. Es geht auch nicht darum zu behaupten, die faktische Transformation, die Metamorphose zur anderen Moderne, sei »halb so schlimm«, und man werde sich schon an sie gewöhnen. Vielmehr geht es darum, gründlicher zu verstehen, was ich in Kapitel 2 als die Situation und das Dilemma spätmoderner Gesellschaften beschrieben hatte, als die doppelte Unhaltbarkeit der etablierten Ordnung und des ÖEP. Die Betrachtung der *faktischen* Transformationen und der faktischen Aussichtslosigkeit der aus den jeweiligen Perspektiven *geforderten* Transformationen hat diese Konstellation und das Dilemma der doppelten Unhaltbarkeit noch einmal deutlicher gemacht. Sehr

104 Vgl. dazu ausführlicher Kapitel 7.

viel deutlicher ist nun auch die kaum zu überschätzende Bedeutung der Pandemie und des Krieges in der Ukraine: Sie lag bzw. liegt darin, dass sie nicht nur die Unhaltbarkeit, sondern gleichzeitig auch die Alternativlosigkeit und Unverhandelbarkeit der sogenannten *Normalität*, also der Ordnung der Nicht-Nachhaltigkeit, verdeutlicht haben. Diese Ordnung wird um jeden Preis verteidigt, »koste es, was es wolle«. Als der damalige Chef der Europäischen Zentralbank, Mario Draghi, in der sich an die Banken- und Finanzkrise anschließende Eurokrise diese Devise ausgab, meinte er finanzielle Kosten. So war es auch, als Olaf Scholz diese Formel zur Zeit der Coronapandemie übernahm. Tatsächlich sind die Kosten für die Verteidigung der *Normalität* aber nicht nur finanzieller Natur, sondern die Sicherung dieser Normalität wird ganz wesentlich mit der Aufgabe der Werte bezahlt, die dem ÖEP und der europäisch-westlichen Moderne insgesamt zugrunde liegen. Genau das ist letztlich die große, die größte Transformation. Gerade die kompromisslose Verteidigung der sogenannten Normalität beschleunigt die Entfaltung der *nächsten Gesellschaft* und der *anderen Moderne*. Beide entstehen eben gerade nicht durch die gesteuerte Transformation zu einer angestrebten Alternative, sondern als Nebenwirkung der eisernen Verteidigung des Status quo – sowie durch den Vollzug der emanzipatorischen Logik selbst. Sie kommen, wie Ulrich Beck es Mitte der achtziger Jahre formulierte, »auf den leisen Sohlen der Normalität«.[105]

105 Beck 1986, S. 15.

# 4
# Reflexive Modernisierung

Weil die Krise und die Transformation, mit denen die wohlhabenden Gesellschaften des Globalen Nordens sich derzeit konfrontiert sehen, letztlich also als eine Krise und Transformation der westlichen Moderne insgesamt verstanden werden müssen, werden der eingangs beschriebene Abgrund, die Unhaltbarkeit, die Grenzerfahrungen im Folgenden nun gesellschafts- und modernisierungstheoretisch gefasst. Die Überlegungen im vorigen Kapitel haben gezeigt, dass in der Phase, die ich als »Spätmoderne« bezeichne, insbesondere die Idee des *autonomen Subjekts* an Kraft verliert. Tatsächlich kann diese Spätmoderne nur deswegen und nur insofern so bezeichnet werden, weil bzw. als mit dieser Idee die Grund- und Ankernorm der bisherigen Moderne verblasst. Die Moderne geht damit aber keineswegs insgesamt zu Ende. Eine solche Behauptung wäre unsinnig, denn es gibt keine Anzeichen, dass andere für die Moderne kennzeichnende Dynamiken wie die Rationalisierung, Differenzierung, Technologisierung oder Beschleunigung zum Erliegen gekommen wären.[1] Sie ist nur insofern zu Ende, als diese Zentralnorm – in dem Verständnis, das die Neuen Sozialen Bewegungen

1 Zu den Dimensionen der Modernisierung vgl. z. B. van der Loo und van Reijen 1992, Degele und Dries 2005 oder Rosa et al. 2007.

und das ÖEP noch einmal aktualisiert und starkgemacht hatten – an Bedeutung verliert und westliche Gesellschaften sich damit auf *dem Weg in eine andere Moderne* befinden.

Im Rückgriff auf Ulrich Becks Theorie der »reflexiven« Moderne und Modernisierung sollen nun erstens der Motor und die Logik der Transformation von der gegenwärtigen in die nächste Phase der Moderne weiter ausgeleuchtet werden, und zweitens sollen das ökoemanzipatorische Projekt und seine behauptete Unhaltbarkeit, die im vorigen Kapitel etwas in den Hintergrund getreten waren, wieder in den Fokus rücken. Dabei geht es drittens um den Zusammenhang zwischen der beschriebenen Unhaltbarkeit der Moderne und der des ÖEP. Die Phase der Moderne, die da gerade verblasst, so lautet diesbezüglich die These, lässt sich mit dem parallelisieren, was ich als das ökoemanzipatorische Projekt bezeichne – und beide verblassen gleichzeitig. Diese auslaufende Phase des Projekts der Moderne stand ganz im Zeichen genau der Werte – Autonomie, Ökologie, Gleichheit, Demokratie, Inklusion –, die mit der sogenannten stillen Revolution seit der Wende zu den siebziger Jahren in westlichen Gesellschaften hegemonial geworden waren.[2] Es war die Phase der Moderne, die mehr denn je vom Ideal des *autonomen Subjekts* bestimmt war, das zwar schon bei Kant den Kern des bürgerlich-liberalen Aufklärungsprojekts bildete, das aber für wesentliche Teile der Gesellschaft von der lebensweltlichen Realität weit entfernt geblieben war, bis

2 Inglehart 1977.

es schließlich mit der stillen Revolution der siebziger voll demokratisiert und letztlich gesamtgesellschaftlich zum politischen Leitbild wurde. Genau diese Norm und die Werte, die sie impliziert, waren auch konstitutiv für das ÖEP, das sich im Zuge dieser stillen Revolution formierte. Das ÖEP lässt sich insofern als die inhaltliche Konkretisierung, als das politische Programm, dieser Phase der Moderne verstehen, und ihr Verblassen in der Spätmoderne bedeutet gleichzeitig auch das des ÖEP. Ebenso wie die Moderne insgesamt damit nicht zu einem Ende kommt, wird freilich auch die ökologische Frage damit nicht irrelevant. In der neuen Phase der Moderne wird sie allerdings unter grundsätzlich veränderten normativen Vorzeichen neu ausformuliert und verhandelt.[3]

Anknüpfend an Ulrich Becks Periodisierung verschiedener Phasen der Moderne wird das ÖEP nun zunächst als das inhaltliche Programm von dessen »zweiter Moderne« dargestellt und seinerseits als der Versuch einer *Modernisierung der Moderne* gerahmt. Die doppelte Unhaltbarkeit der heutigen Spätmoderne und des ökoemanzipatorischen Projekts wird später dann als eine Folge und ein Prozess der *reflexiven Modernisierung* erklärt.[4] Aufbauend auf Ulrich Beck wird also nicht nur die Entstehung des ÖEP, sondern insbesondere auch dessen Zerfall auf die Dynamik dieser *reflexiven Modernisierung* zurückgeführt. Zunächst ist aber zu klären, warum es überhaupt sinnvoll ist, die doppel-

3 Vgl. dazu Kapitel 6.
4 Vgl. Kapitel 5.

te Unhaltbarkeit modernisierungstheoretisch zu rahmen und erklären, wo doch die »großen Erzählungen« insgesamt, und die Modernisierungstheorie im Besonderen, deutlich in Verruf geraten waren. Zweitens stellt sich die Frage, warum die doppelte Unhaltbarkeit ausgerechnet im Rückgriff auf Ulrich Becks Variante der Modernisierungstheorie erklärt werden soll und nicht im Rückgriff auf andere modernisierungstheoretisch inspirierte Ansätze, die nicht nur aktueller sind als Becks Modell, sondern die auch empirisch plausibler und konzeptuell weniger widersprüchlich erscheinen.[5]

## *4.1 Die neue Konjunktur der Modernisierungstheorie*

In den achtziger Jahren verkündete Jean-François Lyotard das »Ende der großen Erzählungen«, insbesondere das der Erzählung der Moderne.[6] Das Projekt der Moderne, das er kulturtheoretisch als den Glauben an die eine universelle Vernunft und die Erklärbarkeit der Welt vermittels einer auf eine einheitliche Rationalität gestützte Wissenschaft begriff, sei gescheitert, so Lyotard, und werde in der »Postmoderne« von einer Vielzahl gleichberechtigter Perspektiven auf die Welt abgelöst, die jeweils ihren eigenen Rationalitäten folgten.[7] Angesichts der Pluralität, Komplexität und Verände-

5 Z.B. Nachtwey 2016; Amlinger und Nachtwey 2022; Reckwitz 2019, 2021; Rosa 2005, 2021.
6 Lyotard 1994 [1979], 1987.
7 Vgl. z.B. Welsch 1987.

rungsdynamik »postmoderner« Gesellschaften, ihrer internationalen Vernetzung und vielschichtiger globalpolitischer Verhältnisse spricht man sich in der Soziologie seither verbreitet gegen die großen, übergreifenden Theorien der Gesellschaft und der gesellschaftlichen Entwicklung aus. Gesellschaft scheint nicht mehr ohne Weiteres bestimmbar, von Natur oder einem Nicht-Gesellschaftlichen immer weniger unterscheidbar,[8] und verschiedene Gesellschaften sind kaum noch voneinander abgrenzbar. Statt der großen Theorien scheinen die empirische Sozialforschung und begrenzte Theorien den spezifischen sozialen Konstellationen eher gerecht werden zu können, sowohl hinsichtlich ihrer genauen Beschreibung als auch zur Erklärung ihrer oft widersprüchlichen Veränderungsdynamiken.

Diese neue Skepsis gegenüber der soziologischen Theoriebildung betrifft insbesondere die Formen der Modernisierungstheorie, die Ideale für universell gültig erklärten, die aus spezifisch europäischen Denktraditionen hervorgegangen sind, und annahmen, dass alle Gesellschaften weltweit – linear, unumkehrbar, deterministisch – einem mehr oder weniger einheitlichen Entwicklungspfad zur Verwirklichung dieser Ideale folgen würden. Auf diesem Weg, behauptete die klassische Modernisierungstheorie, seien die Industrienationen schon weiter fortgeschritten, während andere, insbesondere die »Entwicklungsländer« der sogenannten Dritten Welt, noch zurückgeblieben seien. Dabei galten der Modernisierungstheorie die Verbreitung säkular-rationa-

8 Vgl. Kapitel 3.2.

ler Normen, die Entwicklung des liberalen Individualismus, der Wissenschaft, der Technologie, des marktwirtschaftlichen Kapitalismus, der effizienten Verwaltung, der Rechtsstaatlichkeit und der parlamentarischen Demokratie als die Indikatoren des zivilisatorischen Fortschritts.[9] Gemessen an diesen, als miteinander verflochten gedachten Kriterien betrachtete man nichtwestliche Gesellschaften dann als nicht- oder vormodern, rückständig und weniger zivilisiert. Gegen diese Theorieansätze wurde betont, dass weder die Zentralwerte der europäischen Philosophie und Aufklärung noch der Glaube an den linearen Fortschritt zu deren Verwirklichung zum universellen Maßstab erhoben werden dürfe, dass es vielfältige mögliche Entwicklungspfade gebe und im Übrigen die Entwicklung jeder Gesellschaft in hohem Maße von ihren geografischen und kulturellen Besonderheiten abhinge sowie insbesondere auch von globalpolitischen Macht-, Abhängigkeits- und Ausbeutungsverhältnissen. Diese Form der Modernisierungstheorie sei ein ideologisches Instrument zur Rechtfertigung westlicher Überlegenheitsfantasien und einer interventionistisch-kolonialen Politik der Entwicklungssteuerung und Institutionenübertragung.[10]

In jüngerer Zeit haben umfassendere Gesellschaftstheorien und speziell auch modernisierungstheoretische Ansätze aber durchaus wieder Konjunktur. Autoren wie Zygmunt Bauman, Oliver Nachtwey, Andreas

9 Vgl. z.B. Lipset 1959, 1960; Parsons 1971; Zapf 1975, 1991; Giddens 1996; Inglehart 1998; Inglehart und Welzel 2005.

10 Vgl. z.B. Eisenstadt 2000; Chakrabarty 2002; Knöbl 2007, 2013; Mar Castro Varela und Dhawan 2020.

Reckwitz, Hartmut Rosa und andere, die alle – wenn auch nicht mehr im beschriebenen Sinne – ausdrücklich modernisierungstheoretisch denken, finden erhebliche Resonanz. Bauman spricht von der »flüchtigen Moderne«, in der ehemals als stabil und konsistent vorgestellte Strukturen sich beschleunigt auflösen;[11] Nachtwey von »regressiver Modernisierung«, die hinter Standards, die in einer älteren Phase der Moderne schon einmal erreicht worden waren, wieder zurückfällt und in der die Leitnormen der Moderne »nur noch als leere Hülle« gepflegt würden.[12] Reckwitz spricht von der »Spätmoderne«, in der der Zwang zur »Singularisierung« und »Kuratierung« des eigenen Lebens für viele Menschen zur totalen Überforderung werde. Nachtwey unterscheidet anhand der Kriterien der Gleichheit und Inklusion eine »soziale« und eine »regressive« Moderne,[13] Reckwitz aus einer weiter ausgreifenden historischen Perspektive zwischen der *bürgerlichen*, der »industriellen« und der »Spätmoderne«,[14] und Rosa, der speziell die Geschwindigkeit des sozialen Wandels zum Unterscheidungskriterium nimmt, zwischen der »Frühmoderne«, der »Hochmoderne« und der »Spätmoderne«.[15]

Die neue Konjunktur umfassenderer Gesellschaftstheorien und speziell auch modernisierungstheoretischer Ansätze ist insofern zu begrüßen, als sich ohne

11 Bauman 2003.
12 Nachtwey 2016, S. 114; vgl. auch Butterwegge 1999.
13 Nachtwey 2016; Amlinger und Nachtwey 2022.
14 Reckwitz 2019, 2021.
15 Rosa 2005, 2021.

Theorieansätze mit größerer Reichweite Zusammenhänge und Wechselverhältnisse zwischen verschiedenen, auf den ersten Blick unverbundenen, gesellschaftlichen Phänomenen nicht erschließen lassen bzw. sich längerfristige Entwicklungen wie der Niedergang der liberalen Demokratie oder die Entstehung neuer politischer Akteure nur höchst unzureichend erklären lassen. Außerdem sind umfassende Gesellschaftstheorien tatsächlich gerade unter jenen Bedingungen – hohe Komplexität, Dynamisierung, Widersprüchlichkeit, internationale Verflechtung etc. – besonders wichtig, die sie angeblich unmöglich und unbrauchbar machen. Denn gerade dann besteht ein erhöhter Bedarf für die Erklärung von Zusammenhängen und für Erzählungen, die Entwicklungsperspektiven und Orientierung geben und es den Menschen erlauben, ihr Alltagshandeln als sinnvoll zu erleben. Das gilt umso mehr, wenn wesentliche Teile der Gesellschaft emanzipatorische Ansprüche auf eigenständiges Verstehen, auf demokratische Rechenschaft, auf Gestaltbarkeit, Kontrolle und Steuerungsfähigkeit sowie Selbstwirksamkeit und Selbstbestimmung fest verinnerlicht haben. Gerade kulturalistische Ansätze, die den Wertorientierungen, Ambitionen und Ängsten der Bürgerinnen und Bürger besondere Aufmerksamkeit geben, haben unter solchen Bedingungen herausgehobene Bedeutung. Wo aber die Soziologie sich diesem Bedürfnis nicht stellt und sich darauf beschränkt, nur das Kleinere, leichter Verständliche zu erklären und das Große als das Unverständliche und Undurchdringbare gewissermaßen »in Gottes Hand« zu legen oder zu lassen, zeigt sie nicht nur eine große Bequemlichkeit. Sondern mit der Verweigerung, umfassendere Theorien anzubieten, spielt eine solche Soziologie auch all jenen in die Hände, die außerhalb der Sozialwissenschaften »große Erzählungen« anbieten und zum Beispiel mit Verschwörungstheorien das grundmenschliche Bedürfnis nach Sinn und Orientierung bedienen.

Im Unterschied zu den älteren Modernisierungstheorien haben sich die neueren Ansätze von der Idee des linearen Fortschritts zum Besseren weitgehend verabschiedet; ebenso auch von der Vorstellung eines für alle Gesellschaften weitgehend einheitlichen Entwicklungspfades, auf dessen Grundlage westliche Industriegesellschaften als Vorreiter, andere als ihre Nachfolger und wieder andere als Nachzügler betrachtet werden können. Anders sieht es mit den philosophischen Idealen der europäischen Aufklärung aus: Wo von »regressiver Modernisierung«, »Retrotopia« oder der »großen Regression« die Rede ist, wird weiter aus der Perspektive westlich-modernistischer Normen gedacht.[16] Allerdings zielen aktuelle Analysen der fortlaufenden Entwicklung von Gesellschaften, die sich bereits als modern verstehen, häufig nicht mehr auf Entwürfe einer besseren, alternativen Gesellschaft, in der diese Ideale vollständiger verwirklicht sein werden. Das gilt für Amlinger und Nachtweys Analyse der *Gekränkten Freiheit* ebenso wie für Armin Nassehi, Reckwitz oder Rosa. Reckwitz setzt an die Stelle des gesellschaftlichen Fortschritts zum Besseren eine »Dialektik ohne

16 Nachtwey 2016; Bauman 2017; Geiselberger 2017.

Telos«[17] zwischen Kräften oder Phasen der »Kontingenzöffnung« und der »Kontingenzschließung«,[18] die wie zufällig evolutionär auf die Überlegenheit der bürgerlichen Mittelklasse hinausläuft – sie gewissermaßen naturalisiert. Soziologische Theoriebildung bleibt hier affirmativ und liefert im Wesentlichen eine Apologie des Status quo. Sie fügt sich in den Verlust transformativer Utopien, und genau darin liegt vielleicht der Schlüssel ihrer Popularität: »Die offensive Haltung des Fortschritts wird [...] abgelöst von einer defensiveren Orientierung an Prävention, Resilienz und Verlustminimierung.«[19]

Dass die Dialektik ohne Telos ist, bedeutet aber nicht, dass sie zum Erliegen kommt; und der Verlust politischer Utopien bedeutet nicht, dass der Status quo spätmoderner Gesellschaften auch nur mittelfristig haltbar ist. Hier besteht also sozialtheoretischer Klärungsbedarf: Wohin führt die Dialektik? Doch Nachtwey oder Reckwitz trauen sich nicht hinaus in die »transzendentale Obdachlosigkeit« (Lukács), die normative Haltlosigkeit der Spätmoderne, die nicht nur ohne die Sicherheit und Orientierung der Religion auskommen muss, sondern auch ohne die der Aufklärung, also der emanzipatorischen Fortschrittserzählungen vom »kollektiven Auszug aus der selbstverschuldeten Unmündigkeit« und ohne die hergebrachten Glaubenssätze der kritischen Theorie. Insbesondere blenden ihre Ansätze aus, dass diese modernistischen Werte *emanzipa-*

17 Reckwitz 2021, S. 141 und 72-78.
18 Ebd., S. 99ff.
19 Ebd., S. 113.

*torisch* aufgegeben werden könnten, so dass die Welt, aus der sie verabschiedet wurden, vielleicht gar nicht mehr als Dystopie wahrgenommen wird. Und sie berücksichtigen viel zu wenig, dass die modernistischen, progressiven, emanzipatorischen Leitnormen – Freiheit, Selbstbestimmung, Demokratie etc. – allesamt keine essentialistische Bedeutung haben, sondern vielmehr »essentially contested concepts« sind,[20] die für die jeweilige Zeit, die jeweilige Community und die jeweiligen Kontextbedingungen immer neu inhaltlich konkretisiert werden.[21] Solange man noch von einer »entleerten Hülle« spricht, hat man aber weiterhin den hergebrachten oder vermeintlich »ursprünglichen, wahren« Inhalt vor Augen und damit einen angeblich festen Bezugspunkt des Sollens. Die spezifisch spätmoderne Situation, in der die Glaubenssätze und Arrangements des zivilgesellschaftlichen Aufbruchs und Optimismus zur Selbstregierung ebenso unhaltbar geworden sind wie zuvor bereits die Glaubenssätze und Arrangements der klassischen Modernisierungstheorie, erfordert daher eine Erweiterung der Gesellschafts- und Modernisierungstheorie über solche Ansätze hinaus. Und wenn das spezifisch Spätmoderne gerade die Unhaltbarkeit des ÖEP ist, dann bedarf es einer Aktualisierung und Erweiterung der Modernisierungstheorie, die die Dimensionen dieses Projekts zentral macht.

20 Gallie 1956.
21 Vgl. dazu Kapitel 6.

## *4.2 Warum der Rückgriff auf Ulrich Beck?*

Vielversprechend ist in dieser Hinsicht der Theorieansatz von Ulrich Beck, den er zunächst in seinen Büchern *Risikogesellschaft* (1986), *Gegengifte* (1988) und *Die Erfindung des Politischen* (1993) ausgeführt und später in *Weltrisikogesellschaft* (2007) und dem posthum erschienenen Buch *Metamorphose der Welt* (2017) weiterentwickelt hat. Beck unternimmt eine radikale Kritik der hergebrachten Modernisierungstheorie, bleibt ihr in wesentlichen Hinsichten aber fest verpflichtet. Becks Schriften sind oft als essayistisch, feuilletonistisch und als »soziologische Phantasie« kritisiert worden.[22] Ihm ist vorgehalten worden, sein Genre sei eher die Zeitdiagnose als die wissenschaftliche Soziologie.[23] Auch war seine Zeit klar in den neunziger Jahren. Zur Beschreibung westlicher Gesellschaften der heutigen Gegenwart hat sich sein Begriff der zweiten, »reflexiven Moderne« nicht durchgesetzt. Man könne, so Oliver Römer, »heute zu Recht fragen, wo denn genau die bleibende Wirkung« von Becks Werk »für die Disziplin (der Soziologie) liegen könnte«.[24] Aber inzwischen ist das Genre der Zeitdiagnose nicht mehr anrüchig. Auch die Bücher von Reckwitz, Rosa, Nachtwey oder Nassehi richten sich an ein Massenpublikum und sind Bestseller. Im Zeichen der Beschleunigung, der flüchtigen Moderne, der Orientierungssuche und der Verschwörungsmythen hat die Zeitdiagnose eine wichtige Funk-

22 Römer et al. 2020.
23 Vgl. z. B. Dimbath 2020; Nassehi 2020.
24 Römer et al. 2020, S. 9.

tion. Und weit hinaus über die Tatsache, dass das Konzept der Risikogesellschaft im Zeichen von Corona, der Klimaerwärmung und neuer militärischer Konflikte gegenüber der Zeit seiner Entstehung an Aktualität wohl eher noch gewonnen als verloren hat, gibt es im gegenwärtigen Kontext auch zahlreiche andere Gründe, auf die Werke von Ulrich Beck zurückzugreifen:

- Ähnlich wie das hier zur Diskussion stehende Theorem von der doppelten Unhaltbarkeit sieht Beck einen unmittelbaren Zusammenhang zwischen der Krise einer bestimmten Phase der Moderne und dem, was ich hier als das ÖEP bezeichne. Die Phase der Moderne, auf die er sich bezieht, ist freilich nicht dieselbe, um die es heute geht.
- Beck wehrte sich gegen Szenarien des Weltuntergangs und interessierte sich stattdessen für das, »was vor den blinden Augen der Gegenwart« neu entsteht. Es ging ihm darum, »die sich ankündigenden Zeichen der Weltaufgänge zu erkennen« und »gegen die *noch* vorherrschende Vergangenheit die sich heute schon *abzeichnende Zukunft* ins Blickfeld zu heben«.[25] Das entspricht der Aufgabe, die sich in der Spätmoderne – am Abgrund – wieder stellt, wobei die »noch vorherrschende Vergangenheit« heute genau das ist, was Beck seinerzeit als die sich »schon abzeichnende Zukunft ins Blickfeld zu heben« versuchte – und was etwa in den Modellen von Nachtwey oder Reckwitz gar nicht erfasst wird.

25 Beck 2007, S. 386 und 387; 1986, S. 12.

- Beck thematisierte mit seinem Konzept des »Zeitalters der Nebenfolgen« sehr genau das für die heutige Spätmoderne noch viel relevantere Phänomen des Verlusts der Gestaltbarkeit, der Zukunftsoffenheit und der Fortschrittsperspektive. Mit den NSB und dem ÖEP wendet sich dieser Verlust für ihn noch einmal in einen neuen Aufbruch und einen neuen Gestaltungsoptimismus. Die heutige Malaise der Spätmoderne wird in ihren Ursachen und ihrer ganzen Tragweite aber erst verständlich, wenn sie vor dem Hintergrund genau dieses Aufbruchs gesehen wird – für den Beck eine umfassende Theorie lieferte.
- Beck aktualisierte die frühe kritische Theorie, die für die entstehende Umweltbewegung erhebliche Prägewirkung hatte.[26] Er teilte die doppelte Selbstverpflichtung der kritischen Soziologie auf die Gesellschaftsanalyse einerseits und die Transformation der Gesellschaft andererseits. Dabei hält er an deren Zentralnorm, dem *autonomen Subjekt*, fest, wendet sich aber von der traditionellen Herrschafts- und Entfremdungskritik ab und verfolgt statt der Unterdrückungslogik die Befreiungslogik als den entscheidenden Treiber der gesellschaftlichen Entwicklung und Krise. Seine Theorie verabschiedet damit den kulturkritischen Pessimismus und die Ausweglosigkeit von Horkheimer und Adorno und gibt wichtige Impulse für das Bemühen, statt der ausschließlichen Orientierung auf die Logik des Kapitalismus auch die inneren Widersprüche des ÖEP als Ursache der

26 Vgl. Blühdorn 2000.

Malaise, also der doppelten Unhaltbarkeit der Spätmoderne, zu erkunden.

- Insbesondere Becks Begriffe der »Siegkrise«, des »Erfolgsscheiterns«, des »Selbstlaufs« und der »Metamorphose« (der Moderne) sind geeignet, die doppelte Unhaltbarkeit der spätmodernen Gesellschaft und des ÖEP als unvermeidliche dialektische Konsequenz von deren eigener Logik zu erklären. Beck kam mit diesen Begriffen weg von der Fabel, dass die Befreiung vom Kapitalismus die Lösung wäre, und zurück zu Horkheimer und Adornos These von der *Dialektik der Aufklärung*, dass das Problem – unlösbar – im Projekt der Aufklärung selbst liege.[27]
- Für Beck waren die Individualisierung und die ökologischen Nebenfolgen der industriellen Moderne zwei gleichermaßen konstitutive Aspekte der Risikogesellschaft. Das erleichtert ein Verständnis des ÖEP als einer spezifischen Kombination gesellschaftlicher Wertepräferenzen, die sich im Zuge der stillen Revolution herausgebildet haben, und biophysischer Veränderungen, die aus der Perspektive dieser Normen wahrgenommen werden. Becks Ansatz trug sehr früh und ausdrücklich der unmittelbaren und untrennbaren Verbindung von biophysischen Phänomenen und subjektiven Wertorientierungen Rechnung – und zwar bereits deutlich expliziter, als das bis heute in weiten Teilen der Literatur der Fall ist.
- Gleichzeitig verstand Beck die Herausbildung neuer Werte der Selbstbestimmung und Selbstverwirk-

27 Vgl. Kapitel 6.3.

lichung, anders als etwa Inglehart, den dies zu falschen Schlüssen bezüglich der Demokratisierung und Ökologisierung führte, nicht als linearen Fortschritt, sondern die Freisetzung aus hergebrachten Vorbestimmungen bedeutete für Beck gleichzeitig Segen und Fluch. Beck thematisierte damit die Selbstüberforderung der NSB und des ÖEP, die einerseits die von allem Vormodernen und Traditionellen befreite Selbstbestimmung suchten, andererseits aber mit diesem selbstgestellten Anspruch nicht zurechtkamen. Beck legte damit die Grundlage für das Theorem der »Emanzipation zweiter Ordnung«.[28] Gerhard Schulze, Zygmunt Bauman, Richard Sennett, Andreas Reckwitz und viele andere haben das Individualisierungsthema und seine Zweischneidigkeit zwar aufgenommen, anders als Beck verbinden sie es aber nicht mit dem Ökologiethema und den anderen Dimensionen des ÖEP.

- Beck entwickelte mit seinem mehrdimensionalen Verständnis von »Reflexivität« ein Konzept, das sich hervorragend eignet, um nicht nur die »Formierung« und Agenda des ÖEP zu erklären, sondern auch dessen »Krise« und Unhaltbarkeit. Ebenso lässt sich Becks »Erfindung des Politischen« nicht nur auf die Formierungsphase des ÖEP und seiner Agenda beziehen, sondern auch auf die Repolitisierung des zeitweise beinahe hegemonialen Konsenses über die Notwendigkeit und Dringlichkeit einer großen, sozialökologischen Transformation. Beck selbst dachte

28 Vgl. Blühdorn 2013 und Kapitel 6.3.

doppelgleisig und widersprüchlich. Seine Schriften bilden eine Widersprüchlichkeit ab, die auch dem ÖEP immer eigen war, auf die das ÖEP als politisches Projekt, aus seiner aktivistischen Logik heraus, aber nicht reflektieren konnte.

– Schließlich sprach Beck auch bereits in den neunziger Jahren von einem »Aufstand gegen die siebziger und achtziger Jahre«, von einer »aufgestaute(n) Gegenrevolte gegen die Individualisierung, Feminisierung, Ökologisierung des Alltags«, die die »Prioritäten der orthodoxen Industriegesellschaft« restauriere.[29] Er nahm damit die heutige Repolitisierung des ÖEP vorweg.

Es gibt also sehr gute Gründe, zur Rekonstruktion des ÖEP und zur Analyse der doppelten Unhaltbarkeit in der Spätmoderne erneut bei Beck anzuknüpfen.[30] Dabei muss man Beck heute allerdings gewissermaßen »gegen den Strich« lesen, also unter Abzug der bei ihm bestimmenden politischen Hoffnung. In der Spätmoderne ist Beck nicht primär wegen dieser Hoffnungen interessant – die haben sich offensichtlich nicht erfüllt –, sondern wegen seiner Analyse der Logik und Dynamik, die zur Herausbildung der zweiten Moderne und des ÖEP geführt haben, und weil diese Analyse gleichzeitig sehr klar vorzeichnet, warum die zweite Moderne und das ÖEP heute ihrerseits eine Siegkrise erfahren, aus der sich eine dritte Moderne entfaltet.

29 Beck und Beck-Gernsheim 1994, S. 33 f.
30 Vgl. auch Staab 2022.

## 4.3 *Becks Begriff der zweiten Moderne*

Als »erste Moderne« bezeichnete Beck die industrielle, fordistische, nationalstaatliche Moderne. Kennzeichnend für sie ist der Glaube an linearen Fortschritt, an stetiges ökonomisches Wachstum, kontinuierliche Verbesserung der Lebensumstände, an die Entwicklung von Wissenschaft und Technologie sowie die fortlaufende Rationalisierung und Effizienzsteigerung in Wirtschaft und Verwaltung. All dies verspricht einen stetigen Zuwachs an individueller and kollektiver Gestaltungsmacht und Steuerungsfähigkeit, zunehmende Planbarkeit und Berechenbarkeit des Lebens und Kontrolle über das Schicksal. In ihrem Streben, die Welt zu gestalten, beherrschbar und berechenbar zu machen, so Beck, produzierte die erste Moderne aber auch Nebenwirkungen, die den Nutzen des Fortschritts in Frage stellten. Dass die Modernisierung ein zweischneidiges Schwert ist, betrachtete Beck nicht als neu. Schon Rousseau, Marx, Horkheimer und Adorno, Polanyi und viele andere hatten sich ja kritisch mit den Nebenwirkungen der Moderne und der Modernisierung auseinandergesetzt. Neu an den Nebenwirkungen, auf die Beck sich bezog und die seines Erachtens die Rede von einem neuen Zeitalter rechtfertigten, waren erstens die ökologischen Auswirkungen der industriellen Moderne, die sowohl hinsichtlich ihrer geografischen Reichweite als auch in Bezug auf ihre zeitliche Dauer eine völlig neue Qualität haben. Zweitens sah Beck das Neuigkeitsmoment auch ganz wesentlich auf der subjektiven, kulturellen Seite, nämlich bei der Art und Weise, wie diese ökologischen Auswirkungen in der biophysischen Welt subjektiv wahrgenommen und gesellschaftlich bewertet werden.

Mit der ersten Moderne hatten sich schrittweise neue Selbstverständnisse und ein neues Selbstvertrauen der Menschen herausgebildet: Die Ideale der Aufklärung, die dem Menschen als vernunftbegabtem und moralischem Wesen einen freien Willen, das Recht auf Selbstbestimmung, eine unantastbare Würde und universelle Menschenrechte zusprachen, bestimmten zunehmend das tatsächliche Selbstverständnis und die Erwartungen der Bürgerinnen und Bürger. Normen bzw. Selbstverständnisse, die bis dato einer kleinen Elite vorbehalten geblieben waren, begannen, in der Gesellschaft eine breitere Wirkung zu entfalten. Die industrielle, fordistische Moderne ließ dafür zunächst noch sehr wenig Raum. Die Menschen blieben fest eingebunden in kollektive Strukturen, Erwartungen, Traditionen, soziale Zwänge und stark standardisierte (Massen-)Produktmärkte. Aber je weiter sich der Anspruch auf selbständiges Denken, eine eigenständige Meinung, auf Selbstbestimmung, eine eigene Persönlichkeit und ein eigenes Leben entfalteten, desto mehr wurden die hergebrachten Strukturen und Zwänge, so Beck, als unerträglich beengend wahrgenommen, als »eine Verschwörung zur Anpassung«.[31] Das erforderte erstens die Befreiung aus den vorgegebenen Sozialstrukturen und Normvorstellungen der Industriemoderne und dann zweitens die Gestaltung des eigenen Lebens, die praktische Umsetzung

31 Beck 2001, S. 4.

des Selbstbestimmungs- und Selbstverwirklichungsanspruchs. Dafür gab es nun kein vorgegebenes Skript mehr, sondern die eigene Persönlichkeit und das eigene Leben wurden frei gestaltbar.

Für Beck waren die Entfaltung dieser neuen Subjektivitäts- und Selbstverständnisse und die ökologischen Nebenwirkungen der Industrialisierung zwei gleich wichtige Ergebnisse der ersten Moderne und der traditionell verstandenen Modernisierung. Gerade ihr Zusammenspiel ist essenziell für sein Konzept der Risikogesellschaft. Denn die ökologischen Nebenwirkungen der industriellen Moderne erschienen erst oder insbesondere aus der Perspektive dieser neuen Selbstverständnisse, der neuen Ansprüche und Erwartungen hinsichtlich der Selbstbestimmung und Selbstgestaltung, als besonders bedrohlich und problematisch: Die Gestaltungsfreiräume, die mit der Überwindung, der Befreiung, von etablierten sozialen Zwängen und Einbindungen gerade erst geschaffen worden waren, drohten durch die Bürde der vielfältigen Hinterlassenschaften der Industriemoderne, durch die Notwendigkeit, diese zu verwalten und bewältigen, sogleich wieder blockiert zu werden. Und die Fremdbestimmtheit durch diese Altlasten widersprach diametral dem gerade gewachsenen Anspruch auf eine offene Zukunftsperspektive, einen offenen Fortschrittshorizont für das Projekt der freien Selbstgestaltung und des selbstbestimmten Lebens. Wenn Beck also die Risikogesellschaft als das »Zeitalter der Nebenwirkungen« beschreibt, als das Zeitalter, in dem die Nebenwirkungen der industriellen Moderne dominant werden, dann gehören dazu nicht einfach nur die

Veränderungen in der biophysischen Umwelt. Für ihn gehörte ganz wesentlich auch die Veränderung der gesellschaftlichen Wahrnehmungsmuster sowie der kulturellen Maßstäbe dazu, an denen die lebensweltliche Realität gemessen wird.

Die kulturelle Seite der ersten Moderne ist allerdings nicht nur insofern relevant, als sich hier neue Verständnisse von Subjektivität und neue Erwartungen der Selbstbestimmung durchsetzten, die die gesellschaftlichen Verhältnisse politisierten, sondern auch insofern, als die Emanzipation von traditionellen Wertvorstellungen und die Freisetzung aus hergebrachten sozialen Bindungen ihrerseits neue Unsicherheiten mit sich brachte. Forderten die Tradition und die etablierten Strukturen der Industriegesellschaft vom Individuum noch Anpassung, Akzeptanz, Unterordnung unter etablierte Normen und Pflichterfüllung, so entfaltete sich laut Beck mit dem Fortschritt der Modernisierung ein allgemeiner »Zwang zum Normbruch«.[32] In der jüngeren Literatur wird der Zwang zur Selbstgestaltung und Selbstverantwortlichkeit oft als eine Erscheinung des Neoliberalismus der neunziger Jahre beschrieben. Aber der Neoliberalismus hat diesen Zwang und die mit ihm einhergehende Belastung letztlich nur zur markt- und wettbewerbsgerechten Selbstoptimierung ausgebaut und zur massenhaften Negativerfahrung gemacht, nicht aber selbst geschaffen. Vielmehr, so betonte bereits Beck, gingen dieser Zwang und auch die entsprechende Belastung von Anfang an als deren Schattensei-

32 Beck 2001, S. 3.

te mit der Individualisierung, also der Befreiung aus den Strukturen und Bindungen der traditionellen Moderne einher. Und je mehr die Bindungskraft der traditionellen Strukturen und Normen sich lockerte, desto mehr wurde der in der ersten Moderne herrschende Zwang zur sozialen Anpassung abgelöst vom sozialen Zwang zur Selbständigkeit und Originalität. Beck bezeichnete die Individualisierung daher als »paradoxe Sozialstruktur«.[33] Sie ist eine »gesellschaftliche Dynamik, die nicht auf einer freien Entscheidung der Individuen beruht«, sondern die Menschen »sind zur Individualisierung verdammt«. Sie bedeutet den Zwang »zur Herstellung, Selbstgestaltung, Selbstinszenierung nicht nur der eigenen Biographie, sondern auch ihrer Einbindungen und Netzwerke«.[34] »Jeder und jede muss sich nun, im Zurückkommen auf sich selbst, einen Reim machen auf die Vor- und Nachteile, die zu sein, die sie sind« oder sein wollen.[35] Allerdings ist diese Aufgabe – ohne Skript – kaum zu bewältigen; sie bedeutet notwendig eine Überforderung: Denn auf welche Normen die Menschen bei der Identitätsfindung, Selbstentfaltung und Selbstverwirklichung zurückgreifen sollen, wie sie ihren *authentischen* Kern bestimmen und mit welchen Mitteln sie ihn verwirklichen können, bleibt ungewiss und ihnen selbst überlassen.

Dieses Problem stellt sich für Beck nicht nur bezogen auf das individuelle Subjekt, sondern es hat auch eine gesamtgesellschaftliche Dimension. Dort stellt sich

33 Beck 2001.
34 Beck und Beck-Gernsheim 1994, S. 14.
35 Beck 2001, S. 4.

die Frage, wie sich die im Zuge der Individualisierung zentrifugal auseinanderdriftende Gesellschaft noch integrieren lässt. Was, fragte Beck, tritt als verbindende Kraft an die Stelle der bisherigen Traditionen und Autoritäten? Sind »hochindividualisierte Gesellschaften überhaupt noch integrierbar?«[36] Worauf kann sich gesellschaftlicher Zusammenhalt noch gründen, wenn individuelle Identität und das selbstbestimmte Leben sich von religiösen Bindungen und aus allen Traditionen befreien und »sich *nur* in sich selbst« gründen? »Hebt das Zeitalter des *eigenen Lebens* die sozialstrukturellen Voraussetzungen kollektiv bindender Entscheidungen, staatlich-politischen Handelns auf?« Die neuen Verständnisse von Subjektivität, Selbstbestimmung und Selbstverwirklichung verwandeln also nicht nur das Projekt des eigenen Lebens, sondern auch das des gesellschaftlichen Zusammenlebens und der politischen Organisation »freiwillig oder unfreiwillig in eine experimentelle Situation mit offenem Ausgang«.[37] Insofern waren für Beck die Schattenseiten und Nebenwirkungen der Befreiung aus den hergebrachten Strukturen und Zwängen der industriellen Moderne ein konstitutives Element der Risikogesellschaft.

Genau diese Unsicherheit und Auflösungserscheinungen motivierten in den frühen achtziger Jahren die populäre Diagnose der »Postmoderne«. Für ein breites Publikum der neuen gebildeten Mittelschicht wurden Samuel Becketts Theaterstücke Ausdruck des unbe-

36 Beck und Beck-Gernsheim 1994, S. 33.
37 Beck 2001, S. 5, 6 und 5.

stimmten Gefühls, dass die Moderne bankrott und erledigt sei. »Etwas geht zu Ende, etwas geht seinen Gang«, heißt es unbestimmt und bedrohlich in *Endspiel*. In Becketts bekanntestem Stück, *Warten auf Godot*, warten Wladimir und Estragon in einer ausgeräumten Landschaft unter einem fast kahlen Baum auf jemanden, von dem unklar bleibt, wer er ist, ob es ihn überhaupt gibt und ob sein Eintreffen gegebenenfalls eine Erlösung oder eine Katastrophe bedeuten würde. Die Protagonisten in *Endspiel* hausen in einem klaustrophobischen Unterschlupf, den sie nicht verlassen können, umgeben von einer verwüsteten Welt. Sie sind verkrüppelt, tyrannisieren sich gegenseitig und kauern in Mülltonnen, deren Deckel sie nur noch einen Spaltbreit anheben können. Beck stellte sich indes entschieden gegen den Begriff und das, wie er sagte, »fatalistische« Denken der Postmoderne. Inspiriert durch die Aufbruchsstimmung und den Gestaltungswillen der Neuen Sozialen Bewegungen sprach er stattdessen von einer »Neuerfindung des Politischen« und einer zweiten Moderne, die die bisher noch »halbierte Moderne« zu ihrer Vollendung führen würde.

Den Übergang von der ersten zur zweiten Moderne parallelisierte er mit dem von der Vormoderne zur ersten Moderne: »An die Stelle der Vormoderne« trat nunmehr »die *Tradition* der Industriegesellschaft selbst«. »Wurden mit der Wende ins 19. Jahrhundert die Lebens- und Arbeitsformen der feudalen Agrargesellschaft« abgelöst, so stehen in der zweiten Moderne nach Beck »die der entwickelten Industriegesellschaft« zur Disposition: »soziale Klassen und Schichten, die

Kleinfamilie mit den in sie eingelassenen Normalbiographien von Männern und Frauen, die Normierungen der Berufsarbeit etc.«. Mit dem Übergang von der ersten zur zweiten Moderne werde »eine Legende entzaubert, die im 19. Jahrhundert erfunden« wurde, »die Legende nämlich, die Industriegesellschaft in ihrer Schematik von Arbeit und Leben sei eine *moderne* Gesellschaft«. In der Risikogesellschaft und an der Schwelle zur zweiten Moderne werde demgegenüber erkennbar, »daß das Projekt der Moderne«, das historisch zunächst in der Form der Industriegesellschaft Geltung erlangt hatte, »in dieser Form *institutionell halbiert*« gewesen war.[38] Die gesellschaftlichen Institutionen, wollte Beck damit sagen, entsprachen bestenfalls teilweise den Idealen der Moderne und behinderten letztlich deren volle Verwirklichung. Und genau weil »wir es in der Industriemoderne mit einer halbierten Moderne zu tun« haben,[39] ist die zweite Moderne für ihn keine »Post«-Moderne, sondern eine neue, andere Moderne, die die zweite Hälfte des noch unvollendeten Projekts in Angriff nimmt. Das, so Beck, »meint der Ausdruck *reflexive Modernisierung*: Wir leben nicht in einer *post*-modernen Welt, wir leben in einer *mehr*-modernen Welt«,[40] die erstens die negativen Nebenfolgen der industriellen Moderne bearbeitet und zweitens die Normen voll realisiert, die sich überhaupt erst gegen Ende der ersten Moderne breitenwirksam durchgesetzt hatten.

Entscheidend – und für die Analyse der heutigen

38 Beck 1986, S. 251.
39 Beck 1993, S. 5.
40 Beck 2007, S. 108.

Spätmoderne instruktiv – ist, dass Beck die zweite Moderne nicht als die Folge des *Scheiterns* der ersten Moderne versteht, sondern vielmehr als Konsequenz von deren *Erfolg*. Denn ohne die erste Moderne hätten sich weder die neuen Maßstäbe der Wahrnehmung von ökologischen und sozialen Krisen breitenwirksam herausgebildet noch die NSB, also das Subjekt der Politisierung und Umgestaltung der industriellen Moderne und ihrer Institutionen. Es ist »gerade die Modernisierung selbst, die die Koordinaten der Modernisierung verschiebt«, und das »geschieht unreflektiert, ungewollt, ungesehen«, aber in höchstem Maße wirkmächtig. »Modernisierung – *untergräbt* Modernisierung«, heißt es in *Die Erfindung des Politischen*.[41] Die erste Moderne schafft selbst die Grundlage für die kritische Rebellion und die reflexive Modernisierung; und der Übergang zur zweiten Moderne vollzieht sich »zwanghaft im Zuge der verselbständigten Modernisierungsdynamik nach dem Muster der latenten Nebenfolgen«. Die Risikogesellschaft und die zweite Moderne waren für Beck entsprechend »*keine Option*, die im Zuge politischer Auseinandersetzungen gewählt oder verworfen werden könnte«. Beide entstehen »im Selbstlauf verselbständigter, folgenblinder, gefahrentauber Modernisierungsprozesse«. Sie kommen »nicht in der Gestalt einer offenen, sondern einer *stillen* Revolution«, als »Konsequenz der Bewusstseinsveränderung *aller*« auf den »leisen Sohlen der Normalität« und lassen sich nicht vermeiden.[42]

41 Beck 1993, S. 31.
42 Beck 1993, S. 36 und 1986, S. 105 und 15.

Modernisierungskritik hatte es freilich schon vorher gegeben. Die war aber erstens auf relativ kleine Nischen beschränkt geblieben, war also nicht in dem Sinne wie die reflexive Modernisierung in Becks zweiter Moderne breitenwirksam. Zweitens war sie oftmals antimodernistisch, antiegalitär, antidemokratisch, konservativ und reaktionär. Eine progressive Modernisierungskritik hatte sich zwar in der Arbeiterbewegung und der Kapitalismuskritik herausgebildet, aber die war klassenspezifisch geblieben, richtete sich nicht gegen den Produktivismus des Industriesystems und hatte als eine Kritik, die sich vor allem auf Verteilungs-, nicht auf Begrenzungsfragen konzentrierte, keine starke ökologische Dimension. Erst mit der Herausbildung und gesellschaftlichen Verankerung der neuen emanzipatorischen Normen und mit den ökologischen und sozialen Nebenwirkungen der ersten Moderne bekam eine *progressive* Modernisierungskritik eine breite gesellschaftliche Basis. Und insofern war die von Beck diagnostizierte Krise der Moderne tatsächlich eine »Siegkrise«. Natur und Ökologie spielten für ihn dabei eine Doppelrolle insofern, als in der zweiten Moderne erstens die ökologischen Nebenfolgen behoben werden sollten, die die erste Moderne hinterlassen hatte, und zweitens sollten ökologische Imperative zum funktionalen Ersatz für die moralischen Imperative werden, die sich nicht länger aus der Religion, aus der Tradition oder einer vermeintlich transzendentalen Vernunft ableiten ließen.[43]

43 Vgl. dazu z. B. Böhme 1992.

## 4.4 *Ökologisierung, Demokratisierung, Weltgesellschaft*

Zweite Modernisierung bedeutete für Beck also eine »Modernisierung der Moderne« nach Maßgabe genau der emanzipatorischen Normen, der Verständnisse von Subjektivität, Freiheit und Selbstbestimmung, die sich mit der ersten Moderne – und insbesondere durch die stille Revolution um die Wende zu den siebziger Jahren – als universalistische Werte und gesellschaftlicher Anspruch hegemonial durchgesetzt hatten. Entsprechend den festgestellten Defiziten der ersten Moderne umfasste die inhaltliche Agenda der zweiten Moderne für Beck dabei vor allem (a) den ökologischen Umbau der Industriegesellschaft, der für die Verwirklichung der neuen Subjektivitätsvorstellungen ebenso eine Voraussetzung war wie für die von Teilen der Bewegungen auch der Natur zuerkannte Eigenwertigkeit, (b) die volle Demokratisierung der einstweilen als noch sehr unvollständig demokratisch wahrgenommenen Politik und Gesellschaft und (c) die Entwicklung einer kosmopolitischen Weltgesellschaft, die sowohl zur Lösung ökologischer Probleme als auch mit Blick auf die Verwirklichung universalistischer Normen der Freiheit und Selbstbestimmung eine notwendige Voraussetzung war.

In Bezug auf den ökologischen Umbau der Industriegesellschaft sind Becks Erwartungen und Hoffnungen – ebenso wie das, was ich als ÖEP bezeichne – zunächst klar von dem zu unterscheiden, was seit Mitte der achtziger Jahre als »ökologische Modernisierung«

firmiert und bis heute als das dominante Paradigma der Umwelt-, Nachhaltigkeits- und Klimapolitik geblieben ist.[44] Diese Unterscheidung ist wichtig, weil in der Literatur zuweilen zwischen »industrieller« und »ökologischer« Modernisierung unterschieden wird, so als handele es sich dabei um verschiedene Phasen der Moderne.[45] Beide sprechen von Ökologie, und bei beiden geht es um Modernisierung. Aber was Beck im Sinn hatte, war sehr viel umfassender als das Projekt der »ökologischen Modernisierung«.[46] Der entscheidende Unterschied liegt darin, dass bei Beck – ebenso wie bei dem, was ich als das ÖEP bezeichne – die emanzipatorische Dimension absolut zentral ist, denn emanzipatorische Normen bestimmen hier, wie ökologische Phänomene wahrgenommen werden und wie die *ökologische Frage* gerahmt wird. Emanzipatorische Normen stehen also sowohl bei der Definition ökologischer Probleme als auch bei der Formulierung von Lösungsvorschlägen ausdrücklich im Zentrum. Denn »hinter allen Versachlichungen«, betonte Beck sehr richtig, »tritt früher oder später die Frage nach der *Akzeptanz* hervor und damit die alte neue Frage, *wie wollen wir leben*? Was ist das Menschliche am Menschen, das Natürliche an der Natur, das es zu bewahren gilt?« Und wenn in der öffentlichen Debatte allenthalben von der ökologischen Katastrophe die Rede ist, dann sei das, so Beck, letztlich vor allem »der überspitzte, radikalisierte, ins Sachliche hinein gewendete Ausdruck dafür, daß diese Entwicklung

44 Vgl. hierzu Kapitel 5.1 und 6.2.
45 Vgl. z. B. Spaargaren und Mol 1992.
46 Vgl. auch z. B. v. Prittwitz 1993; Jänicke 2007.

*nicht gewollt* wird«.[47] Genau dieses Wollen macht die Ökologisierung, so wie Beck sie verstand, zu einer Dimension der zweiten Moderne, die die Industriegesellschaft ja ausdrücklich nach Maßgabe der neuen Subjektnormen umbauen wollte, die im Zuge der stillen Revolution hegemonial geworden waren.

Bei der »ökologischen Modernisierung« im heute vorherrschenden, technokratischen Sinne kommt die subjektive und emanzipatorische Dimension dagegen überhaupt nicht bzw. immer nur implizit vor. Sie entspricht in ihrem Geist stattdessen voll Becks erster Moderne. Denn hier wird im herkömmlich modernistischen Sinne davon ausgegangen, dass ökologische Probleme *objektiv* bestehen und sich wissenschaftlich feststellen lassen. Die Frage, aus welcher Perspektive und auf Grundlage welcher Normen sie als problematisch wahrgenommen werden, wird nicht gestellt bzw. thematisiert, sondern es wird ganz im Sinne der hergebrachten Moderne davon ausgegangen, dass Wissenschaft, Technologie und effizientes Management diese Probleme eindeutig benennen können und dann lösen werden. Ökologische Modernisierung in diesem Verständnis verlässt sich also voll auf die Sicherheiten und Instrumente der traditionellen Moderne und schreibt deren Logik und Grammatik fort. Becks Hoffnungen – und das ÖEP – zielten demgegenüber gerade auf die Ablösung dieses traditionellen Verständnisses. Sie reagierten auf die Auflösung der hergebrachten Sicherheiten und bemühten sich im Namen der neuen emanzipatori-

47 Beck 1986, S. 37; vgl. hierzu Kapitel 3.1 und 3.2.

schen Normen, die Grammatik und Logik der Moderne so zu verändern, dass aus der bisher noch »halbierten Moderne« tatsächlich eine »Mehr-Moderne« würde.

Beck glaubte, die Voraussetzungen dafür seien in der Risikogesellschaft besonders gut. »Die Konstellation für Kritik«, sagte er, »auch für radikale Kritik[,] war noch nie so günstig.« Angesichts der unübersehbaren ökologischen und sozialen Nebenfolgen der bisherigen Modernisierung werde die Gesellschaft nun ernsthaft »selbstkritisch«.[48] War die (ökologische) Gesellschaftskritik bis dato noch vor allem von intellektuellen Eliten und avantgardistischen Nischenbewegungen ausgegangen, komme sie in der Risikogesellschaft aus allen Teilen der Gesellschaft und aus der alltäglichen Erfahrung der Menschen von und der Betroffenheit durch die neuen Risiken. Das gemeinsame Interesse der Menschheit am Überleben, hoffte Beck, werde nun für die Gesamtgesellschaft zum Katalysator für eine tatsächlich transformative Kritik. Denn »Naturzerstörungen« seien eine »Moral jenseits der Moral«, die »eine Gesellschaftskritik jenseits der Gesellschaftskritik« ermögliche.[49] Damit meinte er, dass die ökologische Krise Maßstäbe, Kriterien und Imperative liefere, die im Vergleich zu den Normen der bisherigen Gesellschaftskritik sehr viel mehr Kraft entfalten könnten. Die ökologische Bedrohung biete die Möglichkeit für eine »*Remoralisierung* aller gesellschaftlichen Handlungsbereiche« und

48 Beck 1993, S. 53.
49 Beck 1988, S. 93.

»ein die ganze Gesellschaft bis in ihre Kapillaren durchdringendes Moralgefühl«.[50]

Hier droht Beck seine eigene Unterscheidung zwischen dem ökologischen Umbau der Industriegesellschaft als Projekt der zweiten Moderne, das im Zeichen der radikalen Unsicherheit steht, und der ökologischen Modernisierung im Sinne der ersten Moderne, also nach Maßgabe vermeintlich objektiver, wissenschaftlicher Problemdiagnosen und Lösungsstrategien, zu unterlaufen. Zwar beschrieb er es als den »Fixstern« der Risikoepoche, »daß das Normensystem der Rationalität mit seiner Autorität und Durchsetzungsmacht seine eigenen Grundlagen aufhebt«.[51] Das hinderte ihn aber nicht daran, in die gesamtgesellschaftliche Erfahrung ökologischer Risiken und Katastrophen große integrative und transformative Hoffnung zu setzen: »Die Gefahr des Klimawandels« bewirke »eine *Umwertung der Werte*« und justiere »unsere moralische Orientierung neu«.[52] Beck sah eine »Gesellschaft des schlechten Gewissens«[53] entstehen und ging davon aus, dass dieses schlechte Gewissen sich in dem Maße weiter verstärken werde, wie das Wissen um die ökologische Bedrohung in der Gesellschaft weiter zunehme. Weil »der Weltuntergang« »vor nichts und niemandem Halt« mache, entstünden mit der Klimakrise »gemeinschaftlich produzierte Risikowahrnehmungen und Normenhorizonte«. Das »globale Risiko des Klimawandels« stelle so etwas wie »ein

50 Beck 1993, S. 17 und 28.

51 Ebd., S. 43.

52 Beck 2017, S. 66.

53 Beck 1993, S. 23.

unumgängliches kollektives Gewissen« dar.[54] »Die nachtraditionale Welt« zerfalle also nur »scheinbar in anomische Individualisierungen«. Tatsächlich habe sie »mit den Herausforderungen selbstverschuldeter Selbstgefährdungen auch einen Jungbrunnen für Re-Moralisierung«. Die ökologische Krise erzeuge »ein kulturelles Rot-Kreuz-Bewußtsein«: Hier müsse »gehandelt werden«, sagte er ganz im Duktus der aktivistischen Bewegungen, »und zwar sofort, überall, von allen, unter allen Umständen«.[55]

In Bezug auf das Demokratisierungsprojekt sind die »Erfindung des Politischen« und die neue »Subpolitik« Becks Kernbegriffe. Mit beiden zielte er auf das mit der stillen Revolution erstarkte Selbstbewusstsein der Bürgerinnen und Bürger und deren neuen Anspruch auf politische Mündigkeit und Selbstbestimmung. Angesichts der Nebenfolgen der bisherigen Moderne, so Beck, trauten die Menschen den bestehenden politischen Institutionen die Lösung der anstehenden Probleme nicht mehr zu und seien auch nicht länger bereit, den etablierten Eliten die Verantwortung zu überlassen. Wegen ihrer demokratischen Defizite und nationalstaatlichen Beschränkung sähen die Menschen beide vielmehr selbst als wesentlichen Teil des Problems. Sie stünden für das System der »organisierten Unverantwortlichkeit«. Doch im gleichen Maße, wie die in der bisherigen Moderne bestimmenden »drei Säulen der Sicherheit«, der Staat, die Wissenschaft und die Wirtschaft, erodierten und

54 Beck 2017, S. 55 und 56.
55 Beck 1995, S. 184-187.

»bei der Erzeugung von Sicherheit« versagten, würden die *»selbstbewussten Bürger* zu ihren rechtmäßigen Erben«.[56] In der »halbierten Moderne«, so Beck, konnten die Bürgerinnen und Bürger noch nicht wirklich selbst entscheiden. Demokratische Institutionen waren bestenfalls repräsentativ, aber nicht demokratisch im Sinne echter Bürgersouveränität. Die Technologie entwickele sich rasch, ihre Entwicklung folge aber vor allem den Interessen der Wirtschaft und könne nicht von den Bürgern selbst bestimmt werden. Die Wirtschaft wiederum bediene die Interessen der Kapitaleigner, nicht aber die der Bürger und des Gemeinwohls. Entsprechend gehe es bei der *Neuerfindung des Politischen*, so der rückübersetzte Titel der überarbeiteten englischsprachigen Ausgabe,[57] erstens um die partizipatorische Demokratisierung der liberalen, repräsentativen Demokratie, zweitens um die Umorientierung des bisher vorherrschenden liberalen Individualismus auf die Gemeinschaftsinteressen und das Wohlergehen der Gesamtgesellschaft und drittens um den Aufbau einer globalen Bürgergesellschaft, da nur neue Formen der politischen Organisation jenseits der nationalstaatlichen Moderne geeignet seien, mit den spezifischen Problemen der globalisierten Risikogesellschaft umzugehen.

Erst die Neuerfindung des Politischen, glaubte Beck, schaffe »Institutionen, die eine ökologische Erneuerung der Moderne ermöglichen und Technik konsensfähig machen« könnte. Sie könne das Ideal des *autonomen*

56 Beck 2007, S. 93.
57 Beck 1997.

*Subjekts* und die in diesem Ideal implizierten Werte zum Maßstab der Politik, der Verwaltung, der Wirtschaft, der Technik und jedes anderen gesellschaftlichen Bereichs machen. Erst dann könnten »wir, die Bürger, [...] wirklich neu überlegen: Wie wollen wir leben – mit oder ohne Technik oder mit welcher Technik wie?«[58]

In der Praxis vollzieht sich die Neuerfindung des Politischen für Beck in der neuen experimentellen »Subpolitik«, also in den vielfältigen Bewegungen und zivilgesellschaftlichen Initiativen, in denen sich seit den siebziger Jahren die mit neuem Selbstbewusstsein ausgestatteten Bürgerinnen und Bürger engagieren. »Der Begriff Subpolitik«, erklärte Beck, »benennt die Entkoppelung von Politik und Regierung«; er verweise darauf, dass »gestaltende Politik auch jenseits der repräsentativen Institutionen des Nationalstaats möglich wird«. Beck sprach von einer »neuen politischen Konstellation«: »Mit dem Bewusstwerden der Risiken« gerieten »die Grundlagen, Koordinaten und vorgestanzten Koalitionen der Weltrisikogesellschaft in Bewegung«. Subpolitik repolitisiere alle gesellschaftlichen Bereiche und Themen: »Alle Handlungsfelder – in der Wirtschaft ebenso wie in der Wissenschaft, in Privatheit und Familie wie in der Politik – geraten an einen entscheidenden Wendepunkt: Sie müssen neu gerechtfertigt, neu verhandelt, neu austariert werden.«[59] Die Leitfragen seien dabei: »Wie ist (politische) Gestaltung möglich?«, »Wie

58 Beck 1993, S. 23.
59 Beck 2017, S. 178, 186, 187 und 177.

ist intelligente Selbstbegrenzung möglich? Wie sind Produktions-, Lebens-, Politikformen möglich, die die Suizidalität der industriellen Moderne überwinden«, so dass »der Umbau von einer nationalen Selbstzerstörungs-Wirtschaft zu einer globalen und demokratischen Weltzivilisation gelingt«?[60]

Beck sah bereits »Anzeichen für eine globale Selbstorganisation nichtstaatlicher Politik, die tendenziell alle gesellschaftlichen Felder in Bewegung setzt«. »Im spielerischen Zusammenschluss der Gegensätze zum überkulturellen globalen Widerstand«, glaubte er nach der Banken-, Finanz- und Wirtschaftskrise ab 2008, erfahre »eine Weltbürgergesellschaft ihre direkte Macht«.[61] Bereits deutlich vor der neuen Klimabewegung und Fridays for Future sprach er von einem »nun greifbare[n] globale[n] Klimaschutz-Konsens«, der für eine globale Subpolitik ideale Voraussetzungen schaffe. Er erkannte »Umrisse einer global citizenship«: »Die neue Konstellation einer globalen Subpolitik entfaltet sich.« Ausdrücklich wehrte er sich gegen »die weitverbreitete Rede vom Ende der Politik, der Demokratie oder vom Verfall aller Werte«.[62] Ebenso wie er sich mit dem Konzept der zweiten Moderne insgesamt gegen die Diagnose der Postmoderne stemmte, richteten sich auch die Konzepte der »Neuerfindung des Politischen« und der »Subpolitik« ausdrücklich gegen die Diagnose der Postpolitik und Postdemokratie. Als Pionier alternativer Politik-, Lebens- und Gesellschaftsformen und einer sozialökolo-

60 Beck 1993, S. 65 und 64.
61 Beck 2017, S. 178 und 186.
62 Ebd., S. 191, 176 und 187.

gischen Transformation organisiere die Subpolitik vielmehr, was auch in der breiteren Bewegungsforschung immer wieder als »Aufbruch in eine andere Gesellschaft« und eine »Demokratie von unten« beschrieben wurde.[63]

Becks dritte zentrale Dimension der reflexiven Modernisierung ist bereits mehrfach angeklungen: die Überwindung der Nationalstaatlichkeit der bisher noch »halbierten Moderne«. Beck war überzeugt, dass die Risikogesellschaft unvermeidlich und im Selbstlauf über die Nationalstaatlichkeit in eine kosmopolitische Weltgesellschaft hinaustreibt, denn die in der stillen Revolution hegemonial gewordenen Vorstellungen von Autonomie und Subjektivität sind dem Anspruch nach universelle Werte und die Probleme der ersten Moderne lassen sich nicht nationalstaatlich lösen. Die Probleme der Risikogesellschaft wirken, glaubte Beck, nicht nur innergesellschaftlich integrativ und als Gegengift zu den Zentrifugalkräften der individualisierenden Freisetzung aus den bisherigen Zwängen, sondern sie ebnen auch den Weg zur Weltgesellschaft. In der »nachreligiösen und postnationalen Welt« sei die »Idee der Menschenrechte, als verinnerlichte Basis und Identität des *eigenen Lebens*«, eine »Quelle der immanenten Transzendenz und Selbstbegrenzung der Individualisierung«, die eine »kosmopolitische Sozietät« begründen könne.[64] Beck hoffte, dass über die drängenden Zukunftsfragen eine »projektive Integration« gelingen könnte.[65] Es sei eine

63 Brand et. al. 1983; Roth 1994.
64 Beck 2001, S. 6.
65 Beck 1994, S. 35.

»Ironie des Risikos«, dass es für seine eigene Überwindung mobilisiere und die Krise der ersten, nationalstaatlichen Moderne gewissermaßen ihr eigenes Korrektiv erzeuge: das »kosmopolitische Moment«. Und dieses kosmopolitische Moment habe das Potenzial, die »hochindividualisierte Weltrisikogesellschaft« zu einen.[66]

Beck diagnostizierte den Übergang vom »normativen« zum »deskriptiven« und vom »idealistischen« zum »realistischen« Kosmopolitismus.[67] Er meinte damit, dass in der zweiten Moderne jeder Aspekt des Lebens, ob die Bürgerinnen und Bürger es wollen und merken oder nicht, geprägt ist von und eingebettet in transnationale(n) und globale(n) Strukturen. »Der Alltag wird kosmopolitisch.«[68] »Katastrophen-*für-andere*« verwandelten sich angesichts ihrer internationalen und globalen Auswirkungen unvermeidlich in »Katastrophen-*für-uns*«.[69] Die »wahrgenommene Globalität zivilisatorischer Selbstgefährdungen« setze einen »politisch gestaltbaren Impuls zur Revitalisierung nationaler Politik und zur Ausbildung und Ausgestaltung kooperativer internationaler Institutionen« frei. Sie befördere die Herausbildung »einer globalen und direkten *Subpolitik*, welche die Koordinaten und Koalitionen nationalstaatlicher Politik relativieren, unterlaufen und zu weltweiten *Bündnissen sich ausschließender Überzeu-*

66 Beck 2007, S. 108, 109 und 134.
67 Ebd., S. 334; 2017, S. 24.
68 Beck 2007, S. 40.
69 Beck 2017, S. 161.

*gungen* führen können«.[70] Beck vertraute fest auf die Möglichkeit der »Neuerfindung sämtlicher Basisinstitutionen der modernen Nationalgesellschaft«. Sowohl innergesellschaftlich als auch zwischengesellschaftlich wirke die Wahrnehmung globaler Krisen als »eine Art Kitt für Diversität«. Globale Risiken enthielten »eine embryonale Antwort darauf, wie in der Kakophonie der globalisierten Welt neue Arten von *Risikogemeinschaften*« entstehen könnten, »die weder auf Herkunft noch auf räumlicher Anwesenheit basieren«, sondern eben auf einer »kosmopolitischen Sozietät«.[71]

## *4.5 Himmelsgeschenk*

So addieren sich die ökologische Remoralisierung, die Neuerfindung des Politischen und das kosmopolitische Moment in Becks Augen zu einer transformativen Dynamik, zu einer durch die Risikokonstellation ausgelösten, selbstläufigen Modernisierung, die die bisher noch halbierte Moderne in eine neue, eine zweite Moderne transformiert, in der die gesellschaftlichen Institutionen den Idealen der Moderne endlich voll entsprechen. Anders als für die aktivistischen Bewegungen waren für Beck dabei die Nebenfolgen der industriellen Moderne nicht per se interessant, sondern vor allem als Katalysator von deren Krise und für deren Metamorphose in eine neue Moderne, die in ökologischer und demokrati-

70 Beck 2007, S. 154.
71 Ebd., S. 98 und 336.

scher Hinsicht sowie auch in ihrer weltgesellschaftlichen Ausrichtung der ersten, industriellen Moderne gegenüber eine deutliche Weiterentwicklung zu bedeuten versprach. Becks Interesse war eben vor allem ein gesellschafts- und modernisierungstheoretisches: »Gegen die *noch* vorherrschende Vergangenheit« wollte er, wie oben zitiert, »die sich heute schon *abzeichnende Zukunft* ins Blickfeld« rücken.[72]

Insgesamt war Beck davon überzeugt, dass der modernen Gesellschaft mit der neuen Risikolage zwar eine »herkulinische Aufgabe« zuwachse, gleichzeitig aber auch ein dringend benötigter neuer Sinnhorizont.[73] Vor allem die ökologische Krise sah er als Chance, der seit dem Zerfall der großen Erzählungen halt-, orientierungs- und perspektivlos erscheinenden Gesellschaft, die Beckett in seinen Theaterstücken porträtiert hatte, wieder eine klare Orientierung zu geben. Die ökologische Frage sei für die »postmoderne, abgeschlaffte, gesättigte, sinnleere, fatalistische Gänseleber-Kultur« eine Art »Himmelsgeschenk«, weil sie jenseits von Religion und transzendentaler Vernunft »neue Fraglosigkeiten – Rigiditäten« schaffe, die der zermürbenden postmodernen »Dauer- und Selbstbefragung endlich ein Ende bereiten«.[74] Gegen die in den achtziger Jahren verbreiteten Szenarien und Ängste der *Ökokalypse* insistierte Beck: »Ökologische Gefahren, weit davon entfernt, eine allgemeine Sinnlosigkeit und Sinnleere der Moderne zu verschärfen und bestärken, erschaffen ei-

72 Beck 1986, S. 12.

73 Beck 1995, S. 185.

74 Beck 1993, S. 246f. und 143f.

nen inhaltlichen Sinnhorizont des Vermeidens, Abwehrens, Helfens, ein mit der Größe der Gefahr sich verschärfendes moralisches Klima, in dem die dramatischen Rollen von Heroen und Schurken eine neue alltägliche Bedeutung bekommen«. Er begriff »die ökologische Frage als ein Himmelsgeschenk der universellen Selbstreformation einer bislang fatalistischen Industriemoderne«, das das Potenzial habe, die postmodern erschöpfte Gesellschaft »aus der Lethargie und dem Pessimismus der Konfrontation« herauszubewegen.[75]

Beck glaubte also an eine »Widergeburt der Moderne«, die die grundsätzlichen Mängel und Defizite der bisherigen Moderne beheben und damit die bisher noch halbierte Moderne zu ihrer Vollendung führen würde.[76] Als normativer Maßstab der weiteren Modernisierung und als deren Zielhorizont galt für ihn weiterhin das Ideal des autonomen Subjekts, das eigentlich schon in der industriellen Moderne bestimmend sein sollte, aber erst an der Schwelle zur zweiten Moderne genügend politische Kraft gewonnen hatte. Statt sich kulturpessimistischen Niedergangsszenarien oder postmoderner Kulturkritik hinzugeben, insistierte Beck optimistisch: »Lösungen und Erlösungen wurden stets aus den untergegangenen Gewissheiten der vorangegangenen Epoche geformt.« In der Risikogesellschaft und der Krise der Moderne sah er nicht den »Untergang der Welt«, sondern lediglich den Untergang »der Weltge-

75 Beck 1995, S. 185 und 190.
76 Beck 2017, S. 155.

wissheiten der Ersten Moderne«.[77] Und aus deren Ruinen sah er eine neue Moderne wachsen – viel konkreter als etwa Polanyi, der bestenfalls »die Ecksteine« einer neuen Welt erkannte.[78] Aus der Krise der industriellen Moderne schmiedete Beck also eine »neue große Erzählung«, nämlich die von der zweiten Moderne.

77 Beck 2007, S. 385 und 386; vgl. die Überlegungen in Kapitel 1.
78 Vgl. Kapitel 3.

# 5
# Entzauberung einer Legende

Aus heutiger Perspektive erscheinen Becks Hoffnungen – zumal in der Einfachheit, wie sie hier bisher dargestellt wurden – »übertrieben optimistisch«.[1] Wenn es um den großen Aufbruch und Optimismus der siebziger und achtziger Jahre geht, um die große Desillusionierung und Ernüchterung der heutigen Spätmoderne sowie um die Metamorphose dieser Spätmoderne in eine *andere* Moderne, ist Becks Theorieansatz jedoch äußerst erhellend. Denn er bildet ziemlich genau die Hoffnungen, Werte, Überzeugungen, Selbstverständnisse und die Aufbruchsstimmung ab, die für die NSB typisch und für das ÖEP konstitutiv waren und deren Zerfall und Enttäuschung heute wiederum das unterscheidende Merkmal der Spätmoderne bilden. Beck sah die NSB als Pioniere, als das politische Subjekt einer grundlegenden gesellschaftlichen Transformation, und spiegelte damit die Hoffnungen und Erwartungen, die nicht nur in den sozialen Bewegungen der Zeit, sondern auch in der damaligen Forschungsliteratur sehr präsent waren[2] – und es zum Teil bis in die Gegenwart sind. Doch auch wenn seine Arbeit sehr genau die Glaubenssätze und Kernelemente der NSB und des ÖEP dokumentiert, ver-

1 Staab 2022, S. 16.
2 Vgl. z.B. Rucht 1994.

stand Beck sich primär als Gesellschaftstheoretiker, nicht als Chronist der NSB oder aktivistischer Bewegungsforscher. Und als Soziologe sprach er auch aus, was die NSB und die Akteure des ÖEP nicht ohne Weiteres sehen bzw. sagen konnten oder wollten – weil das politisch kontraproduktiv gewesen wäre – und was sie auch bis in die Gegenwart hinein oft nicht aussprechen. In dieser Rolle, also *als Soziologe*, betonte Beck immer wieder, dass all das, was er von der zweiten Moderne erwartete, bestenfalls Hoffnungen und Möglichkeiten waren, keineswegs aber Gewissheiten. Aus seiner Perspektive als Gesellschaftstheoretiker lieferte er stets einen Subtext mit, in dem er ausführte, warum das, was die Bewegungen, die aktivistische Bewegungsliteratur und auch er selbst hofften und gern geglaubt hätten, womöglich – oder wahrscheinlich – gar nicht funktionieren kann und das ÖEP die selbstgesteckten Ziele also wohl nie erreichen wird.

Insofern nahm Beck eine Zwischenstellung ein zwischen der soziologischen Analyse dessen, *was ist*, und der aktivistischen Literatur, die vor allem der politischen Mobilisierung und Transformation für das verpflichtet ist, was *sein soll*. Das Genre der Zeitdiagnose und Becks Rolle als öffentlicher Intellektueller erlaubten ihm eine erhebliche innere Widersprüchlichkeit, die ihm soziologische Fachkollegen immer wieder angekreidet haben. Doch gerade Becks kaum versteckte Inkonsistenzen, sein Ringen mit der eigenen Hoffnung, seine Unsicherheit, sind instruktiv. Beck zu lesen ist aus heutiger Perspektive nicht deswegen sinnvoll, weil man bei ihm lernen könnte, wie und warum eine SÖT in Gang kommt und gelingen kann, sondern, weil er die Werte, Hoffnungen, Wahrnehmungen, Diagnosen und Glaubenssätze abbildet, die für das ÖEP konstitutiv waren bzw. sind, weil er – ohne dass hier sein Schwerpunkt und sein Interesse gelegen hätte – darauf reflektiert, warum die SÖT letztlich kaum gelingen kann, und weil er mit der Spannung zwischen dem Erhofften und seinem Scheitern genau das offenlegt, was das spezifisch Spätmoderne und der besondere Charakter des spätmodernen Abgrundes ist – nämlich der Zusammenbruch der Erzählung von der reflexiven Modernisierung und vom ÖEP.

War es im vorigen Kapitel also zunächst darum gegangen, mit Beck einen gesellschafts- und modernisierungstheoretischen Rahmen für die Interpretation der Krise der Moderne und des ÖEP (doppelte Unhaltbarkeit) zu schaffen, geht es nun darum, Becks Theorie der zweiten Moderne für etwas nutzbar zu machen, für das sie eigentlich nie gedacht war. Denn erstens bezog sich Beck auf eine andere Krise der Moderne als die heute aktuelle, und zweitens stand bei ihm die *Entstehung* des ÖEP und der Erzählung von der zivilgesellschaftlich organisierten SÖT im Zentrum, während hier deren *Unhaltbarkeit* und *Zerfall* den Fokus bilden. Entsprechend wird das, was im vorigen Kapitel zunächst *rekonstruiert* wurde – Becks Erzählung von der zweiten Moderne und der Hoffnung auf den zivilgesellschaftlich organisierten Aufbruch in eine sozialökologisch transformierte Gesellschaft – nun *dekonstruiert*, indem der zweifelnde Subtext ins Zentrum gerückt wird, den Beck immer mitgeschrieben hat, mit dem er seine eigenen

Hoffnungen stets skeptisch begleitete. Dabei wird aus der spätmodernen Gegenwartsperspektive zunächst Becks wiederholter Hinweis aufgegriffen, dass die *Entstehung* der Krise der ersten Moderne sich zwar selbstläufig und unverhinderbar entfaltet, ihre *Auflösung* in der zweiten Moderne aber letztlich vor allem eine Hoffnung und ein Projekt ist. Bei der Erklärung, warum diese optimistische Hoffnung offensichtlich weiterhin unerfüllt bleibt, spielt dann Becks mehrdeutiger Begriff der »Reflexivität« eine zentrale Rolle. Darauf aufbauend rücken die inneren Widersprüche in den Mittelpunkt, an denen das ÖEP letztlich zerbricht und gleichzeitig – ungewollt, unbemerkt, unbewusst und als Nebenwirkung – die Entstehung von etwas Neuem befördert, das die NSB weder intendiert noch je für möglich oder gar für wünschenswert gehalten hatten. Insgesamt wird hier also der Versuch unternommen, »mit Beck über Beck hinaus« zu gehen – seine Theorie in einer Weise zu nutzen, zu würdigen, zu erweitern und zu aktualisieren, die im Sinne der Agenda dieses Buches einerseits einen Beitrag zur Theorie der Spätmoderne leistet und andererseits zur Erklärung der Unhaltbarkeit, des Zerfall und der Repolitisierung des ÖEP.

## *5.1 Kein automatischer Übergang*

Drohende Katastrophen, glaubte Beck, »öffnen uns die Augen und geben Anlass zur Hoffnung«. Neben der Bedrohung gehe auch »eine Ermutigung« von ihnen aus.[3] Denn »das existentielle Gefahrenmoment« eröffne unbeabsichtigt das »Glück eines möglichen Neuanfangs«. »Der von der Gefahr erzeugte Schock« *verlange* nach einem Neuanfang.[4] Genau dieses Projekt eines Neuanfangs war das ÖEP. Wie Beck haben auch die Aktivisten des ÖEP immer an die »aufklärerische Funktion des globalen Risikos« geglaubt und an das »kosmopolitische Moment der Weltrisikogesellschaft«, die als eine »List der Geschichte«[5] durch die Bedrohungen und Unsicherheiten der Gegenwart hindurch den emanzipatorischen Fortschritt sichern und die Menschen »zur Vernunft bringen« würden. Bis in die Gegenwart hängen Bewegungen, die »planetare Grenzen« als kategorische Imperative betrachten und »Listen to the science!« fordern, dieser Hoffnung nach. Aber Beck behielt immer Zweifel. Ausdrücklich betonte er, dass es keine einfachen Lösungen gibt und »die Welt durch die positiven Nebenfolgen negativer Nebenfolgen« nicht »automatisch eine bessere wird«:[6] »*Es gibt keinen automatischen Übergang von der Entsicherung der klassischen Industriegesellschaft zu der Reflexion dieser Selbstaufhebung und Selbstveränderung.*«[7] Zwar hoffte er, dass »die zweite Moderne, in die wir längst hineingeschlittert sind«, eine *politische* Moderne sei, »eben eine Moderne, die u. a. auch zur Erfindung des Politischen anregt«, aber der »analytische Kern« seiner Theorie, so

3 Beck 2017, S. 65.
4 Beck 2007, S. 97.
5 Ebd., S. 109ff.
6 Beck 2017, S. 70.
7 Beck 1993, S. 15, Herv. im Original.

sagte er unzweideutig, »besagt gänzlich amoralisch und hoffnungsfrei: Reflexive Modernisierung erzeugt fundamentale Erschütterungen, die als Gegenmoderne *entweder* Wasser auf die Mühlen des Nationalismus und Neofaschismus leiten (nämlich dann, wenn die Mehrheit im Verschwinden der Sicherheiten nach neu-alten Rigiditäten ruft und greift) *oder* aber im Gegenextrem zu einer Reformulierung der Ziele und Grundlagen westlicher Industriegesellschaften genutzt werden können.«[8]

Aus heutiger Perspektive ist offensichtlich, dass statt der optimistischen Hoffnungen eher die Kehrseite wahr geworden ist, die Beck immer mitgedacht hatte: Klimaschutz und sozialökologische Transformation sind keine Konsens- und keine Menschheitsthemen geworden, sondern zum großen Spaltungsthema und Kristallisationspunkt für Hass avanciert. Weder inner- noch zwischengesellschaftlich hat sich eine Risikogemeinschaft herausgebildet. Ein ökologischer Umbau der Industriegesellschaft hat bisher bestenfalls ansatzweise und nur im Sinne einer *ökologischen Modernisierung* stattgefunden, die die Logik und Grammatik der ersten Moderne nicht verändert, sondern befestigt. Zwar hat sich bestätigt, dass das Thema Klima und der ökologische Umbau der Gesellschaft stark moralisieren, politisieren und polarisieren. Aber anders als Beck erwartet hatte, ist »Ökologiedienstverweigerung« sehr wohl eine Option geworden, ja sogar eine ziemlich verbreitete. Und in spätmodernen Gesellschaften hat sich

8 Ebd., S. 14 und 16f.

zwar in der Tat ein ökologiepolitischer »Verteidigungskonsens« herausgebildet,[9] der verteidigt aber nicht das ÖEP und die Idee einer SÖT, sondern in erster Linie den erreichten Wohlstand und die etablierte Ordnung der Nicht-Nachhaltigkeit.[10] Tatsächlich hat sich angesichts der neuen Moralisierung und Polarisierung sowie der Vielfalt inkompatibler Werte und Interessen in der Gesellschaft längst ein Zustand der ökopolitischen Selbstlähmung und Unregierbarkeit etabliert.[11]

All das hatte Beck als Möglichkeit durchaus mitgedacht. Zwar war er sich sicher, »daß die ökologische Frage ein phantastisches Moral*milieu* bildet«. In welche Richtung diese Moralisierung zielen und wirken würde, ließ er aber offen, und er sah auch, dass »in der Realität« die moralischen Wertesysteme »scheinbar ersatzlos« erodieren.[12] Beck befürchtete sogar, »daß wir am Anfang eines historischen Gewöhnungsprozesses stehen« könnten, in dem »mit der Verletzung« ökopolitischer Normen, diese »Maßstäbe [selbst] verlorengehen«.[13] Die Forderungen nach einem ökologischen Umbau der Industriegesellschaft bezeichnete er an einer Stelle ausdrücklich als »politische Leer- und Lernformeln« und gestand damit ein, dass es kategorische Ökoimperative, die dem ÖEP einen Leitfaden geben, letztlich nicht gibt.[14] Die »historische Chance einer ökologischen Mo-

9 Beck 1995, S. 186.

10 Vgl. Kapitel 1 und 2; auch Blühdorn 2020b.

11 Vgl. Kapitel 3.2 und 6.2.

12 Beck 1993, S. 28 (Hervorhebung hinzugefügt), S. 27.

13 Beck 1986, S. 111; vgl. dazu auch die zentrale These von Kapitel 3.6.

14 Beck 1993, S. 19.

ral« bedeutete für ihn also keineswegs, dass eine Ökologisierung der modernen Gesellschaft sicher – oder auch nur sonderlich wahrscheinlich – wäre.[15]

Ebenso wenig hat die Neuerfindung des Politischen, die demokratische Selbstbestimmung und ein gutes Leben für alle ermöglichen sollte, in der erhofften Form stattgefunden. Der Ausbruch aus den Traditionen, die Freisetzung aus den Strukturen der Industriemoderne, die Befreiung aus den sozialen Bindungen, hat vielmehr eine Leerstelle hinterlassen, die entgegen Becks Hoffnung weder mit bürgerlicher Mündigkeit noch mit ökologischer Vernunft und kollektiver Verantwortlichkeit gefüllt werden konnte. Die mündige, inklusive Bürgergesellschaft hat sich nicht gebildet und hat insbesondere kein geteiltes Bewusstsein als politischer Akteur und kollektiver Träger der ökosozialen Verantwortlichkeit entwickelt. Stattdessen haben in der Spätmoderne Orientierungslosigkeit, alternative Fakten und Verschwörungserzählungen Konjunktur. Die Erfindung des Politischen brachte nicht die Ermächtigung der Bürgerinnen und Bürger gegenüber den Eliten, sondern den Ausbau der (politischen) Privilegien einer ohnehin schon privilegierten Mittelklasse. Sie führte nicht zur erhofften Demokratisierung der Demokratie, sondern zur weiteren Verzerrung der politischen Repräsentation.[16] Die NSB und ihre neue, experimentelle Politik waren letztlich nicht die Pioniere einer sozialökologischen Transformation, sondern oftmals nur Pioniere der Gentrifizie-

15 Beck 1993, S. 29.
16 Vgl. z. B. Manow 2020; Schäfer und Zürn 2021; Elsässer et al. 2021; vgl. auch Kapitel 6.4.

rung der Innenstädte und der sozialen Distinktion.[17] Ihre Wertorientierungen, Lebensstile und ihr Aktivismus wurden ihrerseits zum Zünder für massive Gegenbewegungen der antiökologischen Rebellion.

Zu Recht diagnostiziert etwa Philipp Staab in der Spätmoderne daher eine »historische Enttäuschung über die mangelnde Wirksamkeit subpolitischer Bearbeitungsformen« gesellschaftlicher Problemlagen.[18] Diese Enttäuschung bewirkt ihrerseits Repolitisierungen in ganz verschiedenen Teilen der Gesellschaft. Hier wiederholt sich Becks Erfindung des Politischen. Allerdings werden heute nicht mehr – oder nicht nur – die etablierten gesellschaftlichen Institutionen radikal in Frage gestellt, sondern eben auch die Glaubenssätze und Errungenschaften des ÖEP.

Auch das hat Beck als Möglichkeit freilich vorhergesehen: Ebenso wenig wie die ökologische Remoralisierung der Gesellschaft notwendig einen ökologischen Umbau der Industriegesellschaft zur Folge habe, führe, so betonte er immer wieder, die neue Subpolitik automatisch in eine bessere Demokratie. Mit der Erfindung des Politischen tue sich »ganz zweifellos kein Hoffnungszeitalter, kein Paradies auf«, sondern auch hier drohten »Verhängnisse völlig neuen Ausmaßes«: »Ökodiktatur, Gewalt, Fundamentalismus«. Die Erfindung des Politischen könne auch gefestigte westliche Demokratien in »eine Schräglage versetzen, in der sich die Zerstörung beschleunigt«.[19] Die zivilisatorischen Nebenwirkungen

17 Vgl. z. B. Helbrecht 1996; Wiest und Hill 2004; Holm 2010.
18 Staab 2022, S. 178.
19 Beck 1993, S. 65 und 64.

der bisherigen Moderne hätten politische Nebenwirkungen, die »das politisch-demokratische System in seinem Bestand« bedrohten.[20] »Gerade mit dem Anwachsen der Gefahren«, warnte Beck, entstünden »in der Risikogesellschaft völlig *neuartige Herausforderungen an die Demokratie*«: Die Risikogesellschaft bringe »eine Tendenz zu einem *legitimen* Totalitarismus der Gefahrenabwehr« mit sich. Die Neuerfindung des Politischen könne entweder »Neofaschismus *oder* ökologische Demokratie; Ökodiktatur, Gewalt, Fundamentalismus *oder* eine Weiterentwicklung von Demokratie und Aufklärung« bedeuten.[21] Und tatsächlich: Sowohl für Tendenzen zu einem »*legitimen* Totalitarismus« als auch für neue Nationalismen und einen Neofaschismus bieten spätmoderne Gesellschaften reichlich Evidenz.

Und schließlich sind auch die kosmopolitische Verbrüderung und die Herausbildung einer globalen Weltrisikogemeinschaft eine unerfüllte Hoffnung geblieben. Immer und immer wieder hatte Beck betont, dass »globale Risiken, Krisen und Gefährdungen als Motor eines zunehmenden Bewusstseins der Globalität« wirken könnten.[22] Daraus haben sich aber weder ein kosmopolitischer Staat noch eine kosmopolitische Zivilgesellschaft entwickelt. Vielmehr lässt sich in der Spätmoderne ebenso wie die Fragmentierung der Zivilgesellschaft auch der Zerfall der sogenannten internationalen Gemeinschaft und ihrer Institutionen beobachten. Es war immer ein Widerspruch, dass Beck einerseits, so wie

20 Beck 1986, S. 106.
21 Beck 1993, S. 64, Herv. im Original.
22 Beck 2007, S. 327.

Gerhard Schulze, Zygmunt Bauman, Andreas Reckwitz und andere es später weitergeführt haben, die Auflösung kollektiver Identitäten und etablierter sozialer Strukturen beschrieb, andererseits aber daran glaubte, die geteilte Risikoerfahrung könne und werde eine globale Risikogemeinschaft begründen. Zweifellos hat die Individualisierung neue Vergemeinschaftungs- und Identitätsbedürfnisse geschaffen; die werden in der Spätmoderne aber nicht in einer globalen Risikogemeinschaft befriedigt, sondern eher in Neogemeinschaften und kommunikativen Blasen, die spezifische Sinnerzählungen pflegen, ohne dabei die Komplexität realer Personen, Lebenswelten und gesellschaftlicher Verhältnisse abbilden zu müssen. Demgegenüber war die Idee der Identifikation mit der kosmopolitischen Gemeinschaft viel zu anspruchsvoll, abstrakt und überfordernd. Allerdings hatte Beck auch hinsichtlich der »kosmopolitische[n] Sozietät«[23] in den neuen globalen Risiken eben nur eine »embryonale Antwort«[24] auf die Gefahr des risikogesellschaftlichen Zerfalls der Moderne gesehen, nicht etwa eine verlässliche Problemlösungsperspektive.

Die reflexive Modernisierung und das ÖEP haben also nicht gebracht, was Beck sich von ihnen erhofft hatte. Vielmehr produzierte die zweite Moderne in ganz verschiedenen Teilen der Gesellschaft Traumata der »gekränkten Freiheit«. Sie entstehen aus dem krassen Widerspruch zwischen den hochentwickelten Ansprü-

23 Beck 2001, S. 6.
24 Beck 2007, S. 336

chen auf Selbstbestimmung und Selbstverwirklichung und der faktischen Erfahrung zunehmend enger Gestaltungsgrenzen. Denn tatsächlich hat sich der Horizont der Gestaltbarkeit und Gestaltungsfähigkeit deutlich verdunkelt. Spätmoderne Gesellschaften, heißt es zugespitzt bei der Anthropozän- und Stadtforscherin Stephanie Wakefield, befinden sich in den Ruinen der »erschöpften und implodierenden Ära des Humanismus«, am »Ende des liberalen Lebens« und im »Wrack der alten Fantasien vom guten Leben«.[25] Diese Konstellation ist – gerade wegen der hochentwickelten emanzipatorischen Ansprüche und Erwartungen – politisch zunehmend explosiv und unregierbar. Becks Hoffnungsszenarien widerspricht sie diametral. Aber Becks Analyse ist letztlich doch weniger »übertrieben optimistisch«, als es zunächst erscheint. Denn er sah ausdrücklich die Ambivalenz der reflexiven Modernisierung: Sie breche »die Zukunft auf«, gerade »auch in den Zentren der Modernisierung«, doch worauf das hinauslaufe, sei »völlig offen«.[26] Beck selbst entschied sich bewusst – und gegen seine eigenen Befürchtungen – für die positive Seite: »Handeln ist möglich und chancenreich.« Diese Positionierung bezeichnete er selbst als »großartig naiv«. Er begründete sie einmal damit, dass er schlicht »pessimismusmüde« sei; »die allgemeine Schwarzmalerei noch einmal nachzuschwärzen«, erscheine ihm »wenig reizvoll«.[27]

Heute jedoch haben sich die Verhältnisse umgekehrt.

25 Wakefield 2018, S. 4 und 7.
26 Beck 1993, S. 32.
27 Ebd., S. 33.

Im »Wrack der alten Fantasien vom guten Leben für alle« klammern sich spätmoderne Gesellschaften mit ihren Steuerungsansprüchen und Gestaltungserwartungen an allgegenwärtige Hoffnungsnarrative, die verschiedene Akteure ihnen wie Rettungsringe auswerfen.[28] Angesichts der in Wahrheit äußerst beschränkten Gestaltungsspielräume erscheinen diese Hoffnungsnarrative allerdings immer weniger plausibel, sondern werden zunehmend unerträglich. Entsprechend könnte man nun von einer spätmodernen »Optimismusmüdigkeit« sprechen, vor deren Hintergrund, *die allgemeine Schönfärberei noch einmal nachzuschönen nur wenig sinnvoll erscheint*. Diese Verkehrung widerspricht aber eben keineswegs Becks Theorie. Beck dachte die Möglichkeit des nicht erwünschten Ausgangs, wenn auch immer nur untergeordnet, stets mit. Und gerade deswegen ist Becks Theorie für die Analyse der heutigen Zeitenwende, des Abgrundes, der spätmodernen Unhaltbarkeit, so aufschlussreich.

## 5.2 *Reflexivität und Destabilisierung*

Woran lag es also, dass die Hoffnungen auf eine zweite Moderne sowie die des ÖEP sich nicht erfüllt haben? Mit seinem Konzept der »reflexiven Modernisierung« gab Beck selbst eine Erklärung, die nicht nur über die gängigen Erklärungsangebote der Kapitalismuskritik oder etwa der Luhmann'schen Systemtheorie weit hin-

28 Vgl. dazu Kapitel 7.

ausreicht, sondern die auch zum Verständnis des spätmodernen Abgrunds, der doppelten Unhaltbarkeit und der Metamorphose der Gesellschaft der Nicht-Nachhaltigkeit in eine neue, andere Moderne einen wesentlichen Beitrag leistet. Insbesondere die Mehrdimensionalität des Begriffes »reflexiv« ist hier von Bedeutung. Zumindest drei Verständnisse werden bei Beck angespielt:

- reflexiv im Sinne von »reflexartig«, unkontrolliert, unbewusst, eigendynamisch, selbstläufig;
- reflexiv im Sinne von »reflektiert«, überlegt, kontrolliert, selbstkritisch, vernunftgesteuert;
- reflexiv im Sinne von »gegen sich selbst gerichtet«, selbstzerstörerisch, selbstdestabilisierend, selbstunterminierend.

Diese Verständnisse sind nicht ohne Weiteres miteinander kompatibel. Aber für Becks Konzept der reflexiven Modernisierung sind sie gleichermaßen konstitutiv; und für das Verständnis der Krise und Unhaltbarkeit des ÖEP sind sie sehr instruktiv. Ebenso wie im Begriff der »zweiten Moderne« zunächst die Vervollständigung der bisher noch »halbierten Moderne« im Vordergrund stand, gilt dies auch für den Begriff der reflexiven Modernisierung: Beck bezeichnete sie ausdrücklich als Weg in »eine *mehr*-moderne Welt«.[29] Dies sollte ein besonnener, koordinierter, vernunftgeleiteter Weg sein, der die unerwarteten Nebenwirkungen der ersten Moderne

29 Beck 2007, S. 108.

bereinigt und deren Ideale voll umsetzt. »Empirisch-analytisch verstanden«, betonte Beck, meint Reflexivität aber nicht »*Reflexion*, sondern *Selbstkonfrontation*«.[30] Der Begriff ziele zunächst auf »den verselbständigten, ungewollten und ungesehenen, sozusagen *reflex*artigen Übergang von der Industrie- zur Risikogesellschaft«, der zur Selbstkonfrontation der Gesellschaft »mit risikogesellschaftlichen Folgen« führe, »die im System der Industriegesellschaft« nicht mehr angemessen »be- und verarbeitet werden können«. Die industrielle Moderne schlittert also, so Beck, unkontrolliert, »sozusagen *reflex*artig« in die Risikogesellschaft hinein und soll dann durch Besonnenheit und Reflexion den Weg aus ihr heraus- oder über sie hinausfinden, also die selbsterzeugten Gefährdungen bewältigen, die in der Risikogesellschaft nun »ein Übergewicht erlangen«.[31]

Um solche »Gefährdungen« und ein solches »Übergewicht« in politisch relevanter Weise diagnostizieren und entsprechende Diagnosen in transformative Handlungsstrategien übersetzen zu können, müssen freilich überindividuell anerkannte Bewertungsmaßstäbe sowie Zielvorstellungen vorhanden sein. Die so verstandene Reflexivität setzt also voraus, dass entsprechende Maßstäbe entweder von der ansonsten alles in Frage stellenden Modernisierung unberührt bleiben oder aber in diesem Prozess neue geschaffen werden. Ergänzend zu seinen oben ausgeführten Kommentaren zur remoralisierenden Kraft der neuen Risiken betonte Beck dies-

30 Beck 1993, S. 36.
31 Ebd., S. 37.

bezüglich, dass bei der reflexiven Modernisierung und der Neuerfindung des Politischen die »Basisprinzipien« und die großen »Errungenschaften der europäischen Moderne« – parlamentarische Demokratie, Rechtsstaatlichkeit, die Menschenrechte, die Freiheit der Individuen – »nicht zur Disposition« stünden, sondern nur »die Art ihrer Umsetzung in den Gussformen der Industriegesellschaft«.[32] Diese sogenannten Basisprinzipien seien also von der modernisierenden Infragestellung ausgenommen. Das ist aber kaum plausibel, denn die reflexive Modernisierung bezieht sich – im dritten Verständnis von Reflexivität – auch auf genau diese Maßstäbe: einerseits indem sie bestehende Normen zersetzt, andererseits indem sie neu entstehende unter kritischen Dauerbeschuss stellt, der es ihnen kaum erlaubt, sich zu verfestigen und stabil zu legitimieren. Und genau damit macht die reflexive Modernisierung die konsensuale Diagnose von negativen »Übergewichten« und entsprechenden Handlungsstrategien zunehmend schwierig.

Dass der Vorstellung von angeblich nicht zur Disposition stehenden Basisprinzipien der Moderne ein höchst restriktives und kaum haltbares Verständnis von reflexiver Modernisierung zugrunde liegt, wusste Beck freilich selbst. Entsprechend sagte er: »Reflexive Modernisierung beinhaltet beide Elemente: reflexartige Selbstgefährdung industriegesellschaftlicher Grundlagen durch erfolgreiche, gefahrenblinde Weitermodernisierung einerseits *und* das Bewußtwerden, die Refle-

32 Ebd., S. 17.

xion dieses Verhältnisses« andererseits.[33] Es sei also, behauptete er, »die Kombination von Reflex und Reflexion, die die fatalistische Industriemoderne, solange die Katastrophe ausbleibt, in die Selbstkritik und Selbstveränderung hinein öffnen kann«. Reflex und Reflexion sollen gemeinsam auf den Weg in die »selbstkritisch werdende Moderne« führen.[34]

Das Konzept der reflexiven Modernisierung legt also einerseits nahe, man könne die bisher noch »halbierte Moderne« in einem zweiten Versuch zur Vollendung bringen. Andererseits bedeutet das auch in der zweiten Moderne fortlaufende »reflexartige, gefahrenblinde Weitermodernisieren« aber nicht zuletzt auch die Auszehrung der bisher noch unangetasteten Basisprinzipien der Moderne und die Verunsicherung aller Kriterien der Modernisierung. Und das wiederum führt, in der gleichen Weise, wie Beck es für die erste Modernisierung behauptete, dann auch zur »Selbstgefährdung der Grundlagen« der zweiten Moderne.

Becks Konzept der Reflexivität stößt uns hier auf einen wesentlichen Grund – natürlich nicht den einzigen –, warum die Hoffnungen des ÖEP (und die von Beck selbst) sich nicht erfüllen. Man kann aber dennoch nicht sagen, dass das ÖEP *scheitere*. Denn es wird nicht, wie die gängige Herrschafts- und Kapitalismuskritik es nahelegen, von einer ihm fremden und entgegengesetzten Logik unterdrückt und marginalisiert, sondern das ÖEP und die zweite Moderne unterminieren sich in ih-

33 Beck 1993, S. 56.
34 Ebd., S. 57 und 56.

rem eigenen Vollzug und geraten insofern ebenso in eine »Siegkrise« wie zuvor die erste Moderne. Reflexive Modernisierung ist eben auf der einen Seite die Modernisierung der noch vormodernen, das heißt der noch nicht in Zweifel gezogenen und in die radikale Unsicherheit gestürzten Grundlagen der (halbierten) Moderne und insofern eine nicht kontrollierbare, reflexartige, selbstzerstörerische Auszehrung der eigenen, unverzichtbaren Fundamente. Auf der anderen Seite soll reflexive Modernisierung aber auch die Normen der Moderne mobilisieren, um die bisher noch halbierte Moderne zu kritisieren und zur Vollendung zu bringen. Diese Gleichzeitigkeit der Zersetzung und Aktivierung derselben Normen ist jedoch ein Ding der Unmöglichkeit. Reflexive Modernisierung und die zweite Moderne können also die Korrektur und Vervollständigung der ersten Moderne gar nicht erreichen. Diese Hoffnung geht von vorneherein in die Irre. Beck selbst sah den »Konflikt zwischen Gegenmodernisierung einerseits und Erneuerung und Radikalisierung der Moderne andererseits«.[35] »Gegenmodernisierung«, sagte er, sei die Zufluchtnahme zu hergestellten Sicherheiten als Reaktion auf die Überforderung durch die Freisetzung und Überforderung der Menschen. »Radikalisierung der Moderne« sei die radikalisierte Freisetzung – die aber notwendig die bereits vorhandene Orientierungslosigkeit und Überforderung verstärkt, weil sie auch die Basisprinzipien aushöhlt. Auflösen konnte Beck den Konflikt nicht. Er folgte schlicht seiner »Pes-

35 Ebd., S. 17.

simismusmüdigkeit« auf die Seite der Erneuerung und Radikalisierung.

Vor allem mit Blick auf das ökologische Thema führte Beck diese destabilisierende, selbstzerstörerische Widersprüchlichkeit zwischen der Aktivierung vermeintlich verlässlicher Basisprinzipien und deren modernisierender (subjektivierender) Infragestellung recht gründlich aus: Einerseits hoffte er auf ökologische Gefahren als nicht verhandelbare, außergesellschaftliche Norm – »Moral jenseits der Moral«, »Gesellschaftskritik jenseits der Gesellschaftskritik«.[36] Andererseits sah er aber klar, dass es solche außergesellschaftlichen Normen und Maßstäbe tatsächlich nicht gibt, dass alle vermeintlich kategorischen ökologischen Imperative letztlich soziale Imperative sind und dass ökologischer Protest vor allem auf die Verletzung sozialer Normen hinweist, nicht auf »objektive«, »naturwissenschaftliche Dringlichkeiten« und »das Überlebensnotwendige«.[37] Wenn Ökologiebewegungen hofften, die Natur »als Maßstab gegen ihre Zerstörung« heranziehen zu können, sagte Beck, säßen sie einem »naturalistischen Missverständnis«[38] auf und machten sich des »Vergessens von Gesellschaft schuldig«.[39] Und die reflexive Modernisierung zehrt selbst alle vermeintlich objektiven Normen immer mehr aus und schwächt so weiter ihre eigenen Erfolgsaussichten. Derweil gewinnen *kulturelle Normen* und die *kulturelle Wahrnehmungsbereit-*

36 Vgl. Kapitel 4.4.
37 Beck 1988, S. 79.
38 Beck 1988, S. 62-95.
39 Ebd., S. 68.

*schaft* stetig an Bedeutung. Gerade seit der stillen Revolution und in der Risikogesellschaft, betonte Beck richtig, entschieden vor allem sie darüber, »*welche Zerstörung hingenommen wird und welche nicht*, wie die Akzeptanz des Nichtakzeptablen vor dem Hintergrund des Selbstverständlichen entsteht und besteht«.[40]

Entsprechend sind die Voraussetzungen dafür, dass »die Industriegesellschaft zu einer Industriegesellschaft des schlechten Gewissens wird«, »sich als Risikogesellschaft versteht und anklagt«, und dann auch tatsächlich zu einer zielgerichteten ökologischen Transformation in der Lage ist, nicht erfüllt.[41] Die ökologische Selbstkritik und der ökologische Umbau der Industriegesellschaft können kaum gelingen, weil es weder für die Problemdiagnose noch für wirksame Gegenstrategien politisch belastbare Referenznormen gibt. Beck hoffte zwar dennoch, dass das Ökologiethema einen gesellschaftlichen Transformationskonsens mobilisieren könnte. Als Soziologe sah und artikulierte er aber die Widersprüchlich- und Unhaltbarkeit seiner eigenen aktivistischen Hoffnung. Diese Zerrissenheit ist keine Schwäche in Becks Denken, sondern eher eine Stärke. Denn Beck machte sichtbar und thematisierte, was die NSB und die ÖEP nicht aussprechen und reflektieren können, was aber doch ein ganz wesentlicher Grund dafür ist, dass sie ihr Ziel nie erreichten – und stattdessen Entwicklungen beförderten, die ihren eigenen Intentionen radikal widersprechen: Das, so könnte man sagen,

40 Beck 1988, S. 76.
41 Beck 1995, S. 190.

ist selbstunterminierende, selbstzerstörerische und selbstlähmende Reflexivität *at work*.

## 5.3 Das ökologische Paradox

Becks *Theorie der reflexiven Modernisierung der bisher noch halbierten Moderne* erweist sich somit als *eine halbierte Theorie der reflexiven Moderne*. Der Grund, warum das ÖEP und die Agenda der NSB, der SÖT, sich nicht wie (auch von Beck) gehofft umsetzen ließen, liegt aus dieser Perspektive betrachtet also darin, dass im Zuge der reflexiven Modernisierung die ohnehin immer schon schwachen normativen Grundlagen des ÖEP immer weiter zersetzt wurden und werden. Während sie die Normen der Moderne voll durchsetzen will, zieht die reflexive Modernisierung gleichzeitig weiter alles bisher noch nicht in Frage Gestellte – inklusive dieser Normen selbst – kritisch in Zweifel und fordert rationale Begründungen – die sie allerdings nicht liefern kann. Das ist ein Zirkel der Selbstdestabilisierung, der Selbstzerstörung. Dieser innere Widerspruch, das heißt die Spannung zwischen dem Versuch, die Normen der Moderne kritisch in Frage zu stellen und sie gleichzeitig als unverhandelbare Basisprinzipien für die weitere Modernisierung anzurufen, verweist auf weitere Widersprüche, die in der Architektur des ÖEP angelegt sind und ebenfalls zu dessen Destabilisierung und letztlich Unhaltbarkeit beitragen.

Dazu gehört an vorderster Stelle der Widerspruch zwischen der *freisetzenden, emanzipatorischen* Zielsetzung der reflexiven Moderne und des ÖEP und seiner *ein-* oder *unterordnenden* Zielsetzung. Das ÖEP und die zweite Moderne wollen zugunsten der authentischen Selbstbestimmung des seinem Anspruch nach autonomen Subjekts aus übergeordneten Zwängen, aus aller Fremdbestimmung, aus allem angeblich unveränderbar »Göttlichen«, »Natürlichen« und »Traditionellen« ausbrechen. Gleichzeitig wollen sie aber auch zugunsten der Autonomie, Integrität, Würde und Selbstwerthaftigkeit der Natur sowie, um die biophysischen Rahmenbedingungen der eigenen Selbstbestimmung und Selbstverwirklichung (gutes Leben für alle) zu sichern, die Unterordnung unter übergeordnete Zwänge, ökologische Imperative und eine ökologische Vernunft durchsetzen. Das ÖEP verlangte also gleichzeitig die Befreiung von allem, was mit dem Anspruch der Natürlichkeit und Unveränderlichkeit auftrat, und die Unterordnung unter kategorische ökologische Notwendigkeiten.

Weiter gibt es auf der emanzipatorischen Seite dieser Spannung, also innerhalb des Projekts der Selbstbestimmung, auch die Spannung zwischen der Autonomie des *individuellen* Subjekts und der des *kollektiven* Subjekts. Denn zum ÖEP und zum Projekt der zweiten Moderne gehörte neben der kollektiven Selbstbestimmung und Selbstregierung nach Maßgabe der ökologischen Vernunft, der politischen Mündigkeit, der *ecological citizenship* etc. eben auch die Erfüllung des Versprechens auf individuelle Selbstbestimmung, Persönlichkeit, Besonderheit, Authentizität und Diversität, das in der ersten, industriellen, fordistischen Moderne, der Massenmoderne, der »nivellierten Mittelstandsgesellschaft« (Schelsky), nicht erfüllt worden war. Hier lag die romantisch-individualistische Dimension des Autonomieversprechens, die selbstbestimmte Verwirklichung einer authentischen individuellen Identität, die mit der rationalistisch-kollektiven Dimension, das heißt der Entscheidung zur Vernünftigkeit, Mündigkeit, Verantwortlichkeit, nicht leicht übereinzubringen war.[42] Diese Spannung wurde insbesondere im Zuge der stillen Revolution akut, die die romantisch-individualistische, expressive, identitätsbezogene Dimension gegenüber der Unterordnung unter jede höhere Autorität stark aufwertete. Auch insofern waren das ÖEP und die zweite Moderne immer schon in sich widersprüchlich.

Drittens zielten die NSB und das ÖEP immer auf die Akzeptanz von kategorischen ökologischen Imperativen, auf ökologische Mündigkeit, ökologische Vernunft, stabile, rational begründete Prinzipien, langfristige Verbindlichkeit und kollektive Verantwortlichkeit, aber gleichzeitig auch auf Flexibilität, Innovation, Originalität, Emotion, die Diversität alternativer Vernünfte, Inkonsistenz, Spontaneität und so fort. Weitere Widersprüche ließen sich hier noch ergänzen, wie etwa der zwischen der Forderung nach demokratischer Selbstbestimmung der Bürger und der nach der Unterordnung unter nicht verhandelbare ökologische Notwendigkeiten. Gemeinsam ist diesen Widersprüchlichkeiten – Schaubild 3 fasst einige von ihnen zusammen –, dass sie jeweils die doppelte Selbstverpflichtung auf mitein-

42 Vgl. Kapitel 6.3.

ander konfligierende Werte oder Ziele bedeuten. Dabei handelt es sich nicht um korrigierbare Schwächen des ÖEP, sondern um in dessen DNA angelegte, für das ÖEP konstitutive und nicht auflösbare Widersprüche. Sie destabilisieren das ÖEP, indem der Vollzug der jeweils einen Selbstverpflichtung die Grundlage für die Umsetzung der jeweils anderen auszehrt. Diese inneren Widersprüche – in Kapitel 6 werden sie weiter verfolgt – addieren sich zum ökoemanzipatorischen Paradox.

Die Spannung liegt wohlbemerkt nicht einfach zwischen der ökologischen und der emanzipatorischen Dimension des ÖEP, also zwischen dem Projekt der ökologischen Begrenzung und Unterordnung unter ökologische Notwendigkeiten und dem der Entgrenzung und Befreiung im Namen der Autonomie des Subjekts. Vielmehr liegt der Widerspruch auch innerhalb jeder der beiden Seiten: Emanzipatorische Bemühungen zielen gleichzeitig auf die Emanzipation des individuellen *und* des kollektiven Subjekts – also die Befreiung vom und die Unterordnung unter das Allgemeine. Ökologische Bemühungen zielen einerseits auf biophysische Verhältnisse und Natur als das außergesellschaftliche Gegenüber (vermeintlich objektive Probleme und Imperative), andererseits aber, weil jeder Naturbegriff eine soziale Konstruktion ist, auf die Natur als soziale Wahrnehmung bzw. Konstruktion, also als Spiegelbild höchst vielfältiger und veränderlicher sozialer Normen.

Das ÖEP war also schon immer ein in sich selbst zutiefst gespaltenes und zerrissenes Projekt. Seine im Ein-

**Schaubild 3: Innere Widersprüche des ÖEP**

| Das ökoemanzipatorische Paradox | |
|---|---|
| radikale Kritik der Moderne | Verteidigung und Weiterführung der Moderne |
| Ehrfurcht, Staunen der Natur gegenüber | Kontroll-, Gestaltungs- und Steuerungsanspruch |
| Grenzsetzung/Begrenzung und Unterordnung unter Natur als Regelgebende zugunsten der Autonomie/Integrität der Natur | Grenzüberschreitung/Entgrenzung und Befreiung vom Natürlichen zugunsten der Autonomie des Subjekts |
| kategorische ökologische Imperative (Pflicht) | radikale Selbstbestimmung (Freiheit) |
| Objektivität, biophysische Fakten | Subjektivität, Normen der Wahrnehmung |
| Grenzen, Begrenzung, Unterordnung im Namen des Allgemeinen | Befreiung, Grenzüberschreitung im Namen der individuellen Besonderung |
| Selbstbestimmung des kollektiven Subjekts | Selbstbestimmung des individuellen Subjekts |
| Autonomie als Selbstbestimmung nach Maßgabe einer übergeordneten Vernunft | Autonomie als Selbstverwirklichung nach Maßgabe individueller Einzigartigkeit |
| Demokratisierung als Ermächtigung der Zivilgesellschaft der mündigen Bürgerinnen und Bürger | Demokratisierung als Ermächtigung heterogener Individualagenden |
| Gleichheit, Gerechtigkeit, umfassende Inklusion, universelle Werte und Rechte | Besonderheit, Unterscheidbarkeit, Individualität, Diversität, authentische Selbstverwirklichung |
| Langfristigkeit, Stabilität, Verlässlichkeit, Prinzipientreue, Regelbindung, Verantwortung | Spontaneität, Offenheit, Ungebundenheit, Flexibilität, alternative Rationalitäten |

leitungskapitel zunächst als seine konstitutiven Elemente grob umrissenen Werte und Zielsetzungen[43] lassen sich in Gegensatzpaare ordnen, und indem es sich für den jeweils einen Wert eines Paares einsetzt, unterminiert das ÖEP die Erfüllbarkeit des jeweils anderen. Das führt unvermeidlich – Beck hätte gesagt »im Selbstlauf« und als »Nebenwirkung« – zur Selbstdestabilisierung des ÖEP und letztlich zu seinem Zerfall. Als integriertes und halbwegs haltbares Projekt konnte das ÖEP einst überhaupt nur deswegen erscheinen, weil es insgeheim auf Grundlagen und Annahmen beruhte – wie dem Glauben an objektive Umweltprobleme, an kategorische Ökoimperative oder eine allen Menschen gemeinsame Vernunft –, die die verschiedenen Widersprüche zunächst überbrückten und verdeckten. Genau diese Grundlagen und Annahmen wurden im Zuge der reflexiven Modernisierung aber kontinuierlich zersetzt. Und je brüchiger diese Grundlagen wurden, desto sichtbarer wurden nicht nur die nunmehr zunehmend unversöhnlichen Widersprüche selbst, sondern auch, dass das ÖEP immer schon ganz wesentlich von vergleichsweise privilegierten Teilen der Gesellschaft getragen wurde, die in besonderem Maße mit verschiedenen Formen von Kapital (Bildung, soziale Netzwerke, Artikulationsstärke, ökonomisches Kapital etc.) ausgestattet waren bzw. sind und ein entsprechend starkes Interesse an der Schaffung von Freiräumen hatten, die sie brauchten, um das in ihrem Kapital liegende Potenzial auch tatsächlich verwirklichen zu

43 Vgl. Kapitel 1.1, Schaubild 1.

können. Was sich als Menschheitsprojekt und die Verwirklichung universeller Rechte verstand und präsentierte, wurde so zunehmend erkennbar als das Projekt einer bürgerlich-liberalen Elite. Und genau deswegen wird es in der Spätmoderne, in der die Erzählung von den universellen Rechten und dem guten Leben für alle immer offensichtlicher unhaltbar wird, auch zum Kristallisationspunkt für massive Spaltungen und Konflikte.

Unabhängig davon, ob man das merkt und mag oder nicht, zwingt diese Widersprüchlichkeit die ökologisch zunehmend aufgeklärte, spätmoderne Gesellschaft erneut »auf leisen Sohlen« auf den Weg in eine andere Moderne. Erneut bestätigt sich Becks These, dass der Vollzug der eigenen Logik, das »gefahrenblinde Weitermodernisieren«,[44] »die Nebenfolgen-Metamorphose der modernen Gesellschaft« vorantreibt.[45] Das ist insofern traumatisch, als das ÖEP nach dieser Lesart erstens nicht etwa vom Kapitalismus blockiert und ausgebremst wird, sondern sich selbst unterminiert. Zweitens zeigt sich mit dem Zerfall des ÖEP eine große Selbstüberschätzung und die Hybris seiner dem eigenen Anspruch nach so aufgeklärten, mündigen und fortschrittlichen Avantgarden: Sie haben ihr Selbstinteresse verleugnet, die Abhängigkeit ihres Projekts von nicht erneuerbaren gesellschaftlichen Ressourcen nicht erkannt, die unvermeidlichen Nebenwirkungen ihrer Agenda der reflexiven Modernisierung übersehen und die immer schon

44 Beck 1993, S. 56.
45 Beck 2017, S. 71.

offensichtlichen Widersprüche des ÖEP nie in den Griff bekommen.

## 5.4 *Metamorphose zur dritten Moderne*

Die zweite, reflexive Moderne sollte – so hatte Beck sich das gemeinsam mit den Vorkämpfern des ÖEP gewünscht – die Bürgerinnen und Bürger, die Gesellschaft und die Menschheit insgesamt »zur Vernunft bringen« und »aus ihrer selbstverschuldeten Unmündigkeit hinausführen«. Teilerfolge wurden so lange und in dem Maße erreicht, wie es gesellschaftlich möglich war, sich darauf zu verständigen, was dieses Vernünftige sei und was diese Mündigkeit bedeute. Die reflexive Modernisierung hat aber genau diese Verständigungsfähigkeit zunehmend zersetzt. Schon in den frühen neunziger Jahren sagte Beck, »das Modell der westlichen Moderne – jene *okzidentale* Mischung aus Kapitalismus, Demokratie, Rechtsstaatlichkeit und nationaler [...] Souveränität« – sei »in eine Sieg-Krise hineingeschlittert«, »antiquiert« und müsse nun »neu verhandelt und entworfen werden«.[46] Heute gilt das mehr denn je.[47] Aber während Beck noch davon ausging, dass die »heiligen Normen der Menschheit und Zivilisation« und die großen »Errungenschaften der europäischen Moderne« dabei selbst nicht zur Disposition stünden, ist das nun grundlegend anders.[48] Genau das ist der entscheidende

46 Beck 1993, S. 17.
47 Vgl. Kapitel 3.6.
48 Beck 2017, S. 156.

Unterschied zwischen der neuen Moderne, von der Beck sprach, und der, an deren Schwelle spätmoderne Gesellschaften gegenwärtig stehen. Denn heute sind auch die vormals nicht zur Disposition stehenden Errungenschaften der europäischen Moderne – die Autonomie des Subjekts, die Demokratie, der Liberalismus, die universelle Geltung der Menschenrechte, die Rechtsstaatlichkeit etc. – höchst unsicher geworden, ebenso wie auch die alternativen Strukturen, die erst im Zuge der Erfindung des Politischen zur Durchsetzung öko-emanzipatorischer Werte neu geschaffen worden waren.

Genau so wie Becks erste Moderne sich – auf der Suche nach Sicherheit – absichtslos und reflexhaft, getrieben durch die »verselbständigte Macht der Moderne«[49] einst in die Risikogesellschaft und dann die zweite Moderne verwandelte, verwandelt sich diese zweite Moderne heute absichtslos und reflexhaft, auf der Suche nach ökologischer und sozialer Nachhaltigkeit, in eine dritte Moderne. Am Übergang zur zweiten Moderne sagte Beck, die »Basisinstitutionen« und »die Akteure der Ersten Moderne« würden »durch das wachsende Bewusstsein von der eigenen Ineffizienz, ja von der Konterproduktivität ihrer Maßnahmen unterminiert«.[50] Heute stößt das Projekt der zweiten Moderne und also das ÖEP an dieselben Grenzen: Ihre Werte und Institutionen werden nun ihrerseits *durch das wachsende Bewusstsein ihrer Ineffizienz, ja der Konterproduktivität*

49 Beck 2007, S. 276.
50 Ebd., S. 108.

*ihrer Maßnahmen unterminiert.*[51] Und so wie Beck einst die zweite Moderne als die »Freisetzung aus den selbstgeschaffenen Formen der industriegesellschaftlichen Unmündigkeit« beschrieb,[52] lässt sich am Übergang zur dritten Moderne sagen: Spätmoderne Gesellschaften erfahren erneut eine Art Freisetzung aus selbstgeschaffenen Formen einer früheren Unmündigkeit. Natürlich: Die Glaubenssätze und Verpflichtungen des ÖEP nun als *selbstgeschaffene Formen der Unmündigkeit* zu begreifen, fällt vielen noch schwer. Doch die Glaubenssätze und Forderungen des ÖEP werden bereits sehr verbreitet als Illusionen und Unzumutbarkeiten wahrgenommen, die zur Verteidigung »unserer Freiheit«, »unserer Werte« und »unseres Lebensstils«, wenn auch vielleicht mit Zögern, über Bord geworfen werden sollten.[53] Und so wie Beck schon an der Schnittstelle zur zweiten Moderne davor warnte, den »Untergang der Weltgewissheiten der ersten Moderne« mit dem »Untergang der Welt« zu verwechseln, bedeutet auch heute die Trennung von dem, was immer mehr Menschen nun als »ökoemanzipatorischer Ballast« erscheint, nicht den »Untergang der Welt«, sondern vor allem *den der Weltgewissheiten der zweiten Moderne und des ÖEP.*[54]

War es in der zweiten Moderne »die *Durchsetzung*

51 Vgl. dazu die Konzepte der »Emanzipation zweiter Ordnung« (Kapitel 6.3) und der »demokratischen Dysfunktionalität« (Kapitel 6.4).

52 Beck 2007, S. 386.

53 Vgl. dazu Kapitel 6.3.

54 Vgl. Beck 2007, S. 385 f.; vgl. auch Kapitel 1.

bestimmter Basisprinzipien der Moderne« gewesen, die »die historischen Grundlagen industriegesellschaftlicher Institutionen« aufhob, so ist es heute die *Verabschiedung* bzw. grundsätzliche *Neubestimmung* dieser Basisprinzipien, die die historischen Grundlagen der Institutionen der zweiten Moderne aufhebt.[55] Wurden mit der zweiten Moderne die »Tradition, die Lebens- und Arbeitsformen, der entwickelten Industriegesellschaft aufgelöst«,[56] so sind an die Stelle der Industriegesellschaft und ihrer Institutionen heute die *Tradition* und die Institutionen der postindustriellen Gesellschaft, der zweiten Moderne und des ÖEP getreten, die nun ihrerseits radikal in Frage gestellt und aufgelöst werden. Wurde mit der zweiten Moderne die »Legende entzaubert«, dass die Industriegesellschaft bereits »eine *moderne* Gesellschaft sei«,[57] so wird an der Schwelle zur dritten Moderne die Legende entzaubert, dass die reflexive Modernisierung und das ÖEP die bisher noch »halbierte Moderne« zur Vollendung führen könnten, dass sie endlich die Essenz der Moderne und die wahrhaft moderne Gesellschaft verwirklichen würden, dass die ökologische Bedrohung, die Neuerfindung des Politischen und das »kosmopolitische Moment« eine sozial und ökologisch befriedete (Welt-)Gesellschaft hervorbringen könnten und dass eine ökologische Vernunft und Mündigkeit die inneren Widersprüche des ÖEP versöhnen und das ökoemanzipatorische Paradox auflösen könnten.

55 Beck 2007, S. 381, Hervorhebung hinzugefügt.
56 Beck 1986, S. 251.
57 Ebd.

Die Spätmoderne bedeutet also erneut eine »Entzauberung der Moderne«,[58] dieses Mal die der zweiten Moderne. Immer wieder ist die Verabschiedung der ökoemanzipatorischen Werte als ein Rückschritt beschrieben worden.[59] Regressive oder reaktionäre Eliten, so heißt es auch bei Shoshana Zuboff, die bezogen auf die digitale Revolution ausdrücklich von einer »dritten Moderne« spricht, wollten die »Emanzipation umkehren und uns wieder in den limitierten Aussichten unserer Kindheit einsperren«.[60] Dass reaktionäre Eliten derartige Interessen verfolgen, wird man kaum bestreiten wollen; doch diese Perspektive blendet aus, was hier »mit Beck gegen Beck« gründlich nachgezeichnet worden ist, nämlich dass der modernistische Glaube an die vernünftige, kollektive Gestalt- und Steuerbarkeit im Zuge der reflexiven Modernisierung auch seinen »Zauber verlieren« kann und ältere Verständnisse von egalitärer, demokratischer, ökologischer und inklusiver Emanzipation somit nicht nur *unterdrückt* und *entfremdet*, sondern auch emanzipatorisch *aufgekündigt* und *entäußert* werden können. In diesem Falle treibt dann, mit Beck gesprochen, erneut *das wachsende Bewusstsein von der eigenen Ineffizienz, ja Konterproduktivität* den Niedergang einer bestimmten Phase der Moderne voran. Die Krise des ÖEP und der Spätmoderne erweisen sich wiederum als eine »Siegkrise«.

58 Beck 2007, S. 376f.
59 Vgl. z.B. Nachtwey 2016; Geiselberger 2017.
60 Zuboff 2018, S. 75 und 63.

## 5.5 *Zwischenbilanz II: Drei Phasen der Moderne*

Becks Modell erweist sich also in mehrfacher Hinsicht als äußerst nützlich. Erstens rückt es mit dem Konzept der zweiten Moderne genau das ins Zentrum, was ich hier als das ÖEP bezeichne und was bei der Bestimmung der heutigen Spätmoderne zweifellos eine wesentliche Rolle spielt. Zweitens fängt Beck mit diesem Konzept nicht nur den großen Gestaltungsoptimismus und die Aufbruchsstimmung der NSB und des ÖEP ein, sondern auch deren gegen damalige Stimmungen der Postmoderne gerichtete neuerliche Betonung der modernistischen Zentralnorm, des autonomen Subjekts. Beide Aspekte sind für das Verständnis der heutigen Spätmoderne wesentlich, denn deren unterscheidendes Merkmal liegt ja gerade in der Enttäuschung dieses Optimismus und im Zerfall dieser Zentralnorm. Drittens bietet Becks Modell sehr gute Ansätze zur Erklärung der Entzauberung und Unhaltbarkeit der reflexiven Moderne und des ÖEP. Gerade indem er die *Selbst*destabilisierung und *Selbst*zerstörung beider in den Fokus rückt, leistet er einen entscheidenden Beitrag zum Verständnis des Traumatischen der Spätmoderne. Viertens lässt sich Becks Modell, wenn man seiner eigenen Logik ein wenig konsequenter folgt, als Beck selbst es sich zugestand, sehr instruktiv um eine dritte Moderne erweitern. Das wiederum ermöglicht es, die heutige Spätmoderne sowohl aus der Perspektive der ihr vorausgehenden zweiten Moderne als auch aus der der auf sie folgenden dritten Moderne als eine Zwischenphase zu betrachten.

Und schließlich ermahnt Beck die Soziologie, damit sie nicht »realpolitisch blind und naiv« werde,[61] den zweifellos immer traumatischen *Zusammenbruch der eigenen Weltgewissheiten* nicht mit dem *Untergang der Welt* zu verwechseln und *gegen die noch vorherrschende Vergangenheit die sich heute schon abzeichnende Zukunft ins Blickfeld zu heben*, die ganz wesentlich, wie er betonte, auch als die dialektische Fortentwicklung einer früheren, inzwischen aber entzauberten Emanzipations- und Modernisierungsagenda verstanden werden müsse.

Im Sinne einer weiteren Zwischenbilanz können wir somit nun festhalten: Die heutige, in hohem Maße krisenhafte Spätmoderne lässt sich begreifen als der Zusammenbruch der höchst optimistischen Legende von der zweiten Moderne und deren inhaltlichem Programm, dem ÖEP. Diese waren in der Spätphase der ersten Moderne aus der stillen Revolution hervorgegangen; in der heutigen Spätmoderne werden sie aber von einer dritten Moderne abgelöst, die aus der Perspektive der älteren Aufbruchsstimmung als traumatisch erscheint. Schaubild 4 stellt diesen Dreischritt noch einmal im Überblick dar.

Die industrielle Moderne glaubte fest an den linearen Fortschritt von Wissenschaft und Technologie sowie an die politische Gestaltungsmacht und Verantwortlichkeit des zentralistischen Nationalstaats. Wissenschaft, Technik und Politik würden die Planbarkeit, Sicherheit und Gestaltbarkeit des Lebens und der Welt

61 Beck 2007, S. 387.

**Schaubild 4: Drei Modernen und zwei Übergänge**

| erste Moderne | | zweite Moderne | | dritte Moderne |
|---|---|---|---|---|
| fordistische Industriegesellschaft | | postindustrielle Gesellschaft, Risikogesellschaft | | Gesellschaft der Nicht-Nachhaltigkeit |
| Aufhebung vormoderner Sicherheiten; Anspruch auf Gestaltbarkeit und Selbstbestimmung | stille Revolution | Aufhebung der falschen Sicherheiten der ersten Moderne; Neuformulierung des Anspruchs auf Gestaltbarkeit und Selbstbestimmung | Spätmoderne | Aufhebung der entzauberten Glaubenssätze und Sicherheiten der zweiten Moderne/des ÖEP |

kontinuierlich steigern und den gesellschaftlichen Wohlstand stetig erhöhen. Im Zeichen dieser Sicherheit entfalteten sich zunächst langsam, dann im Modus einer stillen Revolution anspruchsvollere Subjektivitätsverständnisse, die das aufklärerische Versprechen auf Freiheit und Selbstbestimmung zentral und zum Maßstab der Beurteilung lebensweltlicher Erfahrungen und realgesellschaftlicher Verhältnisse machten – nicht zuletzt auch der sozialen und ökologischen Nebenwirkungen der industriellen Moderne, die seit den sechziger Jahren zunehmend sichtbar wurden. Gemessen an diesen veränderten Normen und Erwartungen erschienen die Institutionen und Errungenschaften der Industriegesellschaft plötzlich als ineffizient und defizitär. Die ihrem Selbstverständnis nach moderne Gesellschaft erschien als eine bestenfalls »halbierte Moderne« und als Risikogesellschaft.

Die zweite Moderne gründete auf dem zunehmenden Bewusstsein, »dass das Narrativ der Kontrollierbarkeit der Welt zur Fiktion geworden ist«,[62] glaubte gleichzeitig aber fest daran, dass die vernünftige Reflexion auf die Defizite der ersten Moderne, die Schaffung besserer Institutionen sowie die demokratische Ermächtigung der mündigen Bürger die Unzulänglichkeiten der ersten Moderne überwinden könnten. Das ÖEP lässt sich als das inhaltliche Programm der zweiten Moderne verstehen. Beide erneuerten, bekräftigten und radikalisierten die Aufklärungsidee des *autonomen Subjekts* und dessen Anspruch auf Selbstbestimmung, Mündigkeit und Gestaltungsfähigkeit. Sie zielten auf die Beseitigung der sozialen und ökologischen Nebenwirkungen, die demokratische Kontrolle über die Gestaltung und Entwicklung der Gesellschaft und die Erfüllung der bisher nicht eingelösten Versprechen der Moderne. Die großen Hoffnungsträger dieses Projekts, die Pioniere des Wandels, die Avantgarde der sozialökologischen Transformation, waren die Neuen Sozialen Bewegungen und ihre »experimentelle Politik«. Von ihnen erhoffte man sich den »Aufbruch in eine neue Gesellschaft«, und die Bewegungen trauten sich zu, eine entsprechende Transformation auch tatsächlich initiieren zu können.

Die Spätmoderne ist abweichend von der in der Literatur zuweilen unspezifischen Verwendung dieses Be-

62 Beck 2017, S. 72.

griffs die Spätphase genau dieser zweiten Moderne. Gleichzeitig ist sie die Spätphase der am kantischen Ideal des mündigen, selbstbestimmten und selbstwerthaften (autonomen) Subjekts orientierten Moderne insgesamt, das die NSB und das ÖEP noch einmal erneuert und zentral gemacht hatten. Gerade vor dem Hintergrund dieser Erneuerung entsteht das die Spätmoderne kennzeichnende Gefühl der tiefen Ernüchterung. Das Narrativ vom Aufbruch in eine andere Gesellschaft wird seinerseits zur Fiktion; die spätmoderne Gesellschaft steht am ökoemanzipatorischen Abgrund. Zwar hat das ÖEP durchaus Erhebliches bewirkt, seine zentralen transformativen Ziele hat es aber nicht erreicht. Stattdessen wird in der Spätmoderne ein weitreichender Kontrollverlust sichtbar. Die Gestaltungsfähigkeit der Politik bricht ein. Das bezieht sich nicht mehr nur auf die alte Politik und ihre Institutionen, sondern ebenso auch auf die »Neue Politik«. Bewegungen wie Occupy Wall Street, Me Too, Fridays for Future oder Black Lives Matter bringen in der Spätmoderne eine kurzatmige Renaissance der Praktiken und Erzählungen der »Neuen Politik« – gewissermaßen eine »Neuerfindung der (Neu-)Erfindung des Politischen«. Aber nichts davon ist zukunftsweisend und hat transformative Kraft im Sinne des ÖEP. Vielmehr stehen spätmoderne Gesellschaften vor einem hochpolitisierten handlungspolitischen Vakuum. Ihre Krisen und Konflikte – Pandemien, Ressourcenübernutzung, soziale Ungleichheit, Betreuungs- und Pflegenotstand, Klimaerwärmung, Digitalisierung, Migration etc. – werden zunehmend unregierbar.

In der dritten Moderne wird das Projekt der vernunftgeleiteten, kollektiven Kontrolle und Gestaltbarkeit zugunsten eines guten Lebens für alle in ökologischen Grenzen und des ewigen Friedens in der kosmopolitischen Gesellschaft vollständig zur Fiktion. Stattdessen wird die *Gesellschaft der Nicht-Nachhaltigkeit* mit allen Mitteln – gerade auch der Ab- und Ausgrenzung – verteidigt. Das kantische Projekt des kollektiven Auszugs aus der selbstverschuldeten Unmündigkeit und der Glaube an die vernunftbestimmte Welt freier Subjekte erscheint als illusionär, als untragbare Belastung und – mit ihren ökologischen Imperativen, demokratischen Zumutungen und sozialen Verpflichtungen – als inakzeptable Beschränkung aktualisierter Vorstellungen von Freiheit und Selbstverwirklichung. Ebenso wie zuvor die Metamorphose von der linearen zur reflexiven Moderne entfaltet sich auch die von der zweiten zur dritten Moderne im Selbstlauf – als nichtintendierte Nebenwirkung der reflexiven Modernisierung.

Waren die erste und zweite Moderne ein Projekt der Inklusion, der Gleichheit, der universellen Rechte, der Selbstbestimmung und des Kosmopolitismus, so dominiert in der dritten Moderne in ideologisch verschiedenen Varianten eine Agenda der Schließung, Kontrolle, Ungleichheit, Polarisierung und Exklusion. Angesichts hoher gesellschaftlicher Komplexität und internationaler Vernetzung, klar erkennbarer planetarer Grenzen und zunehmend anspruchsvoller gesellschaftlicher Vorstellungen von einem guten, erfüllten und selbstbestimmten Leben entfalten sich in ganz verschiedenen Teilen der Gesellschaft grundlegende Zweifel an den

Glaubenssätzen der zweiten Moderne und ihrer *neuen Politik*. Insofern kann die dritte Moderne als Gegenbewegung gegen die zweite verstanden werden. Sie ist aber nicht *anti*modern, sondern vielmehr eine Gegen*moderne*, das heißt eine Weiterentwicklung, die die Prinzipien der Moderne durchaus verteidigt, dabei aber grundlegend neu interpretiert. Die dritte Moderne ist daher gleichzeitig emanzipatorisch und auch traumatisch; denn es geht um die Emanzipation von der hergebrachten Idee des autonomen Subjekts *im Namen von* Freiheit und Selbstbestimmung.

Ulrich Beck ist vorgeworfen worden, sein Konzept der zweiten Moderne beruhe auf einer übermäßig vereinfachenden Konstruktion der ersten Moderne. Diesen Vorwurf könnte man fortschreiben auf das hier dargestellte Verhältnis zwischen der zweiten und der dritten Moderne. Ebenso ist kritisiert worden, dass die radikale Veränderung, die Beck zwischen seiner ersten und zweiten Moderne sah, so nicht stattgefunden habe und Beck selektiv bestimmte »Trends hypostasiert und zu einem Epochenbruch stilisiert«.[63] Umso mehr stellt sich die Frage, ob es wirklich zu rechtfertigen ist, nur wenige Jahrzehnte später bereits erneut von einer nächsten Moderne zu sprechen. Das hier entworfene Dreiphasenmodell ist aber sehr hilfreich, um die Entstehung, die Agenda und die Unhaltbarkeit des ÖEP zu begreifen und damit eine Hintergrundfolie für das Verständnis der spätmodernen Gegenwart zu schaffen. Bezogen auf die Zeit, die Beck beschreibt, nämlich die siebziger und

63 Nachtwey 2016, S. 78.

achtziger Jahre, ist die Rede vom Epochenwechsel bzw. von einer neuen Moderne auch zumindest insofern völlig gerechtfertigt, als sowohl der Wertewandel der siebziger Jahre als auch der von den NSB getragene große gesellschaftliche Aufbruch in die Neuerfindung der Politik und den ökologischen Umbau der Industriegesellschaft in der einschlägigen Literatur unstrittig sind. Und wer statt der »partizipatorischen Revolution«[64] der ökoemanzipatorischen Bewegungen allzu schnell die in der Tat zur gleichen Zeit bereits ebenfalls erkennbaren ersten Tendenzen zur »regressiven Modernisierung« ins Zentrum rückt, der vergibt sich wesentliche Möglichkeiten zum Verständnis der heutigen Krise der Spätmoderne. Denn das spezifisch Spätmoderne und Traumatische der gegenwärtigen Transformation liegt eben genau in dem radikalen Clash zwischen dem Aufbruch, dem Gestaltungsanspruch und der Zuversicht des ÖEP und der gegenwärtigen Erfahrung eines umfassenden Gestaltbarkeits-, Steuerungs-, Mündigkeits-, Demokratie- und Zukunftsverlusts.

Wenn man den Blick noch einmal speziell auf die Leit- und Ankernorm sowohl der ersten als auch der zweiten Moderne lenkt, also auf die diesen Verlusterfahrungen zugrunde liegende Idee des *autonomen Subjekts* im kantischen Verständnis, lässt sich anknüpfend an die erste Zwischenbilanz in Kapitel 3.6 nun festhalten: In der ersten Moderne waren Freiheit, Selbstbestimmung, die unantastbare Würde der Menschen, ihr Anspruch auf Mündigkeit und universelle Menschenrechte zwar

64 Kaase 1982, 1984.

nicht mehr nur philosophische Ideale, sondern bereits gesetzlich verankerte Rechte. Lebenspraktisch blieben aber sowohl die Vorstellung des Menschen als individuelles und kollektives *Subjekt* seines eigenen und des gesellschaftlichen Lebens als auch die *Autonomie* dieses Subjekts noch weitgehend abstrakte Ideale. Mit dem Übergang von der ersten zur zweiten Moderne verwandelten sich diese Ideale in vielfältige politische Forderungen nach individueller Selbstbestimmung und kollektiver Selbstregierung. Sie addierten sich zur emanzipatorischen Agenda der zweiten Moderne und des ÖEP. Angesichts der unmittelbar akut erscheinenden ökologischen und nuklearen Apokalypse, aus denen sich ein gesamtgesellschaftliches Gefahrenabwehr- bzw. Verteidigungsinteresse ableitete, blieb der Konflikt zwischen der individuellen und der kollektiven Dimension des emanzipatorischen Projekts, also zwischen der Autonomie des individuellen und der des kollektiven Subjekts, zunächst noch latent. Individuelle Selbstverwirklichung erschien gegenüber der Aufgabe der kollektiven, vernunftgeleiteten Selbstregierung sekundär. Die neue Politik der zweiten Moderne vertraute zwar nicht mehr auf die alten Akteure und Strukturen, also auf das, was Beck als die »Basisinstitutionen« der ersten Moderne bezeichnete, an den Basisprinzipien hielt sie aber entschieden fest, insbesondere am im kantischen Sinne als *kollektiv* und *vernunftbestimmt* gedachten Ideal des *autonomen Subjekts*. Insofern bedeutete die zweite Moderne tatsächlich eine Erneuerung und Verlängerung der ersten Moderne, keinen radikalen Bruch.

In der Spätmoderne jedoch wird genau dieses kanti-

**Schaubild 5: Die Moderne als Zeitalter der Autonomie**

<table>
<tr><th colspan="2">erste Moderne</th><th colspan="2">zweite Moderne</th><th>dritte Moderne</th></tr>
<tr><td>Autonomie des Subjekts als gesetzlich verankerter Anspruch; nur eingeschränkt praxiswirksam</td><td>stille Revolution</td><td>Autonomie des Subjekts als breite realpolitische Forderung; praktische Umsetzung im ÖEP</td><td>Spätmoderne</td><td>jenseits des kantischen Subjekts</td></tr>
<tr><td colspan="4">Autonomie des Subjekts; analoge Moderne</td><td>Autonomie der KI; digitale Moderne</td></tr>
</table>

sche Verständnis des autonomen Subjekts selbst zweifelhaft. Insofern liegt hier – Schaubild 5 deutet das an – ein entscheidender Bruch. Die vorherrschenden Vorstellungen von Subjektivität und Selbstbestimmung werden zunehmend in Richtung individueller Selbstverwirklichung aktualisiert und in einer Weise ausgelegt, die nicht mehr primär auf die Befreiung von der bestehenden Ordnung oder auf deren Transformation zielt, sondern innerhalb dieser Ordnung neue Spielräume zur Selbstverwirklichung erschließt. Dabei gewinnt – im kommenden Kapitel wird das gründlicher ausgeführt – die Dimension der *individuellen* Selbstbestimmung an Bedeutung gegenüber der Autonomie des *kollektiven* Subjekts. Gleichzeitig verliert sowohl bei der Gestaltung des eigenen Lebens als auch bei der der gesellschaftlichen Verhältnisse die Verpflichtung auf Prinzipien und Imperative einer übergeordneten Vernunft, auf das inklusive Allgemeine, an Bedeutung. Beides bedeutet jedoch keine Regression in vormoderne Unterordnung, Angepasstheit, Akzeptanz und Subjektlosigkeit. Vielmehr bleibt der mit der stillen Revolution verallgemeinerte und hegemonial gewordene Anspruch auf Subjektivität und Autonomie voll erhalten. Die Idee des *identischen* Subjekts, also des Subjekts als Urheber und Träger einer Identität – konsistent, stabil, prinzipienbestimmt –, wird aber individualisiert (Beck), singularisiert (Reckwitz) und flexibilisiert bzw. dynamisiert (Bauman, Rosa). Die Idee des *autonomen* Subjekts, also des Subjekts als Souverän, als Träger eines freien Willens und als mündiger, verantwortlicher Entscheider, erscheint zunehmend als Überforderung und Belastung. Sowohl im Bereich des individuellen wie auch des kollektiven Entscheidens und Gestaltens wird die von den NSB und dem ÖEP noch emphatisch eingeforderte Entscheidungskompetenz und -verantwortlichkeit entlastend an geeignet erscheinende Dienstleister delegiert – populistische Führer, Expertenräte, technokratische Eliten und, ganz wesentlich, künstliche Intelligenz. Das hergebrachte Verständnis des autonomen Subjekts wird somit emanzipatorisch überwunden: Die dritte Moderne ist eine Moderne jenseits des kantischen Subjekts.

# 6
# Die emanzipatorische Katastrophe

Während die zweite Moderne, die NSB und das ÖEP sich um die Ökologisierung der Gesellschaft, das Ideal des freien und selbstbestimmten Subjekts und die Demokratisierung der Demokratie bemühten, hat sich in modernen Gesellschaften – ungeachtet vielfältiger ökologischer, emanzipatorischer und demokratiepolitischer Erfolge – also etwas vollständig anderes durchgesetzt; und die Vorkämpfer des ÖEP haben dazu, ohne dass sie dies gewollt oder bemerkt hätten, selbst einen erheblichen Beitrag geleistet. Sie haben für den ökologischen Umbau der Industriegesellschaft gekämpft und haben dabei daran mitgewirkt, dass sich die Gesellschaft der Nicht-Nachhaltigkeit verfestigt hat. Sie haben sich für Freiheit und Selbstbestimmung eingesetzt, haben damit aber nicht die mündige und inklusive Bürgergesellschaft verwirklicht, sondern die illiberale und exklusive Gesellschaft der Singularisierung mit befördert. Sie haben für die wahre Demokratie gestritten, dabei aber nicht das Ideal der kollektiven Selbstregierung verwirklicht, sondern die autokratisch-autoritäre Wende begünstigt. Wohlgemerkt: Nichts davon war intendiert; und in keiner der drei Dimensionen kann das ÖEP als die alleinige Ursache der tatsächlichen Entwicklungen betrachtet werden. Aber es gibt eben – wenn dieser Begriff auch ohne eine Intentionalität anzunehmen gerechtfertigt ist – eine gewisse Komplizenschaft; und die ist Teil des Traumas der Spätmoderne. Das wirft die Frage auf: Wie konnte es passieren, dass statt der angestrebten Ziele jeweils das genaue Gegenteil eingetreten ist? Immerhin hatten die Vorkämpfer des ÖEP, wie auch Beck, ja stets gehofft, dass die drohende ökologische Katastrophe sich in eine »*emanzipatorische Katastrophe* umwandeln« ließe und auf dem Wege einer »sozialen Katharsis« letztlich sogar »gemeinwohlfördernde Nebenfolgen« haben könnte.[1] Stattdessen scheint die »*emanzipatorische Katastrophe*« nun vielmehr darin zu liegen, dass das ÖEP nicht nur seine eigenen Grundlagen zerstört, sondern darüber hinaus auch noch eine Gesellschaft befördert hat, die seinen eigenen Werten radikal widerspricht und ökologische, emanzipatorische und demokratische Anliegen unter deutlich veränderten Vorzeichen formuliert, politisiert und verhandelt. Wiederum stellt sich da die Frage: Wie genau ist das geschehen? Und: Was für Verständnisse von Ökologisierung, Selbstbestimmung und Demokratie sind es, die in spätmodernen Gesellschaften nicht zuletzt mit Hilfe der ökoemanzipatorischen Bewegungen selbst nun die Art und Weise bestimmen, in der die Fragen des ÖEP repolitisiert und verhandelt werden?

1 Beck 2017, S. 153-159; vgl. auch Kapitel 2.2.

## 6.1 *Reflexivität und Dialektik*

Bei der Bearbeitung dieser Fragen ist erneut die innere Widersprüchlichkeit des ÖEP und seiner einzelnen Komponenten entscheidend.[2] Aber statt des Begriffs der »Reflexivität« rückt nun der der »Dialektik« ins Zentrum. Mit dem Begriff der Reflexivität lässt sich der *Zerfall* des ÖEP erklären. Er eignet sich, um zu erhellen, wie das ÖEP im Vollzug seiner eigenen Logik seine Grundlagen auszehrt. Für den Blick auf das *neu Entstehende* ist demgegenüber der der Dialektik brauchbarer. Er verschiebt den Fokus vom Nicht-Erreichen der selbstgesteckten Ziele des ÖEP auf die Transformationen, die als dessen nicht vorhergesehene und offenbar nicht verhinderbare Nebenfolgen tatsächlich eingetreten sind. Er eignet sich, um zu zeigen, dass das ÖEP gleichzeitig *Totengräber* und *Hebamme* ist: Im Vollzug seiner eigenen Logik hat dieses Projekt seine ursprünglichen Ziele unerreichbar und zum Anachronismus gemacht. Dabei hat es aber nicht etwa zum Weltuntergang geführt, sondern – ohne es zu wollen und verhindern zu können – die Metamorphose in eine grundsätzlich *andere* Moderne betrieben. Nach dem Verständnis von Horkheimer und Adornos *Dialektik der Aufklärung* zielt der Begriff »Dialektik« darauf zu erklären, wie eine progressive, emanzipatorische Agenda ungewollt und unbemerkt in ihr Gegenteil umschlagen kann: bei Horkheimer und Adorno *Aufklärung* in *Barbarei*;[3] im ge-

2 Vgl. Kapitel 5.3.

3 Horkheimer und Adorno 1969 [1944].

genwärtigen Fall *Ökologisierung* in *Nicht-Nachhaltigkeit* oder *Demokratisierung* in die *autokratisch-autoritäre Wende*. Folgt man dem Verständnis von Hegel, so zielt »Dialektik« eher darauf zu erklären, wie die inneren, einander antithetisch und unauflöslich gegenüberstehenden Widersprüche einer Konstellation zu deren Unhaltbarkeit und Zerfall führen, die wiederum den Weg zur Herausbildung einer neuen Konstellation ebnen, einer Synthese, in der die nunmehr überwundenen Widersprüche im doppelten Sinne *aufgehoben* sind. Dialektik ist hier die konstruktive Spannung zwischen Widersprüchen, aus deren Konflikt etwas Neues hervorgeht: hier eine *andere*, eine *dritte Moderne*.

Auch Beck sprach von Dialektik. Er unterschied zwei »Dialektiken der Moderne«: erstens die »Dialektik der Mehr-Moderne«, bei der die Basisprinzipien der Moderne erhalten bleiben, aber die Basisinstitutionen gerade deswegen umgebaut werden müssen. Hier sah Beck die dialektische Spannung zwischen dem normativen Gehalt der Basisprinzipien und den politischen Realitäten der industriegesellschaftlichen Institutionen. Zweitens sah er eine »Dialektik der Anti-Moderne«, bei der es gerade um die »Negation« und »Diskontinuität« der Basisprinzipien gehe.[4] Als antimodern bezeichnete er eine »verselbständigte Modernisierung«,[5] die sich von den »heiligen Normen der Menschheit und der Zivilisation« abgekoppelt hat[6] und insofern die

4 Beck 2007, S. 375-413.

5 Ebd., S. 393 f.

6 Beck 2017, S. 156.

»radikale Diskontinuität« der Basisprinzipien und einen »Verfassungsbruch der Moderne« bedeute.[7]

Für Beck stand unverkennbar die erste Dialektik im Zentrum. Sie führt allerdings, wie im vorigen Kapitel gezeigt wurde, nicht in eine wirklich *andere* Moderne, sondern verlängert und aktualisiert nur die bisherige – und ihre »sakralen Basisprinzipien«. Sie ebnet, wie Beck selbst sagt, bestenfalls den Weg von einer »halbierten Moderne« in eine »Mehr-Moderne«. Insofern hätte der Untertitel von Becks *Risikogesellschaft* richtigerweise *Auf dem Weg in die Mehr-Moderne* lauten müssen. Denn obwohl er die Möglichkeit eines »Verfassungsbruchs der Moderne« im Hintergrund immer mitdachte, interessierte Beck sich letztlich nicht für das wirklich *Andere*, sondern nur für die »Kontinuität der Basisprinzipien«[8] und die »erzwungene Aufklärung«,[9] die die Risikogesellschaft bewirken könnte. Er sah zwar die theoretische Möglichkeit, dass die Moderne und die Modernisierung nicht nur eine Metamorphose ihrer Basisinstitutionen bewirken, sondern die »entgrenzte Modernisierung« auch die Basisprinzipien selbst zersetzen könnte, »dass die unantastbaren Basisprinzipien eingeschränkt oder gar abgeschafft werden könnten«. Er ging dieser Möglichkeit aber nicht sehr intensiv nach, sondern kategorisierte das Ergebnis dieser »entgrenzten Modernisierung« schlicht als »anti-modern«.[10]

7 Beck 2007, S. 393.
8 Ebd., S. 408.
9 Beck 2007, S. 94-129.
10 Ebd., S. 394.

In der spätmodernen Gegenwart ist aber genau dieses Szenario aktuell. Es bedeutet einerseits tatsächlich *Diskontinuität* und einen *Verfassungsbruch*, allerdings bezieht sich diese Diskontinuität nur auf den *Inhalt* der modernistischen Basisprinzipien, nicht auf deren Namen oder Bezeichnung. Denn Begriffe wie Ökologisierung, Nachhaltigkeit, Demokratie, Emanzipation oder Selbstbestimmung bleiben weiterhin zentral und gewinnen vielleicht sogar weiter an Bedeutung. Entsprechend gilt es nun, jene Dialektik weiterzuverfolgen, die Beck immer vernachlässigte, weil er »unabsehbare moralische Folgen« fürchtete, wenn »das Sakrale der Moderne«, die Basisprinzipien, »selbst entscheidbar« würden.[11] Die Negation der modernistischen Basisprinzipien sah er ausschließlich als antimodern, nicht als *dialektische* Negation, die aus der Spannung zwischen unversöhnlichen Gegensätzen etwas Neues und eine wirklich *andere* Moderne hervorbringt. Doch aus der Perspektive der Spätmoderne führt die Negation der Basisprinzipien eben – in der Tat mit »unabsehbaren moralischen Folgen« – in eine wirklich *andere* Moderne. Denn die reflexive Selbstauszehrung der zweiten Moderne schafft die hergebrachten Basisprinzipien keineswegs vollständig ab, sondern macht nur ihren Inhalt anachronistisch, verwandelt sie in »empty signifiers« (Laclau) ohne jeden vormodernen, »heiligen« oder »sakralen« Kern und initiiert einen Prozess der inhaltlichen Neubestimmung. Der selbstreferentielle und für sich inhaltlich leere »Code«, könnte man mit Luh-

11 Ebd., S. 379.

mann sagen – zum Beispiel: nachhaltig/nicht-nachhaltig, selbstbestimmt/fremdbestimmt, demokratisch/nicht-demokratisch –, bleibt gleich, aber das inhaltliche »Programm« wird radikal ausgetauscht.

Beck fürchtete sich hier zwar, zu Recht, vor »unabsehbaren moralischen Folgen« und einem »antimodernen Verfassungsbruch der Moderne«, gleichzeitig wehrte er sich aber, ebenfalls zu Recht, gegen die vorverurteilende Rede vom »Verfall« der Werte und sprach stattdessen von einem »Wandel der Werte, der den Anforderungen einer Zweiten Moderne angemessen ist«.[12] Als Gesellschaftstheoretiker distanzierte er sich von der gängigen Kulturkritik, die »den Untergang der Werte, der Freiheit, der Demokratie etc.« dramatisiere, »um die Katastrophe nicht wahrnehmen zu müssen, die der Zusammenbruch der eigenen Weltgewissheiten (allerdings nur für einen selbst) bedeutet«. In diesem »kulturkritischen Habitus« vermutete er letztlich »nur ein Ausweichen vor der Arbeit am Begriff, die das Begreifen des Neuen erfordert«.[13] Genau diese »Arbeit am Begriff« ist an der Schwelle zur *anderen* Moderne insbesondere hinsichtlich dreier Leitbegriffe des ÖEP unerlässlich – Ökologisierung, Emanzipation und Demokratisierung. Es gilt herauszuarbeiten, wie die ökoemanzipatorischen Bewegungen selbst dazu beigetragen haben, das Verständnis dieser Begriffe grundlegend zu verändern. Entscheidend sind dabei die Widersprüche, die in diesen Basisprinzipien des ÖEP immer schon angelegt waren,

12 Ebd., S. 391.
13 Ebd., S. 387; vgl. Kapitel 1.3 und 2.5.

deren Spannung sich im fortlaufenden Modernisierungsprozess dialektisch entfaltet und die die spätmoderne Gesellschaft damit – im Selbstlauf, unkontrollierbar und als Nebenwirkung – über die sozialökologische *Mehr-Moderne* hinaus in eine wirklich *andere Moderne* führen.

## 6.2 *Dialektik der Nachhaltigkeit*

Bezüglich der ersten Säule des ÖEP läge es eigentlich nahe, nicht von Dialektik der Nachhaltigkeit zu sprechen, sondern von »Dialektik der Ökologisierung« oder des »Ökologisierungsprojekts«. Das wäre auch insofern angemessen, als der Widerspruch, die eingebaute Dynamik der Destabilisierung und Selbstüberwindung, tatsächlich nicht spezifisch mit dem Begriff der Nachhaltigkeit verbunden ist, der erst um die Wende zu den neunziger Jahren hegemonial wurde, sondern von Anfang an im ÖEP angelegt war. Entsprechend kann man dieses Problem auch nicht lösen, indem man sich vom oft als zu unbestimmt kritisierten Nachhaltigkeitsbegriff trennt und ihn durch ein anderes, vermeintlich radikaleres Leitkonzept der Transformation ersetzt. Ich spreche hier trotzdem von Dialektik der Nachhaltigkeit. Denn erstens bestimmt der Begriff trotz aller Kritik die ökopolitische Debatte bis heute. Zweitens hat das Paradigma der Nachhaltigkeit, selbst wenn die eigentliche Ursache des Problems tiefer und zeitlich vor der Konjunktur des Nachhaltigkeitskonzeptes liegt, dann tatsächlich eine höchst wichtige Rolle bei der Destabilisierung und dem – noch keineswegs abgeschlossenen – Zerfall des ÖEP gespielt.

Wie kommt es also, dass die Ökologisierung der Industriegesellschaft, die die ökoemanzipatorischen Bewegungen sich vorgenommen hatten, die sozialökologische Transformation, nie gelungen ist und auch kaum Aussicht hat, in Zukunft noch zu gelingen? Wie kommt es, dass dieses Projekt vielmehr zunehmend zerfällt und seinerseits zur Zielscheibe der Repolitisierung wird? Wie kommt es, dass spätmoderne Gesellschaften, die sich tatsächlich auf allen Ebenen und immer intensiver mit den Folgen des Klimawandels, dem Artenverlust, der Ressourcenübernutzung etc. befassen und sich im Prinzip allenthalben zum Ziel der Nachhaltigkeitswende bekennen, letztlich doch als »Gesellschaften der Nicht-Nachhaltigkeit« beschrieben werden müssen, die mit allen Mitteln die Logik der Nicht-Nachhaltigkeit verteidigen und mit aller Entschiedenheit eine Politik der Nicht-Nachhaltigkeit betreiben? Ein wesentlicher, in der Literatur inzwischen erschöpfend diskutierter Grund dafür liegt zweifellos in der erdrückenden Macht kapitalistischer Akteure und Strukturen sowie in der grundsätzlichen Unvereinbarkeit der kapitalistischen Expansions- und Wettbewerbslogik mit der ökologischen Agenda der kollektiven Selbstbegrenzung im Namen eines guten Lebens für alle innerhalb planetarer Grenzen. Aber wie erklärt es sich, dass ökologische Bewegungen dieser Logik des Kapitalismus immer schon so wenig entgegenzusetzen hatten? Wie kommt es, dass diese Bewegungen trotz des umfassenden Konsenses über die immer wieder als lebensbedrohlich bezeichnete Dringlichkeit einer sozialökologischen Transformation nicht ihrerseits eine den Kapitalinteressen ebenbürtige politische Gegenmacht aufbauen konnten?

Die Ursache dafür liegt darin – in Kapitel 5.2 wurde das bereits angedeutet –, dass das Projekt der Ökologisierung der Industriegesellschaft nie eine belastbare normative Grundlage hatte. Zwar wird der Glaube, die Behauptung, dass es klare biophysische Notwendigkeiten gäbe, die eine sozialökologische Transformation unumgänglich machten und die Politik nur auf die »ökologische Vernunft« zu hören bzw. den Erkenntnissen der natur- bzw. erdsystemwissenschaftlichen Forschung zu folgen brauche, bis in die Gegenwart unverdrossen wiederholt.[14] Doch dieser Glaube war immer schon eine – in gewisser Hinsicht entlastende – Illusion, und in besonderer Weise gilt dies seit der stillen Revolution der siebziger Jahre, die zwar nicht die Kritik am industriegesellschaftlichen Umgang mit der Natur insgesamt, wohl aber das ÖEP im oben skizzierten Sinne überhaupt erst begründete.[15]

Ältere Naturschutzbewegungen seit dem ausgehenden 19. Jahrhundert hatten sich noch vornehmlich auf religiöse, ästhetische, romantische, heimatverbundene und oftmals antimodernistische Argumentationsmuster gestützt und waren damit eine gesellschaftliche Randerscheinung mit recht beschränkter Mobilisierungs- und politischer Durchsetzungskraft geblieben.[16] Mit den ökoemanzipatorischen Aufbruchsbewegungen seit den

14 Vgl. Kapitel 3.2.

15 Vgl. insbesondere Kapitel 1.1 und 4.4.

16 Vgl. z.B. Sieferle 1984; Linse 1986; Rohkrämer 1999.

frühen siebziger Jahren fanden umweltpolitische Themen dann zwar sehr viel breitere Resonanz, doch den normativen Kern dieser Bewegungen bildete – wie oben ausgeführt – auch, wo sie sich selbst ausdrücklich als »Umwelt«- oder »Ökologie«-Bewegungen verstanden, nicht etwa das außergesellschaftliche Andere, die Natur, sondern die neuen Verständnisse von Autonomie und Subjektivität, die in der Spätphase der ersten Moderne immer größere Bedeutung gewannen. Sie waren letztlich der Auslöser und Motor auch für die als »ökopolitisch« verstandene gesellschaftliche Mobilisierung und Politisierung. Die Diskurse dieser Bewegungen behaupteten, sich auf die Umwelt und die Natur zu beziehen, drehten sich letztlich aber um kulturelle Konstruktionen des Natürlichen und um normative Gegenbilder der als defizitär erfahrenen gesellschaftlichen Realität.

Eine fundamentale Schwäche des ÖEP lag bzw. liegt also darin, dass es gleichzeitig auf den Schutz der Natur, des Anderen, des Objektiven, des Außergesellschaftlichen, des Übergeordneten und auf die Zentralisierung des modernistischen Subjekts, seine Autonomie und die Verwirklichung seiner Kontroll- und Steuerungsansprüche zielt(e).[17] Mehr noch: Ausgerechnet die radikale Aufwertung emanzipatorischer Werte und der Idee des autonomen Subjekts in der stillen Revolution soll(te) endlich den Schutz der Natur und die gesellschaftliche Transformation erreichen, die die älteren Naturschutzbewegungen mit ihren jeweiligen Triebfedern und Refe-

17 Vgl. Kapitel 5.3, Schaubild 3.

renznormen nie zuwege gebracht hatten. Doch der Schutz der Unversehrtheit von Natur und Umwelt unter dem Vorzeichen der Autonomie des Selbst oder des Subjekts – das sich überhaupt nur durch seine Emanzipation von Natur und Natürlichkeit konstituiert und behauptet[18] – bedeutet einen Widerspruch in sich: Die Integrität der Natur erfordert die Begrenzung und Unterordnung des Subjekts; die Autonomie des Subjekts hingegen bedeutet das Überschreiten vermeintlich natürlicher Grenzen und die Beherrschung der Natur. Gerade die *politische Ökologie* der siebziger und frühen achtziger Jahre[19] machte – anders als der ältere, eher konservative Natur- und Heimatschutz oder der auf technologische Lösungen setzende Umweltschutz – die emanzipatorischen Ansprüche besonders stark. Sie wurde zwar verbreitet als »ökologischer Fundamentalismus« bezeichnet. Aber fundamental war im Denken der politischen Ökologie nie die Natur, sondern allemal die Norm des autonomen Subjekts, das zum Maßstab der *ökologischen* Kritik an der bisherigen, industriellen Moderne und am Kapitalismus erhoben wurde. Sämtliche Normen einer vermeintlich unhintergehbaren Natürlichkeit, einer Selbstwerthaftigkeit und eigenen Würde der Natur und angeblich kategorische ökologische Imperative blieben gegenüber diesem »heiligen Basisprinzip« stets untergeordnet, erschienen als zweifelhaft und potenziell ideologisch und wurden von der Logik des

18 Vgl. Horkheimer und Adorno 1969 [1944]; Blühdorn 2000, S. 60-64.

19 Vgl. z.B. Enzensberger 1973; Die Grünen 1980; Gorz 1978, 1980; Bookchin 1985.

emanzipatorischen Fortschritts sukzessive ausgezehrt, als konservativ und überholt »wegmodernisiert«.

Für die Ökologisierung der Industriegesellschaft gab es also ungeachtet aller empirisch beobachtbaren Veränderungen und objektiven Zerstörung ökologischer Systeme nie eine politisch belastbare normative Grundlage und insbesondere nicht mehr, seit die stille Revolution die Ideale des autonomen Subjekts, der mündigen Bürgerin, des mündigen Bürgers und des eigenen, selbstbestimmten Lebens breitenwirksam zur obersten und unantastbaren Leitnorm erhoben hatte. Just als der Wertewandel der siebziger Jahre dem ökologischen Thema zu einer gesellschaftlichen Resonanz und politischen Bedeutung verholfen hatte, die es zuvor nie erreicht hatte, entfaltete sich ein dreifaches Dilemma:

- Erstens beschleunigten sich im Zuge der wirtschaftlichen Entwicklung zwar die Umweltveränderungen, die ökologischen und sozialen Nebenwirkungen der industriellen Moderne wurden zunehmend sichtbar, der Wertewandel verstärkte die gesellschaftliche Wahrnehmung diesbezüglicher Probleme, und neue Bewegungen mobilisierten eine umfassende Kritik an der kapitalistischen Industriemoderne; doch diese Kritik und Mobilisierung konnten angesichts der »heiligen Basisprinzipien«, auf denen sie beruhten, kaum stärkeren transformativen Einfluss auf das Verhältnis moderner Gesellschaften zur Natur, zur Umwelt, zu ihren biophysischen Grundlagen entfalten, als die konservativ, religiös oder ästhetisch begründeten früheren Umweltbewegungen.

- Zweitens führte die insbesondere von der politischen Ökologie zugespitzte Kritik am Kapitalismus in der gesellschaftlichen Debatte bereits in den frühen achtziger Jahren zu einer unversöhnlichen Frontstellung zwischen kapitalistischer Ökonomie und Ökologie, die ökopolitische Fortschritte noch zusätzlich erschwerte. Denn sie entsprach – auch innerhalb der Umweltbewegungen – nicht den Befreiungs-, Entfaltungs- und Selbstverwirklichungsinteressen einer breiten gesellschaftlichen Mehrheit, die eine *Befreiung vom Kapitalismus* weder als unbedingte Voraussetzung ihrer persönlichen Selbstentfaltung sah, noch als notwendige Bedingung eines wirksameren Natur- und Umweltschutzes.
- Und drittens stellte die breit wahrgenommene Verletzung der im Zeichen des Wertewandels hegemonial gewordenen »heiligen Normen der Menschheit und Zivilisation« das gesamte Modell der westlichen Moderne zur Diskussion, deren Basisprinzipien die ökoemanzipatorischen Bewegungen trotz ihrer Kritik allerdings selbst zutiefst verpflichtet waren. »Das System ist bankrott«, sagte nicht nur die international bekannte Umwelt- und Menschenrechtsaktivistin Petra Kelly in den frühen achtziger Jahren.[20] Gleichzeitig sollten aber die »heiligen Normen« der westlichen Moderne doch beibehalten werden, als die Grundlage einer freien, offenen, demokratischen, ökologischen Weltgesellschaft taugen, und diese Welt-

20 Kelly 1983. Petra Kelly war auch Gründungsmitglied der deutschen Grünen.

gesellschaft zum kantischen *Ewigen Frieden* führen.

Vor dem Hintergrund dieses dreifachen Dilemmas erschien das Mitte der achtziger Jahre aufkommende Paradigma der Nachhaltigkeit und nachhaltigen Entwicklung als die goldene Lösung. Es wurde mit dem Brundtland-Bericht der Vereinten Nationen aus dem Jahr 1987[21] eingeführt und mit dem sogenannten UN-Erdgipfel in Rio de Janeiro 1992 international zum hegemonialen Leitbegriff der ökopolitischen Debatte und Praxis. Sein besonderer Reiz und der Grund für seinen Erfolg lag darin, dass es einerseits eine Transformation und Ökologisierung moderner Industriegesellschaften in Aussicht stellte, andererseits aber auch eine Weiterführung der bekannten Logik der Entwicklung und Modernisierung erlaubte bzw. versprach. Es schlug eine Brücke zwischen dem *Gerechtigkeitsdiskurs*, der eine weitere und sogar beschleunigte ökonomische Entwicklung als Vorbedingung für soziale Gerechtigkeit und Teilhabe sowohl in westlichen Industriegesellschaften als auch insbesondere mit Blick auf die sogenannte Dritte Welt, also die Länder des Globalen Südens, betrachtete; dem *Begrenzungsdiskurs*, der zugunsten des Schutzes der Natur und angesichts der Endlichkeit natürlicher Ressourcen und des Planeten eine Abkehr von der Logik des unendlichen Wachstums sowie eine strikte Begrenzung des Naturverbrauchs forderte; und dem emanzipatorischen Demo-

21 WCED 1987.

kratisierungs- und *Selbstbestimmungsdiskurs*, der auf individueller wie auch kollektiver Ebene auf die Erweiterung von Partizipations-, Entscheidungs- und Gestaltungsmöglichkeiten drängte. Dass es diese drei Agenden miteinander verknüpfte, machte das Nachhaltigkeitsparadigma unwiderstehlich attraktiv – gerade auch zu einer Zeit, in der das Modell der westlichen Moderne einerseits wegen seiner ökologischen und sozialen Nebenfolgen in eine tiefe Krise geraten war, sich andererseits mit dem Ende des Kalten Krieges aber eine historische Möglichkeit zu seiner Globalisierung bot. Diese Perspektive war aus ökonomischer, emanzipatorischer sowie auch aus ökologischer Perspektive gleichermaßen attraktiv.

Die Hoffnung, dass das Nachhaltigkeitsparadigma ökopolitisch Wesentliches bewegen könnte, gründete sich vor allem darauf, dass es nicht den Abschied vom Kapitalismus verlangte und ökopolitischen Vorhaben daher viel breitere gesellschaftliche Akzeptanz verschaffen würde als bisher. Zudem sollten die Logik des Kapitalismus und die Mechanismen des Marktes gezielt als Motor der ökologischen Modernisierung eingesetzt und ausgenutzt werden, um in allen Gesellschafts- und Lebensbereichen ökologische Verbesserungen durchzusetzen. Statt auf Konfrontation und Konflikt setzte das Nachhaltigkeitsparadigma zudem auf Partizipation, Kooperation und Verständigung zwischen allen beteiligten Akteuren. Viertens setzte das Nachhaltigkeitskonzept zur Vermeidung ideologischer Konflikte wesentlich auf die Verwissenschaftlichung ökopolitischer Debatten und auf technologische Lösungsansätze im Sinne der ökologischen Modernisierung.[22] Nachdem man die Erfahrung gemacht hatte, dass es für die Ökologisierung der Industriegesellschaft bisher noch keine hinreichend integrierende, motivierende und politisch durchsetzungsfähige normative Grundlage gab, dass das Ökologisierungsthema – gerade in seiner wachstums- und kapitalismuskritischen Variante – in weiten Teilen der Gesellschaft Ängste, Verunsicherung und auch Abwehrreaktionen auslöste, zielte das Nachhaltigkeitsparadigma ausdrücklich darauf, die Debatte zu entpolitisieren und die praktischen Maßnahmen auf eine wissenschaftliche Grundlage zu stellen. Denn ganz wie das in der spätmodernen Gegenwart wieder verbreitet der Fall ist, waren auch schon in den achtziger Jahren die »Umweltbewegungen und ihre Themen« in Teilen »der Gesellschaft und vor allem in der politischen Klasse stigmatisiert als exaltiertes Vergnügen steinzeitvernarrter Zivilisationsdeserteure, von öffentlicher Unterstützung lebender Müslis und grün eingefärbter Linksradikaler und sogenannter Verfassungsfeinde«.[23]

Das Nachhaltigkeitsparadigma konnte diese Ängste beruhigen und ökopolitische Konflikte entschärfen. Es setzte sich durch, weil es verschiedene Sorgen und Forderungen der Neuen Sozialen Bewegungen aufnahm, endzeitliche Visionen und radikale Forderungen nach der Überwindung des Kapitalismus aber hinter sich ließ. Vielmehr war es in seinem Vertrauen auf die

22 Vgl. z. B. v. Prittwitz 1993; Mol et al. 2000; Jänicke 2007; vgl. auch Kapitel 4.4.

23 Fischer 1989, S. 8.

offene, gestaltbare Zukunft und die Problemlösungsfähigkeit moderner Gesellschaften zutiefst optimistisch. Und zudem war sein Leitbegriff, das Konzept der Nachhaltigkeit, inhaltlich völlig offen. Er erlaubte ganz verschiedenen Akteuren, den Begriff in ihrer je eigenen Weise und auf der Grundlage ihrer jeweiligen Werte und Interessen zu interpretieren. Was für wen, in welchem Maße, in welcher Qualität, für welche Dauer und aus welchem Grund erhalten werden soll – oder eben auch nicht –, legt der Begriff aus sich selbst heraus eben noch nicht fest. Insofern war das Nachhaltigkeitsparadigma, wo immer es konkrete Ziele und Normen setzen wollte, stets parasitär: Es versprach umweltpolitisch Entscheidendes bewirken zu können, zehrte dabei aber in seinen Bemühungen um Konsensfindung durch Entpolitisierung, Verwissenschaftlichung und/oder Vermarktlichung immer von Normen, die es selbst nicht setzen, begründen und durchsetzen konnte oder wollte, sondern die immer aus anderen Quellen und Kontexten übernommen, gerechtfertigt und motiviert werden mussten. Es lässt sich als transformatives Konzept lesen, aber auch als ein stabilisierendes. Auf einer diskursiven Oberfläche verdeckt es die Vielschichtigkeit und Widersprüche moderner Gesellschaften – und auch der ökoemanzipatorischen Bewegungen selbst –, die einerseits ihre modernistisch-emanzipatorischen Errungenschaften erhalten und weiter ausbauen wollen, andererseits aber ökologische und soziale Nebenwirkungen sehen, die »heilige Normen der Menschheit und Zivilisation« verletzen und daher einen grundlegenden Wandel verlangen. Doch auf der darunter liegenden Ebene blieben die Widersprüche ungelöst.

Inzwischen ist der Nachhaltigkeitsbegriff zwar in alle gesellschaftlichen Bereiche und Politikfelder eingesickert. Er war – gerade wegen seiner inhaltlichen Offenheit – überall anschlussfähig, hat auf allen politischen Ebenen unzählige Gesetzes- und Regulierungsinitiativen angestoßen, Aktionsprogramme begründet und vielfältige Reformen bewirkt. Eine grundlegende Veränderung der etablierten Logik moderner Gesellschaften, eine Nachhaltigkeitswende im Sinne des ÖEP, hat er allerdings nicht eingeleitet. Vielmehr kann das Nachhaltigkeitsparadigma heute selbst als wesentliche Ursache für das Ausbleiben der Ökologisierung und als Hebamme für die Gesellschaft der Nicht-Nachhaltigkeit betrachtet werden. Und zwar nicht, wie oftmals behauptet wird, weil der Begriff im Zuge seiner Popularisierung immer inhaltsleerer, bedeutungsloser und zum *empty signifier* geworden ist[24] – das war er, wie gesagt, von Anfang an. Viel entscheidender war, dass das Nachhaltigkeitsparadigma in seinem Bestreben zu entpolitisieren, verwissenschaftlichen und vermarktlichen normativen Fragen stets ausgewichen ist und normative Konflikte systematisch vermieden hat. Es konzentrierte sich darauf zu forschen, zu zählen, zu messen, zu berechnen, innovative Technologien zu entwickeln und neue Marktinstrumente zu propagieren, vernachlässigte dabei aber immer die von all dieser vermeintlichen Objektivität unberührte, weiterhin zentrale Rolle von

24 Vgl. z.B. Brown 2016.

Subjektivität und sozialen Normen, die der Gesellschaft bzw. ihren verschiedenen Teilen »heilig« sind, ohne deren wahrgenommene Verletzung Umweltveränderungen nie als problematisch erfahren und politisiert werden können und ohne die auch keine umweltpolitischen Ziele festgelegt und umgesetzt werden können.[25]

Während es sich immer auf das angeblich Unpolitische, Objektive richtete, hat das Nachhaltigkeitsparadigma dieses Subjektive immer bewusst vernachlässigt und in liberaler Weise sich selbst überlassen. Und so führte die Hegemonie des Nachhaltigkeitskonzepts erstens in eine Situation, in der zwar umfassende Erkenntnisse über ökologische Veränderungen, ihre Ursachen, ihre Wechselwirkungen und ihre Konsequenzen vorliegen und auch vielfältige Technologien, die bei deren Bearbeitung hilfreich sein könnten, man nun aber verwundert feststellt, dass der politische Wille fehlt, diese Erkenntnisse und Technologien in gezielter, entschlossener und konsequenter Weise anzuwenden – denn dafür wäre eine normative Festlegung erforderlich, die dem Nachhaltigkeitsparadigma jedoch grundsätzlich fremd ist. Zweitens haben gerade die Fokussierung auf das Objektive und die Vernachlässigung des Subjektiven eine geschützte Nische geschaffen, in der sich die liberalen Werte der individualistischen Selbstbestimmung und Selbstverwirklichung ungestört gegenüber für das ökologische Projekt nicht weniger bedeutenden Werten der Beschränkung, Unterordnung, Selbst-

25 Vgl. Kapitel 4.4.

disziplin und Pflicht entfalten konnten.[26] Genau hier liegt ein wesentlicher Grund dafür, dass heute der politische Wille fehlt, wissenschaftliche Erkenntnisse und neue Technologien gezielt in wirksame Maßnahmen zu übersetzen. Statt einer SÖT hat das Nachhaltigkeitsparadigma also vor allem immer die Entfaltung liberaler Normen begünstigt. Das kam keineswegs nur marktliberalen, sondern auch den Selbstbestimmungs- und Selbstverwirklichungsinteressen der ökoemanzipatorischen Bewegungen entgegen. Zweifellos wurden im Zeichen des Nachhaltigkeitsparadigmas eine Vielzahl sozialer und ökologischer Reformen erreicht, aber gerade indem es die Debatte zu verwissenschaftlichen und entpolitisieren versuchte, hat das Leitbild der Nachhaltigkeit letztlich immer nur die Logik und die Strukturen des Status quo verlängert.

Drittens blieb trotz der Vermehrung des umwelt- und klimabezogenen Wissens nicht nur die Unsicherheit hinsichtlich der Normen zur gesellschaftlichen Nutzung und politischen Umsetzung dieses Wissens, sondern das immer komplexere Wissen warf zudem auch, statt mehr Sicherheit zu schaffen, immer neue Fragen auf und vermehrte damit die Unsicherheit. Beck hatte diesen Effekt bereits in den achtziger Jahren klar beschrieben.[27] Ebenso hatte er frühzeitig gewarnt, dass sich in der »verwissenschaftlichten Ökologiebewegung« die »Anlässe und Themen des Protestes weitgehend gegenüber den Trägern« dieses Protests, also gegenüber

26 Vgl. dazu im Detail Kapitel 6.3.
27 Beck 1986, S. 257.

»den betroffenen Laien« verselbständigen würden, weil ökologische Gefahren zunehmend mit wissenschaftlichen Mitteln wahrgenommen und »nicht mehr nur wissenschaftlich vermittelt, sondern im strengen Sinne wissenschaftlich konstruiert« würden.[28] »Ins Zentrum rücken mehr und mehr Gefährdungen, die für den Laien oft weder sichtbar noch spürbar sind« und die unter Umständen weder in die Lebensspanne der Bürgerinnen und Bürger noch in ihrer jeweiligen geografischen Region relevant sind bzw. werden.[29] Tatsächlich koppelte die Verwissenschaftlichung im Zeichen des Nachhaltigkeitsparadigmas die ökopolitische Debatte zunehmend von der konkreten Lebens- und Erfahrungswelt der Bürger ab, marginalisierte damit diejenigen, deren Werte und Proteste das Ökologiethema ursprünglich auf die politische Agenda gebracht hatten, und widersprach diametral dem emanzipatorischen Anspruch auf politische Selbstbestimmung und Selbstgestaltung, der die Neuen Sozialen Bewegungen einst ins Leben gerufen hatte. Die zunehmend ausdifferenzierte Wissenschaft und die immer neuen, oftmals widersprüchlichen Forschungsergebnisse unterminierten das Vertrauen in die Wissenschaft und bahnten, als unverhinderbare Nebenwirkung, systematisch den Weg für eine von interessierter Seite strategisch geschürte Wissenschaftsskepsis.

Die für die spätmoderne Gesellschaft typische Konjunktur von »alternativen Fakten« und Verschwörungs-

28 Ebd., S. 265.
29 Ebd.

mythen ist insofern eine Nebenfolge der im Zeichen des Nachhaltigkeitsparadigmas betriebenen Verwissenschaftlichung selbst. »Wer warum an ein Risiko glaubt«, schrieb Beck bereits zehn Jahre bevor diese Begriffe im Zuge von Donald Trumps Präsidentschaft populär wurden, wird »wichtiger als die ausgetüftelten Wahrscheinlichkeits-Szenarien der Experten«.[30] »Wir erleben eine Invasion der Kultur in die Politik«, betonte er; die »*Risikoschicksalsgemeinschaft* spaltet sich entlang der Fragen, wer welche Risikodefinitionen teilt«.[31] In der Spätmoderne rücken die alternativen Fakten, Verschwörungsmythen und populistische Narrative die Bürger gewissermaßen wieder ins Zentrum. Sie setzen deren Erfahrungen und das, was sie persönlich wahrnehmen und glauben (wollen), wieder zentral. Das ist eine Form von *re-empowerment*, die den Kontrollverlust und die Dezentralisierung der Bürger im Zuge der Verwissenschaftlichung kompensiert. Mit ihrem Kampf für eine *post-normal science* und die gleichberechtigte Anerkennung alternativer Rationalitäten[32] haben emanzipatorische Bewegungen zu dieser Entwicklung ebenso beigetragen wie rechte Kampagnen der Wissenschaftsskepsis, der Leugnung des Klimawandels oder die EU-skeptische Forderung »Take back control!«.

Während es die Logik der Modernisierung – wissenschaftlich, ökonomisch, technologisch, politisch, kulturell – fortschrieb, hat das Nachhaltigkeitsparadigma also Zeit geschaffen für die reflexive Modernisierung je-

30 Beck 2007, S. 350.
31 Ebd., S. 35 und 351.
32 Dazu klassisch Funtowicz und Ravetz 1991, 1992, 1993.

ner »heiligen Basisprinzipien«, die mit der stillen Revolution hegemonial geworden waren und die zunächst eine erhebliche politische Mobilisierungs- und Transformationsenergie freigesetzt hatten. Das Nachhaltigkeitsnarrativ bot die Möglichkeit, sich an seinem Versprechen, transformativ zu sein, festzuhalten, bis die reflexive Modernisierung der vermeintlich »heiligen Basisprinzipien« deren transformationspolitische Mobilisierungskraft schrittweise ausgezehrt hatte. Denn tatsächlich bezieht sich die reflexive Modernisierung eben nie allein auf die gesellschaftlichen Institutionen und politischen Realitäten (Becks Basisinstitutionen), sondern immer auch auf die gesellschaftlichen Maßstäbe für deren Wahrnehmung und Bewertung, also die vorherrschenden Verständnisse von Freiheit, Demokratie, Emanzipation, Selbstbestimmung, Identität etc. (Becks vermeintlich »heilige Basisprinzipien«). Schrittweise wurden so nicht nur die gesellschaftlichen Institutionen modernisiert, sondern auch diese Normen selbst haben sich kontinuierlich verändert. Und in der Spätmoderne ist dieser Prozess so weit fortgeschritten, dass der wahrgenommene Transformationsdruck bestenfalls noch moderat ist – jedenfalls trotz inzwischen massiver sozialer und ökologischer Nebenfolgen nicht stark genug, um tatsächlich strukturelle Veränderungen in Gang bringen zu können. Für diese Überbrückungsfunktion war das Nachhaltigkeitsparadigma besonders geeignet, gerade weil Nachhaltigkeit keinen essenziellen Kern hat, sondern als »essentially contested concept«[33] offen ist für

33 Gallie 1956.

die kontinuierliche inhaltliche Neubestimmung im Gleichklang mit der fortlaufenden Modernisierung.

Insofern gewährte das Paradigma der Nachhaltigkeit gewissermaßen eine Nachspielzeit: *Gekaufte Zeit*[34] für eine *Sterbende Illusion*.[35] Es ist ein Konzept, das erst aus der Perspektive der Spätmoderne bzw. dritten Moderne – und auf der Grundlage des modernisierungstheoretischen Ansatzes, der in Kapitel 4 und 5 ausgeführt wurde – angemessen interpretiert werden kann. Diese Perspektive bestätigt rückblickend, was Kritiker des Nachhaltigkeitsparadigmas schon frühzeitig artikuliert haben: Beim Nachhaltigkeitskonzept ging es eigentlich nie um eine strukturelle Transformation und die Abkehr von der etablierten Logik der Nicht-Nachhaltigkeit, sondern immer schon primär um die Stabilisierung und Verlängerung des Kapitalismus und der in die Krise geratenen westlichen Moderne insgesamt. Allerdings hatten die frühen Kritiker des Nachhaltigkeitsnarrativs in der Regel noch eine sehr modernistisch-normative Perspektive: Sie glaubten fest an die unbedingte Notwendigkeit einer SÖT und ebenso an die Verfügbarkeit wahrhaft transformativer Alternativen zu den letztlich bloß wachstums- und kapitalismuskonformen Ansätzen der Nachhaltigkeit. Aufbauend auf die Kritik, dass der »Öko-Kapitalismus uns nicht helfen kann«,[36] haben sie immer wieder vermeintlich bessere, transformativere, ökosozialistische, Subsistenz-, Post-

34 Den Begriff übernehme ich von Wolfgang Streeck (2013), der ihn in einem anderen Kontext verwendet. Vgl. auch Blühdorn 2022a.

35 Sarkar 2003.

36 Ebd., S. 80.

wachstums- oder resilienzorientierte Ansätze aufgeboten.

Inzwischen ist diese Kritik sehr verbreitet. Vielen gilt das Nachhaltigkeitsparadigma heute als erschöpft. Immer weniger sehen es noch als ein hinreichend konkretisierbares, integrierendes und mobilisierendes Leitbild für eine strukturelle gesellschaftliche Transformation.[37] Zu Recht ist betont worden, dass das Konzept »nicht Teil der Lösung« für die sozialökologische Krise moderner Gesellschaften sei, sondern vielmehr selbst »ein konstitutiver Teil des Problems«.[38] Doch diese Kritik beruht zumeist weiterhin auf der Annahme, dass eine Transformation im Sinne des ÖEP und seiner »heiligen Normen« unvermeidlich sei, sowie auf der Überzeugung, dass sich jenseits des Nachhaltigkeitsparadigmas eine belastbarere normative Grundlage für eine *wahre* SÖT mobilisieren ließe. Diese Annahme und dieser Glaube sind in der Spätmoderne aber nicht mehr haltbar. Sie lassen außer Acht, dass eine alternative Leitnorm überhaupt nur so lange und in dem Maße gebraucht wird, wie das ÖEP und die »heiligen« Normen seiner SÖT wirklich noch »heilig« sind. Genau das ist an der Schwelle zur dritten Moderne, an dem Punkt, an dem die Normen der zweiten Moderne zum Anachronismus und verabschiedet werden, aber immer weniger der Fall.

Die sterbende, unhaltbare Illusion, für die das Nachhaltigkeitsparadigma eine bis heute nicht voll abgelau-

37 Vgl. z. B. Benson und Craig 2017; Foster 2015; Gottschlich 2017; Folkers 2022.

38 Foster 2015, S. 35.

fene Nachspielzeit gewährte, war daher, anders als Saral Sarkar den Begriff ursprünglich gemeint hatte, nicht nur, dass eine Effizienzrevolution das Ressourcenproblem lösen und fortdauerndes Wirtschaftswachstum ermöglichen würde, dass sich die bereits entstandenen Umweltschäden vermittels neuer Technologien beseitigen ließen und dass sich mit Hilfe seiner ökologischen Modernisierung der Kapitalismus verstetigen ließe.[39] Sondern die Illusion war (und ist), dass sich der Widerspruch zwischen der emanzipatorischen (befreienden) und der ökologischen (begrenzend-unterordnenden) Dimension des ÖEP auflösen ließe, dass die Gleichzeitigkeit der in Schaubild 3 illustrierten gegensätzlichen Interessen und Werte möglich ist, dass die Widersprüche des ökologischen Paradoxes sich durch die (ökologische) Vernunft des mündigen Subjekts versöhnen ließen[40] und dass die bereits in den frühen achtziger Jahren in eine grundlegende Krise geratene westliche Moderne sich doch stabilisieren und sogar globalisieren ließe. Anders als die Kritiker des Nachhaltigkeitsparadigmas immer wieder behauptet hatten, ist die Illusion also nicht (nur) die Haltbarkeit des Kapitalismus, sondern ganz wesentlich auch die Haltbarkeit des ÖEP und der westlichen Moderne insgesamt. Es ist die Illusion der offenen, demokratischen, ökologischen, egalitären, kosmopolitischen Gesellschaft. Entsprechend ist die Desillusionierung in der Spätmoderne eine doppelte und wahrhaft traumatische: Nicht nur gibt es *inner-*

39 Sarkar 2003.
40 Vgl. auch Kapitel 2.4.

*halb* des Kapitalismus keine Ökologisierung der Moderne, sondern auch *jenseits* des Kapitalismus nicht. Denn die Idee der Ökologisierung der Moderne sowie die (auf das autonome Subjekt bezogenen) Werte, die mit diesem Projekt umgesetzt werden sollten, sind insgesamt unhaltbar. Das Nachhaltigkeitsparadigma ist aber nicht etwa gescheitert,[41] sondern es war höchst erfolgreich darin, die Zeit bis zum Zerfall des ÖEP zu überbrücken, d.h. die Zeit, bis dessen ökologische *Problemwahrnehmungen*, statt gelöst zu werden, sich zusammen mit den Maßstäben ihrer Wahrnehmung auflösen.[42] Und an diesem Punkt, an der Schwelle zur dritten Moderne, bedarf es dann keines transformativeren Ersatzes mehr, sondern allenfalls noch einer besseren Strategie der Anpassung und Verarbeitung individueller und gesellschaftlicher *Übergangsbeschwerden*, die erwartbar erst verzögert schrittweise abklingen.[43]

Die »Dialektik der Nachhaltigkeit« liegt also darin, dass der Begriff, von dem man angenommen und gehofft hatte, dass er die oben skizzierten Dilemmata der modernen Gesellschaft und ihrer ökologischen Politik auflösen und endlich einen festen normativen Boden und ein zugkräftiges Leitbild für eine SÖT schaffen würde, tatsächlich genau das Gegenteil bewirkte: Es begünstigte einen Wertewandel, der die sozialökologische Transformation behindert, ebnete so den Weg in die Gesellschaft der Nicht-Nachhaltigkeit, führte in eine unregierbare Repolitisierung und Polarisierung und er-

41 Vgl. auch Blühdorn 2016, 2017, 2022a.

42 Vgl. Kapitel 1.2.

43 Vgl. dazu Kapitel 7.3.

leichterte die Metamorphose von der zweiten in die dritte Moderne. Das Konzept der *Dialektik der Nachhaltigkeit* bietet damit eine sozial- und modernisierungstheoretisch begründete Interpretation der Konjunktur des Nachhaltigkeitsparadigmas, die weit hinausreicht über die gängigen, sich als progressiv verstehenden Kritiken dieses Ansatzes und über die Diagnosen von dessen Erschöpfung als Leitbild für eine SÖT. Denn diese Kritiken und Diagnosen bleiben – nur deshalb lassen sie sich als *progressiv* bezeichnen – in aller Regel in einer modernistischen Normativität befangen, die in der dritten Moderne unhaltbar und anachronistisch erscheint.

## *6.3 Dialektik der Emanzipation*

Aber wie genau hat es dazu kommen können? Wie wurden die emanzipatorischen Werte, deren gesellschaftliche Durchsetzung mit der stillen Revolution zunächst eine enorme Konjunktur ökopolitischer Themen und erheblichen Transformationsdruck auslösten (Hebamme), dann selbst zur Bremse und Blockade (Totengräber) des ÖEP und zur Hebamme der Gesellschaft der Nicht-Nachhaltigkeit und der dritten Moderne? Eine zentrale Rolle spielt hier die im vorigen Kapitel thematisierte innere Widersprüchlichkeit des Emanzipationsprojekts selbst, die Spannung zwischen seinen verschiedenen Dimensionen, die zwar gleichermaßen konstitutiv für dieses Projekt sind, aber nur schwer miteinander vereinbar. Das betrifft erstens die Spannung zwischen der freisetzenden, regelüberschreitenden, *entgrenzenden* Ambition des Emanzipationsprojekts und der regelgebenden, *begrenzenden* Dimension, die keineswegs nur in der ökologischen Dimension des ÖEP zentral ist,[44] sondern auch in Bezug auf die Konstitution von Subjektivität und Identität und die Verwirklichung eines authentischen Selbst. Denn jede Bestimmung von Subjektivität und Identität impliziert schließlich die Festlegung auf bestimmte Regeln, Prinzipien und Ausschlusskriterien. Zweitens ist Emanzipation wie gesagt ein *kollektives* und gleichzeitig auch ein *individuelles* Projekt: einerseits zielt sie auf die kollektive Verwirklichung und Selbstbestimmung eines kollektiven Subjekts, was die Verpflichtung auf gewisse Regeln des Allgemeinen impliziert, andererseits auf die individuelle Verwirklichung und Selbstbestimmung eines individuellen Subjekts, was ebensolche Regeln in Frage stellt.

Der Blick auf diese inneren Spannungen erhellt, warum der emanzipatorische Wertewandel und die emanzipatorischen Bewegungen seit den siebziger Jahren nicht einen kontinuierlichen Fortschritt in Richtung auf ein selbstbestimmtes, gutes Leben für alle innerhalb ökologischer Grenzen bewirken konnten, sondern die Logik der Befreiung, Selbstbestimmung und Selbstverwirklichung in der Spätmoderne letztlich ins Illiberale, Autoritäre und Exklusive umkippt. Diese Spannung ist der Motor für einen fortgesetzten politischen Kampf zwischen konkurrierenden Auslegungen von Autonomie und Subjektivität. Mit Beck gesprochen ist sie der

44 Vgl. dazu Schaubild 3.

Motor für die reflexive Modernisierung des Emanzipationsprojekts, denn ebenso wie Nachhaltigkeit ist auch Emanzipation kein »heiliges Basisprinzip«, das nicht zur Diskussion stünde, sondern ein »essentially contested concept«. Und auf der Suche nach den Gründen für das Ausbleiben der SÖT, den Zerfall des ÖEP, das Entstehen der Gesellschaft der Nicht-Nachhaltigkeit und für die Metamorphose von der zweiten in die dritte Moderne, sind die veränderlichen und zu verschiedenen Zeitpunkten vorherrschenden Verständnisse von Emanzipation ein zentraler Parameter. Sie bestimmen »die Grammatik sozialer Kämpfe und die Aussichten auf die Umgestaltung der Gesellschaft« im Sinne des ÖEP.[45]

Die Philosophie der Aufklärung hat mit dem Ideal des *autonomen Subjekts* das emanzipatorische Projekt begründet und den normativen Referenzpunkt, das regulative Ideal, für alle progressiven Bewegungen geschaffen. Seither drehen sich emanzipatorische Kämpfe (a) um die Selbstsetzung, die Konstitution, von Subjekten, die sich aus ihrem Kontext herauslösen und ihm gegenüber Selbständigkeit und eine eigene Identität beanspruchen; (b) um die Selbstbehauptung dieser Subjekte gegenüber den Kräften, die ihrem Anspruch auf Eigenständigkeit, Selbstentfaltung und Selbstbestimmung beschränkend, blockierend oder unterdrückend im Wege stehen; (c) um die Entwicklung von Fähigkeiten und Infrastrukturen, die zur praktischen Verwirklichung der Autonomieansprüche erforderlich sind; und (d) um das

45 Fraser in Fraser und Jaeggi 2020, S. 173.

Ideal, die Vision oder die Utopie, die der Fluchtpunkt und der Motor des emanzipatorischen Kampfes ist. Anknüpfend an die gängige Unterscheidung zwischen »negativer« und »positiver« Freiheit[46] können die ersten beiden Aspekte, also die Selbstunterscheidung und die Selbstbehauptung des Subjekts als die negative Dimension – »Befreiung aus/von« – des emanzipatorischen Projekts betrachtet werden. Der dritte und vierte Aspekt, also die Entwicklung notwendiger Fähigkeiten und Infrastrukturen sowie die motivierende Zielvorstellung machen seine positive Dimension aus – »Verwirklichung von«. Übersetzt in die Begrifflichkeit von Entgrenzung und Begrenzung können die ersten zwei Aspekte als die grenz- und regelüberschreitende Dimension des emanzipatorischen Projekts verstanden werden und die anderen beiden als die Grenzen setzende und Regeln gebende.

Die Unterscheidung dieser vier Komponenten des Emanzipationsprojekts – zusammenfassend dargestellt in Schaubild 6 – könnte weiter ausdifferenziert und die jeweiligen Aspekte könnten anders bezeichnet werden.[47] Doch an dieser Stelle ist eine weitere Vertiefung nicht erforderlich, denn es geht hier zunächst nur darum, eine rein formale Beschreibung von Emanzipation und des emanzipatorischen Projekts zu skizzieren, die offen ist für ganz verschiedene inhaltliche Ausdeutungen des Begriffs. Statt inhaltliche Minimalkriterien zu bestimmen oder den »berechtigten« Gebrauch des Be-

46 Berlin 2006.

47 Vgl. z. B. Ernesto Laclaus Unterscheidung von sechs Komponenten des Emanzipationsprojekts (Laclau 2002, S. 23-24).

**Schaubild 6: Konstitutive Elemente des emanzipatorischen Projekts**

| Emanzipation | | | |
|---|---|---|---|
| Befreiung aus/von… | | Verwirklichung des… | |
| Abgrenzung, Selbstunterscheidung, Selbstsetzung | Selbstbehauptung, Abwehr von, Kampf gegen | Entwicklung von Fähigkeiten und Infrastrukturen | Zielvorstellung, Utopie, regulatives Ideal |

griffs Emanzipation von »inakzeptablen« Vereinnahmungen zu unterscheiden, geht es um die formale Struktur eines zunächst inhaltlich leeren Begriffs. Auf dieser Grundlage lässt sich dann untersuchen, wie sich die jeweils vorherrschende Interpretation von Emanzipation und der politische Streit um Autonomie über die Zeit verändert haben.

Hinsichtlich der inhaltlichen Auslegung ist das »klassische Verständnis« von Emanzipation, schreibt Ernesto Laclau, die Kantische Vorstellung vom »Auszug des Menschen aus seiner selbstverschuldeten Unmündigkeit«.[48] Obwohl Kant seine Aufforderung zum selbständigen Vernunftgebrauch primär an das Individuum richtet und vom freien Willen, der Würde und den unantastbaren Grundrechten des Individuums ausgeht, versteht er Aufklärung bzw. Emanzipation ausdrücklich nicht als ein individuelles Projekt, sondern als ein Menschheitsprojekt. Es zielt auf die Verwirklichung eines allen Menschen als vernunftbegabten Wesen gemeinsamen Potenzials, nämlich der Selbstbestimmung auf

48 Laclau 2002; Kant 1983 [1785].

der Grundlage des kategorischen Imperativs der Vernunft. Und »diejenigen Naturanlagen« des Menschen, »die auf den Gebrauch seiner Vernunft abgezielt sind«, betont Kant, können sich »nur in der Gattung, nicht aber im Individuum vollständig entwickeln«.[49] In seiner konstitutiven, selbstsetzenden Dimension bedeutet Emanzipation hier entsprechend die Abgrenzung und Selbstunterscheidung vernunftbegabter Wesen von all jenen, die in ihrem Handeln und Wollen allein durch Triebe und Instinkte oder aber von Emotionen und irrationalem Aberglauben bestimmt sind. Der Anspruch auf Autonomie und den Status als Subjekt impliziert den *Kampf gegen* das Irrationale, das Triebhafte, die reine Bequemlichkeit und jede Form von Aberglauben. Die fortgesetzte Anstrengung zum Vernunftgebrauch, das Ringen um die Einhaltung der kategorischen Imperative der Vernunft – »sapere aude« – und damit die Entwicklung zur Mündigkeit ist die formative Dimension des kantischen Emanzipationsverständnisses. Und der Zielhorizont ist die kosmopolitische Gesellschaft, in der die freie Selbstbestimmung der Menschen nach dem moralischen Gesetz der Vernunft die Weltgeschichte zu ihrer Erfüllung im *Ewigen Frieden* führt.[50]

Das Wesenhafte, das Essenzielle, das in dieser kantischen Vorstellung befreit und verwirklicht wurde, war also das Vernunftwesen, die Mündigkeit, die (theoretische) Fähigkeit, sich individuell und kollektiv so zu verhalten, dass man von der Maxime des eigenen Handelns

49 Kant 1983 [1784], S. 35.
50 Kant 1983 [1784], 1983 [1795].

stets wollen könne, dass sie allgemeines Gesetz werde. Autonomie und Subjektivität bedeuteten Selbstbestimmung durch die allen Vernunftwesen gemeinsame Vernunft. Der kantische Autonomiebegriff betont insofern die *Gleichheit* aller, die an der universellen, transzendentalen Vernunft teilhaben. Gleichzeitig betont er die *Freiheit* aller, die als vernunftbegabte Wesen einen freien Willen haben und sich nicht von Instinkten und Aberglauben fremdbestimmen lassen müssen. Diese Freiheit impliziert allerdings auch die *Pflicht* aller, sich der Vernunft zu bedienen und mündig zu werden.

Kants Begriff der Aufklärung und Mündigkeit, das »klassische Verständnis« von Emanzipation, war freilich immer nur ein regulatives Ideal, das in der Folge nach Maßgabe der jeweiligen historischen Bedingungen immer wieder neu ausbuchstabiert wurde. Dabei verloren der kantische Bezug von Autonomie auf die allen Menschen gemeinsame transzendentale Vernunft sowie die Idee des transzendentalen Subjekts, das Kants Vorstellung von Autonomie letztlich zugrunde liegt, an Bedeutung. Stattdessen bildeten sich unter den sich verändernden sozioökonomischen Bedingungen jeweils historisch spezifische Verständnisse von Emanzipation und dem emanzipatorischen Projekt heraus. Für Laclau bedeutete der Zerfall des rationalistisch-modernistischen Verständnisses von Emanzipation den Beginn wirklicher Freiheit und die postmoderne Vervielfältigung emanzipatorischer Agenden.[51] Im gegenwärtigen Kontext ist es aber instruktiver, sich die fortlaufende

51 Laclau 2002, S. 44; vgl. auch Foucault 1984, 2006.

Transformation des Emanzipationsprojekts – aufbauend auf die Unterscheidung zwischen einer *ersten*, industriellen, einer *zweiten*, reflexiven und einer *dritten* Moderne, die das kantische Verständnis des autonomen Subjekts hinter sich lässt, als einen dreistufigen Prozess vorzustellen:

In der kapitalistischen Industriegesellschaft sahen Marx und die postmarxistische Tradition vor allem die geknechtete industrielle Arbeiterklasse als das Subjekt des emanzipatorischen Projekts. Ihr Anspruch auf Autonomie bedeutete zunächst die Befreiung von der Herrschaft, Unterdrückung und Ausbeutung durch die Kapitaleigner. Die Entwicklung eines eigenen Klassenbewusstseins, eines kollektiven Bewusstseins der eigenen Unterdrückung und Entfremdung, der Fähigkeit, die ideologischen Erzählungen des Kapitals zu durchschauen und sich als kollektiver politischer Akteur zur organisieren, gehörten zur formativen Dimension dieses Emanzipationsprojekts. Angesichts der erdrückenden Not war zunächst die Verbesserung der Arbeitsbedingungen und der materiellen Verhältnisse das primäre Ziel des emanzipatorischen Kampfes. Dessen Horizont bildete aber die vom Kapitalismus befreite Gesellschaft und letztlich die befreite und befriedete Weltgesellschaft, in der die Menschen individuell und kollektiv ihre Potenziale und ihr eigentliches Wesen entfalten könnten. Grundlegend war hier also weiterhin die Vorstellung eines zwar nicht mehr vernunftphilosophisch und transzendental bestimmten, aber doch essenziellen Wesens des Menschen, das einstweilen noch unterdrückt und entfremdet ist, das mit der Befreiung vom Kapitalismus aber voll verwirklicht werden könne.

Mit dem Übergang von der klassischen Industriegesellschaft zur postindustriellen Gesellschaft rückte zunehmend das individuelle Subjekt und sein Kampf um individuelle Selbstbestimmung, Selbstverwirklichung und soziale Anerkennung ins Zentrum des Emanzipationsprojekts. In gewissem Maße verstanden sich die neuen (öko)emanzipatorischen Bewegungen seit den siebziger Jahren weiterhin als ein kollektives Subjekt und ein kollektiver politischer Akteur – mitunter sogar bewegungsübergreifend. Immerhin ging es um den Schutz der allen Menschen gemeinsamen natürlichen Umwelt und die Überlebensbedingungen der Menschheit. Aber Inglehart, Giddens, Beck und viele andere haben herausgearbeitet, wie vor dem Hintergrund des wirtschaftlichen Wachstums, sozialstaatlicher Absicherungssysteme und der Bildungsexpansion nun die Emanzipation des Individuums gegenüber der Emanzipation kollektiver Subjektivitäten prioritär wurde.[52] In den Worten von Luc Boltanski und Ève Chiapello gesprochen wurde die auf individuelle Besonderheit und Unterscheidbarkeit zielende »Künstlerkritik« an den bestehenden gesellschaftlichen Verhältnissen nun gegenüber der auf Gleichheit und Teilhabe zielenden »Sozialkritik« dominant.[53] Ältere Ideale der Selbstdisziplin, der Akzeptanz von Autorität und der Unterordnung unter soziale Normen wurden abgelöst von Idealen der Ent-

52 Z. B. Inglehart 1977; Giddens 1991; Beck und Beck-Gernsheim 1994; vgl. auch Kapitel 4.3 und 4.4.

53 Boltanski und Chiapello 2003.

faltung, Artikulation und des Erlebens des eigenen authentischen Selbst.

Gerade im ökoemanzipatorischen Denken haben die Pflicht, die Selbstbegrenzung, die Verantwortung und die moralisch-rationalistischen Imperative freilich weiter eine wichtige Rolle gespielt. Die kantische Tradition behielt dort große Bedeutung, denn es ging um die kollektive Selbstbestimmung – und Selbstbegrenzung – der Bürgerinnen und Bürger, der Gesellschaft und letztlich der Weltgesellschaft nach Maßgabe einer übergreifenden ökologischen Vernunft und ökologischer Imperative. Ökologische Mündigkeit und Verantwortlichkeit waren wichtige Leitbilder, wobei diese Verantwortlichkeit weit über individuelle Selbstverantwortlichkeit hinausreichen und sich auf die Gesamtgesellschaft und letztlich auf die Menschheit insgesamt beziehen sollte, inklusive zukünftiger Generationen. Gefordert war die Bürgerin, der Bürger, der ökologische *citoyen*, nicht die selbstinteressierte Privatperson, der *bourgeois*. Die selbstbestimmte Akzeptanz von und vernunftgeleitete Unterordnung unter Pflichten; die Orientierung auf Prinzipien des Allgemeinen und das Element der (Selbst-)Begrenzung war also sehr präsent und wesentlich für das Verständnis von Selbstbestimmung, die eben festen Prinzipien der ökologischen Vernunft folgen sollte. Mit Beck gesprochen waren genau dies die »heiligen Basisprinzipien«, die in der zweiten, reflexiven Moderne zum Korrektiv der ersten Moderne werden sollten und ohne die eine solche reflexive Modernisierung nicht funktionieren konnte.

Gleichzeitig war im ökoemanzipatorischen Denken

aber auch die Komponente der persönlichen Selbstverwirklichung sehr prominent. Dieses Streben stand in der romantischen Tradition der Entdeckung (Selbstfindung) und praktischen Entfaltung eines ureigenen, authentischen, wesenhaften Selbst, das der Anlage nach in jedem Individuum vorhanden sei und Anspruch darauf habe, zur einzigartigen Persönlichkeit und Identität entfaltet zu werden. Bei diesem Projekt ging es gerade nicht um die Unterordnung unter Prinzipien des Allgemeinen und die Akzeptanz von Autoritäten, sondern um die Entfaltung des individuell Besonderen und Einzigartigen. Dessen Verwirklichung bedeutete gleichzeitig auch eine Kritik an den rein formalen, abstrakten, ahistorisch gedachten Prinzipien der vermeintlich universellen Vernunft, die das eigentlich viel reichhaltigere und komplexere Selbst letztlich unterdrücken und verstümmeln und seine authentische Verwirklichung blockieren. Ziel dieser Kritik war die Ermöglichung von vielfältigeren, experimentellen Formen der Subjektivität und Subjektivierung. Dabei blieb das Element der Pflicht und Prinzipientreue nur insofern erhalten, als das zu verwirklichende Authentische und Wesenhafte durchaus als identitär, also als in sich konsistent, konsequent und über die Zeit stabil gedacht wurde.

Hinsichtlich der Selbstunterscheidung und Selbstsetzung bedeutete Emanzipation in diesem Verständnis also zunehmend die Abgrenzung und Besonderung des Individuums gegenüber dem sozialen Kontext, der sozialen Klasse, der Gemeinschaft, in den bzw. in die es bis dato eingebettet und von der bzw. von dem es in seinem Denken und seiner Lebensführung bisher bestimmt gewesen war. Entsprechend richtete sich der Kampf gegen die Fremdbestimmung immer weniger gegen die herrschende Klasse und den Kapitalismus insgesamt, sondern vor allem gegen die standardisierte Massenkultur sowie jegliche Form der Fremdbestimmung durch soziale Zwänge und Konventionen. In der formativen Dimension konzentrierten sich emanzipatorische Bewegungen nun auf die Entfaltung individueller und kollektiver Fähigkeiten der Selbstfindung und die erforderlichen Infrastrukturen zur selbstbestimmten Verwirklichung der eigenen Besonderheit und Identität. Und die Zielvorstellung waren das authentische Selbst und sein eigenes Leben. Ronald Ingleharts Diagnose der »stillen Revolution« und Ulrich Becks Rede vom »Zeitalter des eigenen Lebens« zielten auf genau diese Phase der Moderne und auf dieses Verständnis des emanzipatorischen Projekts.[54]

In der Spätmoderne, also in der Spätphase der zweiten, reflexiven Moderne, hat sich die Gewichtung zwischen dem kantisch-rationalistischen Verständnis von Emanzipation (vernunftgeleitete, verantwortliche Selbstbestimmung) und dem romantisch-individualistischen Verständnis (authentische Selbstverwirklichung), die im ÖEP zunächst gleichermaßen präsent waren, dann klar zugunsten des individualistischen Aspekts verschoben. Dabei verlor nicht nur die Verpflichtung gegenüber dem Allgemeinen weiter an Bedeutung, sondern auch die Konsistenz und Stabilität des verwirklichten Selbst. Jede Festlegung auf etwas Stabiles, Dauerhaftes, auf

54 Beck 2001.

konstitutive Prinzipien der eigenen Identität kommt in der Spätmoderne oder der *Flüchtigen Moderne*[55] ebenso unter Ideologieverdacht wie zuvor schon das Allgemeine und jede vermeintlich übergeordnete Vernunft. Die Befreiung vom Verpflichtenden, Regelgebenden greift also von der Ebene des Kollektiven über auf die des Individuellen. Subjektivität und Identität wurden vielschichtiger, flexibel und flüchtig. Jede Form der Verpflichtung auf konsistente Prinzipien wird zur unzumutbaren Einschränkung und Belastung.[56]

Hier verortete Laclau das endgültige Ende des »klassischen Verständnisses« von Emanzipation. Es eröffne und überlasse vielfältigen »potentiellen Befreiungsdiskurse[n] unseres postmodernen Zeitalters« das Feld, die »von den Bewegungen konstruiert« werden, in ihrer normativen Begründung aber alle »rein kontingent« sind und nicht mehr »als die Befreiung irgendeiner wahren menschlichen Essenz verstanden werden können«.[57] Trotzdem wurde das Ende des klassischen Verständnisses von Emanzipation von vielen Bewegungen begrüßt, denn die Normen und Annahmen, die für das emanzipatorische Projekt bis dato konstitutiv gewesen waren – kategorische Imperative der Vernunft, John Rawls' Notwendigkeit öffentlicher Rechtfertigung, unverhandelbare ökologische Notwendigkeiten, Habermas' angeblich »zwangloser Zwang des besseren Arguments« –, waren ihrerseits längst zum Gegenstand emanzipatorischer Kritik geworden, etwa von feminis-

55 Bauman 2003.
56 Vgl. auch Sennett 2007 und Reckwitz 2017.
57 Laclau 2002, S. 44, 39 und 27.

tischer, ökologischer oder postkolonialer Seite.[58] Genau deshalb sahen Laclau und diese Bewegungen im »Ende der Emanzipation« klassischer Art zugleich den »Beginn der Freiheit«.[59] Um zu vermeiden, dass das Subjekt, auf dessen Befreiung sie zielten, sogleich wieder neuen Regeln, Restriktionen und disziplinatorischer Macht unterworfen wird, haben emanzipatorische Bewegungen – und auch die kritische Theorie – sich immer mehr auf den *Kampf gegen* die Hindernisse autonomer Selbstbestimmung und Selbstverwirklichung konzentriert und wurden mit der positiven Bestimmung des angestrebten Zielzustandes zunehmend zurückhaltend.[60] Der Schwerpunkt, so formuliert es Andreas Reckwitz, lag nun im Kampf gegen die »kulturelle Verbindlichkeit jeder allgemeingültigen Pflichten und Moral, welche das Ethos der klassischen Moderne ausmachte«, in der »Emanzipation des Subjekts aus den Zwängen der Bedürfnis- und Ichkontrolle der bürgerlichen und industriellen Moderne zugunsten einer Kultur der Selbstentfaltung des Individuums in seiner Singularität, einer Kultur des intensiveren Erlebens und Empfindens«.[61]

Die emanzipatorische Kritik betrieb und begünstigte also die Befreiung aus den hohen Anforderungen der (ökologischen) Vernunft, Verantwortlichkeit und Mündigkeit, die für das »klassische Verständnis« von Emanzipation konstitutiv gewesen waren. Sie eröffnete

58 Davis 1982; Nandy 1983; Fraser 2013; Chakrabarty 2000; Dobson 2022; Pellizzoni 2022; Arias-Maldonado 2022.

59 Laclau 2002, S. 44.

60 Vgl. auch Foucault 1984, 2006 oder Allen 2015.

61 Reckwitz 2021, S. 125 und 122f.

einen Ausweg aus der rationalistischen Verengung des klassischen Emanzipationsbegriffs und aus der Überforderung, die er bedeutete. Sie *befreite* genau die Dimensionen des einzigartigen Selbst und eines eigenen Lebens – Gefühl, Impuls, Spontaneität, alternative Rationalitäten –, die dieser klassische Begriff ausgrenzte. Gleichzeitig verminderte sie aber die Brauchbarkeit der Emanzipation als Schlüssel zur Ökologisierung der Gesellschaft und als Leitnorm der reflexiven Modernisierung insgesamt. Sie verstärkte das notorische Ungleichgewicht zwischen der begrenzenden (regelsetzenden) und der entgrenzenden (regelüberschreitenden) Dimension des ÖEP. Indem sie das kritische Projekt reflexiv gegen sich selbst richteten und – wenn auch in emanzipatorischer Absicht – sukzessive die normativen Grundlagen ihres eigenen Projekts auszehrten, haben die Bewegungen zudem dazu beigetragen, Emanzipation in einen *empty signifier* zu verwandeln und damit die Aneignung bzw. die Vereinnahmung des Emanzipationsbegriffs durch Akteure erleichtert, die die Prinzipien emanzipatorisch-progressiver Bewegungen im hergebrachten Verständnis ausdrücklich ablehnen.

Identitätspolitisch führt diese schrittweise Neuformulierung, die reflexive Modernisierung, des Emanzipationsprojekts in eine Krise des Selbst- und Identitätsverlusts: Sukzessive hat sie das Essenzielle, das Authentische, das Wesenhafte, das es zu befreien und verwirklichen gelte, verabschiedet. »War die Moderne im Original kopflastig«, heißt es bei Zygmunt Bauman, »so spüren wir heute die Leere in ihrem Kopf: Dort hat die Befreiung von der Last *emanzipatorischer* Pflichten stattgefunden«.[62] Es eröffnet sich der Abgrund, den Bauman als das zentrale Kennzeichen der Spätmoderne beschreibt, nämlich die radikale Diskrepanz zwischen der De-jure- und der De-facto-Autonomie des spätmodernen Selbst: Während der theoretische Anspruch auf Freiheit, Selbstbestimmung und authentische Selbstverwirklichung in spätmodernen Gesellschaften weiter entwickelt ist denn je zuvor, hat sich de facto nicht nur die Kontrolle über die sozialen Bedingungen authentischer Selbstbestimmung und Selbstverwirklichung verflüchtigt,[63] sondern auch jede Vorstellung eines wirklich Authentischen und Wesenhaften, das Identität geben könnte und nicht rein zufällig und austauschbar wäre. Reckwitz diagnostiziert entsprechend eine »Krise der Selbstverwirklichung«, Rosa das »Umschlagen der Welterfahrung von approximativer Allmacht in lähmende Ohnmacht«, und Amlinger und Nachtwey beschreiben das Syndrom der »gekränkten Freiheit«.[64] »Die frühe Moderne«, schrieb Bauman bereits deutlich vor ihnen allen, »*entwurzelte* die Menschen, um sie neu *einzuordnen*.« In der Spätmoderne hingegen ist die Entwurzelung auf Dauer gestellt: »Am Ende der Straße steht für diese auf Dauer entwurzelten Individuen keine Aussicht auf *Wiedereinbettung*.« Insbesondere bedeutet diese Entwicklung, dass sich »das Bürgerkonzept allmählich auflöst«.[65]

62 Bauman 2003, S. 40.

63 Ebd., S. 51.

64 Reckwitz 2021, S. 122f., auch 2019, S. 203ff.; Rosa 2021, S. 218f.; Amlinger und Nachtwey 2022.

65 Bauman 2003, S. 43, 45 und 48.

Ökopolitisch führt diese Fortentwicklung vorherrschender Verständnisse von Autonomie, Subjektivität, Identität und Emanzipation geradewegs in die *Gesellschaft der Nicht-Nachhaltigkeit*, die *Imperiale Lebensweise* und zum *Leben auf Kosten anderer*.[66] Denn sie etabliert Verständnisse von Selbstbestimmung und Selbstverwirklichung, die in hohem Maße individualistisch und gegenwartsfixiert sind, stark von der Konsumgüter- und Erlebnisindustrie abhängig und ressourcenintensiv sind und die zudem ganz bewusst auf Einzigartigkeit und Exklusivität zielen. Gerade angesichts ökologischer Belastungsgrenzen des Planeten beruhen diese Formen von Selbstbestimmung und Selbstverwirklichung notwendig auf Ungleichheit, Ausgrenzung und der politischen Kontrolle der Ausgegrenzten.[67]

Dieses vereinfachende Modell – schematisch zusammengefasst in Schaubild 7 – kann die vielfältigen Modi, in denen verschiedene soziale Gruppen und Bewegungen die Begriffe der Autonomie und Emanzipation für sich ausbuchstabieren und für ihren jeweiligen Kampf um Anerkennung und gleichberechtigte Partizipation mobilisieren, freilich nicht abbilden. Es skizziert und kontrastiert vielmehr idealtypische Verständnisse von Autonomie, Subjektivität und emanzipatorischer Politik, die für verschiedene Phasen der gesellschaftlichen Entwicklung und der Moderne kennzeichnend sind. Und es versucht damit, transparent zu machen, wie im Zuge einer stillen Revolution nicht nur, wie Ingle-

66 Blühdorn 2020b; Brand und Wissen 2017; Lessenich 2018.
67 Vgl. dazu ausführlicher Blühdorn 2020b.

hart und viele andere das herausgestellt haben, die Ansprüche und Erwartungen bezüglich der Selbstbestimmung und Selbstverwirklichung immer höher geworden sind, sondern, wie sich auch das inhaltliche Verständnis dieser Begriffe erheblich verändert hat.

Als die treibende Kraft dieser in den Sozialwissenschaften als solche weitgehend unstrittigen Entwicklung sehen viele Autorinnen und Autoren vor allem den Neoliberalismus und die Logik des Kapitalismus insgesamt.[68] Der neoliberale Kapitalismus, argumentiert etwa Stefanie Graefe, erzwinge die totale Flexibilisierung und Auflösung hergebrachter Verständnisse von Subjektivität und Identität und erlaube statt echter »Selbstbestimmung« und authentischer »Selbstverwirklichung« letztlich bestenfalls noch Autonomie im Sinne von »Selbstorganisation«. Das »Telos der Selbstorganisation« seien jedoch nicht mehr »Freiheit, Gleichheit oder Authentizität«, sondern nur noch »der *Selbsterhalt* oder das Überleben der sich selbst organisierenden Entität, wofür wiederum deren *Adaption* an wechselnde Umweltbedingungen« erforderlich ist. »Zugespitzt formuliert«, meint Graefe, »geht Selbstbestimmung im [neoliberalen] Kontext subjektivierter und flexibilisierter Arbeit in Selbstorganisation auf, während Selbstverwirklichung den Subjekten als Kompensation der mit den erhöhten Selbstorganisationsanforderungen einhergehenden Belastungen in Aussicht gestellt« wird.[69] Der Neoliberalismus vereinnahme, kolonisiere und ent-

68 Vgl. z. B. Bröckling 2007.
69 Graefe 2019, S. 82 f. und 84.

fremde den Autonomiebegriff also in einer Weise, die *echte* Autonomie unmöglich mache. Und aus dem Druck auf die Menschen, ihr gesamtes Leben jederzeit unter den kategorischen Imperativ der Selbstoptimierung und Selbstvermarktlichung zu stellen, entstehe ein umfassendes Erschöpfungssyndrom.[70]

Dieser Erklärungsansatz bleibt jedoch insofern einseitig, als er nicht berücksichtigt, dass auch die Logik der Emanzipation selbst ein wichtiger Treiber der Veränderung vorherrschender Verständnisse von Autonomie und Subjektivität ist. Denn deren reflexive Modernisierung zielt, wie oben ausgeführt, auch ganz wesentlich auf die Erschließung neuer Subjekt- und Selbstverständnisse jenseits des stets disziplinierten und selbstbeherrschten Vernunftsubjekts und auf die Mobilisierung von erweiterten Potenzialen zur Selbstverwirklichung, Selbsterfahrung und zum Selbsterlebnis jenseits der klassischen Vorstellung von Autonomie. Sie sucht Entlastung von den Verbindlichkeiten, der Verantwortlichkeit, der Überforderung, die im kantischen Begriff der Mündigkeit liegen und die Kant selbst bereits hervorgehoben hatte, als er schrieb, es sei »so bequem, unmündig zu sein«, und höchst beschwerlich »für jeden einzelnen Menschen, sich aus der ihm beinahe zur Natur gewordenen Unmündigkeit herauszuarbeiten«.[71]

Weiter als die einseitige Kritik am neoliberalen Kapitalismus führt daher Nancy Frasers Begriff des »progressiven Neoliberalismus«. Er unterstreicht das Zusam-

70 Ebd., S. 35 f.
71 Kant 1983 [1785], S. 53 f.

**Schaubild 7: Historisierung des emanzipatorischen Projekts**

| | Befreiung aus/von... | | Verwirklichung des... | | |
|---|---|---|---|---|---|
| | Selbstunterscheidung von | Kampf gegen | Erwerb/Entfaltung von | Hoffnung auf | |
| **kantischer Rationalismus** | Tier, Instinkt | Aberglaube, Irrationalität, Bequemlichkeit, Faulheit | Mündigkeit, Fähigkeit zum Vernunftgebrauch | kollektives Subjekt, Weltgesellschaft, ewiger Friede | **philosophische Moderne** |
| **klassische Industriegesellschaft** | kapitalistische Machtverhältnisse, falsches Bewusstsein, Verblendungszusammenhang | Ideologie, Unterdrückung, Ausbeutung, Kapitaleigner, Kapitalismus | Klassenbewusstsein, Entfremdungsbewusstsein, politische Organisationsfähigkeit | Klassensubjekt, sozialistische Persönlichkeit/neuer Mensch, befreite internationale Gesellschaft | **erste Moderne** |
| **postindustrielle Gesellschaft** | Tradition, Standardisierung, Massenkultur | gesellschaftliche Normen, vorbestimmte soziale Rollen | individuelle Fähigkeiten der Selbstbestimmung und Selbstverwirklichung | individuelle Persönlichkeit, authentische Selbstverwirklichung | **zweite Moderne** |
| **Gesellschaft der Nicht-Nachhaltigkeit** | Gesellschaft, modernistische Verständnisse von Autonomie und Subjektivität | kategorische Imperative, einengende Verpflichtungen, Begriffe des Allgemeinwohls | Spontaneität, Potenziale, alternative Formen von Vernunft, Wettbewerbsfähigkeit | Singularität, optimierte Selbstverwirklichung/Selbsterfahrung, das unternehmerische Selbst | **dritte Moderne** |

menspiel von neoliberaler Deregulierung und Flexibilisierung auf der einen und der emanzipatorischen Befreiung von Grenzen und Beschränkungen auf der anderen Seite. »In diesem neuen Szenario«, schreibt Fraser, »hat sich die Vermarktlichung mit der Emanzipation« zusammengeschlossen; »etablierte liberale Strömungen emanzipatorischer sozialer Bewegungen« haben »gehaltarme, meritokratische, marktfreundliche Interpretationen von Gleichheit und Freiheit übernommen«, und »all dies vollzog sich unter dem Deckmantel progressiver Metaphern: *Multikulturelle Vielfalt*, *Ermächtigung der Frauen*, LGBTQ-Rechte«.[72] Hier wird die Bedeutung der emanzipatorischen Bewegungen also ausdrücklich anerkannt – wobei Fraser den Horizont für »gehaltreichere«, »authentischere« Interpretationen von Gleichheit und Freiheit ausdrücklich offen hält. Tatsächlich liegt das Problem allerdings nicht nur in der Komplizenschaft einiger emanzipatorischer Strömungen mit der neoliberalen Agenda, sondern vielmehr darin, dass die kontinuierliche Aktualisierung, die reflexive Modernisierung vorherrschender Verständnisse von Autonomie und Emanzipation jede Vorstellung eines Allgemeinen, Authentischen und Wesenhaften zersetzt. Auf der Suche nach »*echter* Emanzipation« und einem »von allen Machtverhältnissen befreiten Subjekt« haben emanzipatorische Bewegungen die Grundlagen des Emanzipationsprojekts selbst systematisch ausgezehrt.[73]

Und nachdem sowohl die Dimension des Allgemeinen, das *Bürgerkonzept*, zugunsten des Besonderen, der Singularität, seine Bedeutung eingebüßt hat und auch alle Vorstellungen des Authentischen, Wesenhaften, verbreitet sich epidemisch das Syndrom, das sich aus dem

72 Fraser in Fraser und Jaeggi 2020, S. 263.
73 Allen 2015, S. 515.

Widerspruch des Autonomieversprechens und seiner systematischen Unerfüllbarkeit ergibt. Es befällt keineswegs nur die viel zitierten Modernisierungsverlierer, die die neuen Möglichkeiten der flexibilisierten, beschleunigten und singularisierten Erlebnisgesellschaft viel weniger als die sogenannten Leitmilieus für sich nutzbar machen können. Sondern Menschen mit sehr verschiedenem sozioökonomischem Hintergrund und vielfältiger ideologischer Orientierung stemmen sich gegen das spätmoderne Scheitern der Selbstfindung, Selbstbestimmung und Selbstverwirklichung. In der Hoffnung, dort noch Wärme und Orientierung – etwas Wesenhaftes, eine Essenz oder eben »heilige Basisprinzipien« ihrer Identität – zu finden, streben Klimaaktivisten, Verfechter der Wokeness, Aktivisten der Cancel Culture, kritische Sozialwissenschaftlerinnen und Sozialwissenschaftler und rechtsidentitäre Bewegungen alle gleichermaßen zurück zu den verglimmenden Resten ihrer jeweiligen »Stammesfeuer«.[74] Und das Illiberale, Ausgrenzende und Autoritäre, das in der Spätmoderne identitätssuchenden Bewegungen auf der linken ebenso wie auf der rechten Seite des ideologischen Spektrums oft zu eigen ist, erklärt sich ganz wesentlich aus dem Versuch, der Auszehrung des Allgemeinen und Wesentlichen und der Krise der Selbstverwirklichung mit einem neuen moralischen Fundamentalismus entgegenzutreten.

Die in Schaubild 7 zusammengefasste schrittweise Aufwertung des Besonderen gegenüber dem Allgemei-

74 Bauman 2017, S. 65 ff.

nen, des *Ent*grenzenden gegenüber dem *Be*grenzenden, habe ich als »Emanzipation zweiter Ordnung« und als die »Befreiung aus der Mündigkeit« beschrieben.[75] Beide Begriffe legen ein zeitliches Nacheinander von einer ersten Form der Emanzipation und einer auf sie folgenden zweiten Form nahe. Gemeinsam ist ihnen auch die Betonung des proaktiven, selbstbestimmten, gestalterischen, intentionalen Moments der Veränderung vorherrschender Verständnisse von Subjektivität, Autonomie und Emanzipation: Das Individuum erschließt sich selbst neue Möglichkeiten der Selbstverwirklichung – unter anderem, indem es sich von den hohen Ansprüchen und Anforderungen, die im klassischen Begriff der Emanzipation liegen, und von den Überlastungen und Überforderungen, die auch in den Begriffen der ökologischen Vernunft, Verantwortlichkeit und Mündigkeit liegen, befreit. Mit Beck gesprochen, der sich damit allerdings auf die Ineffizienz der ersten Moderne bezog: Diese Begriffe betonen »das wachsende Bewusstsein von der eigenen Ineffizienz« der zweiten Moderne und des ÖEP, »ja von der [emanzipatorischen] Konterproduktivität ihrer Maßnahmen« sowie der Verantwortlichkeiten,[76] die die Neuen Sozialen Bewegungen und das ÖEP sich und den Bürgerinnen und Bürgern aufgeladen hatten, als sie selbstbewusst verkündeten, sie wollten und könnten die Überwindung der Krise der Moderne und das »gute Leben für alle« besser selbstorganisiert in die Hand nehmen. Zugleich reflektiert die

75 Vgl. z.B. Blühdorn 2013, S. 143 ff.; Blühdorn und Kalke 2019.
76 Beck 2007, S. 108.

Rede von der »Emanzipation zweiter Ordnung« auch die Tatsache, dass die Normen des Allgemeinen, der Mündigkeit, der Vernunft, der Inklusion ebenso wie die des Authentischen, Essenziellen und Wesenhaften im Grunde etwas Vormodernes sind, das einer emanzipatorischen Kritik letztlich nicht standhalten kann. Die Emanzipation zweiter Ordnung entspricht insofern dem Projekt der reflexiven Modernisierung und bedeutet den Abschied von diesen Resten der Vormoderne, deren Gültigkeit und Legitimation nicht mehr anerkannt werden.

Gerade mit Blick auf das ÖEP ist es aber auch hilfreich, sich die Veränderung vorherrschender Verständnisse von Subjektivität, Autonomie und Emanzipation aus der dialektischen Spannung zwischen den gleichursprünglichen und gleichermaßen konstitutiven, aber letztlich nicht miteinander kompatiblen Dimensionen dieses Projekts zu erklären: der kollektiven, aufs Allgemeine gerichteten und damit gleichzeitig begrenzenden Dimension, die in der ersten Moderne dominant war, und der individualistischen, aufs Besondere gerichteten und entgrenzenden Dimension, die in der zweiten Moderne zunehmend dominant wurde. Aus dieser Perspektive wäre es treffender, den Zerfall, die Unhaltbarkeit des ÖEP und die Metamorphose der zweiten in die dritte Moderne als das Ergebnis einer *Dialektik der Emanzipation* zu verstehen. Im Gegensatz zum eher akteurszentrierten Begriff der »Emanzipation zweiter Ordnung« betont die Rede von der Dialektik der Emanzipation das Selbstläufige, das Nichtintendierte, die Nebenwirkung, das Unvorhergesehene und nicht Verhinderbare. Im Zuge dieser Dialektik wird das notorische Ungleichgewicht zwischen der regel- und grenzüberschreitenden und der regelgebenden und grenzsetzenden Dimension des Emanzipationsprojekts immer stärker. Emanzipation verliert schrittweise die Fähigkeit, der Logik der Entgrenzung eine Logik der Begrenzung zur Seite zu stellen – bis eine reflexive Modernisierung in Becks Sinne, d. h. eine reflexive Modernisierung *der Gesellschaft*, schließlich nicht mehr möglich ist, weil die reflexive Modernisierung *der Basisprinzipien* deren Potenzial und Kraft als Korrektiv ausgezehrt hat. Im Vergleich zur Emanzipation zweiter Ordnung hat der Begriff der Dialektik der Emanzipation auch insofern eine größere Reichweite, als er stärker auf das aus der Spannung neu Entstehende verweist, auf das Illiberale, Ausgrenzende und Autoritäre.[77]

Unabhängig vom gewählten Begriff wird jedenfalls ersichtlich, wie sich im Zuge der reflexiven Modernisierung vorherrschender Verständnisse von Autonomie und Emanzipation die Grammatik politischer Konflikte und die Aussichten für eine gesellschaftliche Transformation im Sinne des ÖEP grundsätzlich verändert haben. Freiheit und Selbstbestimmung haben in der Spätmoderne eine radikal andere Bedeutung als im klassischen Verständnis von Emanzipation. Die aktualisierten Verständnisse werden gegenüber dem kantischen Begriff des autonomen Subjekts als emanzipatorischer Fortschritt und Gewinn betrachtet. Und das kantische Verständnis, das für das ÖEP noch erhebliche Bedeu-

77 Vgl. dazu Blühdorn 2022b sowie Kapitel 6.4.

tung hatte, wird zusammen mit Kants Begriff des autonomen Subjekts obsolet und anachronistisch – so wie das in Kapitel 3.6 bereits angedeutet wurde. Autonomie, Subjektivität und Emanzipation haben in der Spätmoderne mit Imperativen der Vernunft ebenso wenig zu tun wie mit der bürgerlichen Idee der Mündigkeit oder der romantischen Idee der Authentizität. Auch wenn sie in sozialen Bewegungen scheinbar kollektiv verfolgt wird, ist Emanzipation ein weitgehend individualisiertes Projekt. Gleichheit und Inklusion sind gegenüber Diversität und Exklusivität in den Hintergrund getreten. Die transformative und präfigurative Dimension, sei es mit Blick auf das Individuum oder die Gesellschaft insgesamt, hat sich weitgehend verflüchtigt. Emanzipation zielt immer weniger auf eine radikal andere zukünftige Gesellschaft und immer mehr auf Selbstbestimmung, Selbstverwirklichung und Selbsterfahrung innerhalb der bestehenden Ordnung – und auf die Emanzipation von all dem, was Emanzipation im ÖEP einmal bedeuten sollte.

Damit ist »der Befreiungskampf«, der »battle for emancipation«, wie in der englischen Originalausgabe von Zygmunt Baumans Buch *Flüchtige Moderne* heißt, »nicht vorüber«, und die Dialektik der Emanzipation kommt nicht zum Erliegen. »Obsolet geworden«, so Bauman, »ist nur die Bedeutung, die mit dem Begriff Emanzipation unter heute versunkenen Bedingungen einmal verbunden war.«[78] Das Ziel heißt weiterhin *Autonomie*. Und die Praxis heißt immer noch *Emanzipation*. Aber diese

78 Bauman 2003, S. 65 und 61.

Werte werden in der Spätmoderne grundsätzlich anders verstanden und beschreiben ein völlig anderes politisches Programm. Aus der Perspektive progressiver Bewegungen im hergebrachten Sinne mag man bestreiten, dass diese spätmodernen Auslegungen von Autonomie und Emanzipation wirklich noch mit diesen Begriffen bezeichnet werden können. Aber auch Autonomie und Emanzipation haben eben keinen essentialistischen Kern. Sondern ebenso wie Nachhaltigkeit sind sie »essentially contested concepts«. Oder anders formuliert: Ebenso wie Ökologie ist auch Emanzipation ein *politisches Chamäleon*, das ganz verschiedene ideologische Farbschattierungen annehmen kann. Darin, dass die emanzipatorische Logik und ihre Bewegungen diese Eigenschaft durch die normative Auszehrung des Emanzipationsbegriffs selbst befördert und die Umkehrung seiner politischen Stoßrichtung ermöglicht haben, liegt die »emanzipatorische Katastrophe« des ÖEP.

So gibt es in der Spätmoderne guten Grund zu der Annahme, dass das Ende der Emanzipation im klassischen Verständnis nicht etwa den Beginn wahrer Freiheit bedeutet, sondern vielmehr den Beginn von sozialen Konflikten im Sinne von Thomas Hobbes. Jedenfalls bieten spätmoderne Gesellschaften vielfältige Indizien für eine merkliche »Brutalisierung sozialer Kämpfe um Anerkennung«[79] und für die zunehmende Verrohung des öffentlichen Diskurses. Die polarisierte Debatte um – und die handgreiflichen Reaktionen auf – die Aktionen der Gruppe Letzte Generation illustrieren das

79 Honneth 2012.

ebenso wie zuvor die Debatte um die Querdenker-Bewegung. Nancy Fraser hofft weiterhin auf Chancen für ein Emanzipationsprojekt, das im hergebrachten Sinne progressiv und transformatorisch sein könnte.[80] Philipp Staab erkennt in der spätmodernen Gegenwart Anzeichen, dass »kollektive Transformationen an Bedeutung gewinnen«, bei denen »das Gemeinsame gegenüber dem Solitären betont wird«.[81] Doch solcherlei Hoffnungen scheinen wenig begründet. Denn was spätmoderne Gesellschaften als »unsere Freiheit«, »unsere Werte« und »unseren Lebensstil« verherrlichen, gilt ihnen aller Nicht-Nachhaltigkeit und Unhaltbarkeit zum Trotz als emanzipatorische Errungenschaft. Es wird von »emanzipatorischen« Bewegungen verteidigt, die nach dem herkömmlichen Verständnis von Emanzipation nur als regressiv bezeichnet werden können, d.h. als exklusiv, antidemokratisch und antiökologisch.[82]

## 6.4 *Dialektik der Demokratie*

Die Dialektik der Emanzipation erklärt also, wie und warum sich die Werte der Freiheit und Selbstbestimmung, die im Zuge der stillen Revolution so große Bedeutung erlangt haben, unter Beibehaltung der Begriffe in ihrer inhaltlichen Ausdeutung und politischen Stoßrichtung umfassend verändert, ja, geradezu in ihr Gegenteil verkehrt haben. Sie erhellt, was sich im Bereich der

80 Fraser und Jaeggi 2020, S. 263 f.

81 Ebd., S. 71, 107, 71 und 28.

82 Vgl. dazu Jaeggi in Fraser und Jaeggi 2020, S. 267.

Normen getan hat, die für jede ökologische Transformation der Gesellschaft von zentraler Bedeutung sind, die das auf Verwissenschaftlichung fokussierte und um Entpolitisierung und Konsensbildung bemühte Paradigma der Nachhaltigkeit aber immer bewusst ausgeblendet hat. Sie vervollständigt damit die in Kapitel 6.2 ausgeführte (natürlich nicht erschöpfende) Erklärung, warum das Paradigma der Nachhaltigkeit seine erklärten Ziele nie erreichen konnte, sondern stattdessen der Gesellschaft der Nicht-Nachhaltigkeit den Weg geebnet hat. Darüber hinaus spielt die Dialektik der Emanzipation aber auch eine wesentliche Rolle, wenn es darum geht zu erklären, warum das ökoemanzipatorische Projekt der *Demokratisierung der Demokratie* nicht zum Ideal der »wahren« Demokratie geführt hat, sondern spätmoderne Gesellschaften vielmehr erleben, was ich zunächst als die »postdemokratische Wende« beschrieben hatte,[83] was sich inzwischen aber klarer als die *autokratisch-autoritäre Wende* bestimmen lässt.[84] Die *Demokratisierung der Demokratie* war neben der Ökologisierung der Industriegesellschaft und der Verwirklichung des modernistischen Versprechens auf Freiheit und Selbstbestimmung (Autonomie) die dritte wesentliche Säule des ÖEP – und die *Dialektik der Demokratie* ist die dritte Dimension der unerwarteten »emanzipatorischen Katastrophe«.

Das Konzept der Dialektik der Demokratie ist zunächst ein Ansatz zur Erklärung der schon verschiedent-

83 Blühdorn 2013.
84 Vgl. Kapitel 3.3.

lich angesprochenen Rezession der Demokratie, die sich derzeit selbst in den etabliertesten demokratischen Systemen beobachten lässt und die sich offenbar auch kaum aufhalten oder verhindern lässt.[85] Insofern wird im Folgenden noch einmal aufgenommen und vertieft, was insbesondere in Kapitel 3.3 bereits thematisiert wurde. Dort waren die Krise und Unhaltbarkeit der Demokratie als ein unterscheidendes Merkmal der Spätmoderne untersucht worden. Es waren verschiedene Erklärungsansätze für die »Regression« und das befürchtete »Ende« der Demokratie angesprochen worden, die im Sinne der hergebrachten kritischen Normativität allerdings meist doch wieder auf Versuche zu ihrer Rettung und Wiederbelebung hinauslaufen.[86] Und dann war die These angerissen worden, dass solche Versuche in der Spätmoderne möglicherweise grundsätzlich zum Scheitern verurteilt sind, weil die Demokratie nicht nur von außen, von ihren Feinden, bedroht und destabilisiert wird, sondern auch von ihrer eigenen Logik und inneren Dynamik, also ihrem stetigen Streben nach weiterer Demokratisierung. Ihre eigene Logik, so die Überlegung, die nun weiter ausgeführt werden soll, manövriert die Demokratie in eine *mehrfache Dysfunktionalität* und sogar in eine *Legitimationskrise*, die ihrerseits eine autokratisch-autoritäre Wende auslösen.[87] Das ist eine Dialektik, die offenbar nicht kontrollier- und steuerbar ist. Sie zerstört nicht nur den Glauben an die Demokratie und die Demokratisierung als entscheiden-

85 Vgl. Blühdorn 2020e, 2020f.
86 Paradigmatisch dazu Crouch 2008.
87 Vgl. Blühdorn 2020e, 2020f.

de Mittel der sozialökologischen Transformation, sondern sie droht die Demokratie in ein wichtiges Mittel der Politik der Nicht-Nachhaltigkeit zu verwandeln.

Sowohl die Frage der Unhaltbarkeit der Demokratie selbst als auch die nach der möglichen Untauglichkeit der Demokratie als Mittel der Nachhaltigkeitspolitik und -transformation werden in der sozialwissenschaftlichen Nachhaltigkeitsliteratur bis heute weitgehend ausgeblendet. Noch mehr gilt das für die Überlegung, dass die Demokratie sich in der Spätmoderne nicht nur zur *gläsernen Decke* einer grundlegenden Nachhaltigkeitstransformation entwickelt haben könnte,[88] sondern sogar zum Legitimationsinstrument der Politik der Nicht-Nachhaltigkeit. Zwar gibt es eine umfassende Literatur zum Verhältnis von Demokratie und Nachhaltigkeit, aber die widmet sich immer noch vor allem der Frage, wie eine Nachhaltigkeitstransformation demokratisch gestaltet und durch demokratisierende Maßnahmen befördert werden könnte. Ihre doppelte Annahme ist, dass erstens eine solche Transformation stattfinden muss und wird und dass sie zweitens mit demokratischen Prinzipien kompatibel sein muss und wird. Die Realität, dass es für eine strukturelle Transformation moderner Gesellschaften und ihrer Naturverhältnisse trotz vielfältiger Maßnahmen der ökologisch-demokratischen Modernisierung bisher wenig Evidenz gibt und gesellschaftstheoretisch betrachtet auch wenig Aussicht besteht, dass sich das bald ändern könnte; und dass zudem Demokratien überall zerfallen, ausgehöhlt

88 Hausknost 2020, 2022.

und von autokratisch-autoritären Regierungsformen abgelöst werden, wird in dieser Literatur wenig berücksichtigt. Und der Gedanke, dass ausgerechnet die Demokratie und das Projekt ihrer Demokratisierung nicht nur zu dieser autokratisch-autoritären Wende selbst beigetragen haben könnten, sondern auch zur Verfestigung der Nicht-Nachhaltigkeit und zu deren Legitimation, liegt erst recht jenseits des normativen Horizonts der sozialwissenschaftlichen Nachhaltigkeitsliteratur.

Die Perspektive der reflexiven Modernisierung, der Fokus auf die ungewollten Nebenwirkungen der Moderne selbst sowie auch insbesondere der gesellschaftlichen Versuche, diese Nebenwirkungen zu bearbeiten, rückt diese Fragen jedoch ins Zentrum. Sehr instruktiv sind diesbezüglich die Überlegungen von Philip Manow zur *(Ent-)Demokratisierung der Demokratie*.[89] Manow befasst sich weder direkt mit dem Verhältnis zwischen Demokratie und Nachhaltigkeit noch mit den ökoemanzipatorischen Bewegungen und dem ÖEP. Er betrachtet aber die Selbstgefährdung, ja sogar »Selbstzerstörung« der Demokratie als den »grundsätzliche[n] Konflikt, der unsere Zeit zu charakterisieren scheint«.[90] Er diagnostiziert eine »Entdemokratisierung«, die mit der »Demokratisierung der Demokratie« als deren zweite Seite unzertrennlich verbunden sei.[91] Tatsächlich spricht Manow explizit von einer »Dialektik von Demokratisierung und Entdemokratisierung der Demokratie«.[92]

89 Manow 2020; vgl. Kapitel 3.3.
90 Ebd., S. 25.
91 Ebd., S. 23.
92 Ebd., S. 55.

Und ganz im Sinne von Becks Sicht auf die Krise der ersten Moderne führt Manow die Destabilisierung der demokratischen Ordnung auf den »vollständigen Sieg« der liberalen Demokratie und ihren »unumschränkten Erfolg« zurück.[93] Sie sei »als paradoxe Folge der alternativlosen Durchsetzung der Demokratie« zu verstehen.[94]

Das zentrale Problem sieht Manow in der demokratisierenden Aushöhlung des Repräsentationsprinzips. Die liberale repräsentative Demokratie, sagt er im Rückgriff auf Jacques Rancière, John Dunne und andere, war nie demokratisch im Sinne der Souveränität des Volkes, sondern war immer eine Elitenherrschaft, die auf dem Prinzip der »Repression durch Repräsentation« beruhte.[95] Das Volk wurde ausgeschlossen, indem man Verfahren zu seiner Repräsentation installierte, und erst dieser Ausschluss machte die vermeintliche Volksherrschaft stabil. Allerdings wurde die Demokratie immer inklusiver. Immer mehr gesellschaftliche Gruppen und Minderheiten erstritten sich immer tiefergreifende Beteiligungsrechte. Und diese stetige Ausweitung der Partizipation höhlte sukzessive das stabilisierende Prinzip der Repräsentation aus. Das gegenwärtige Problem der Demokratie liege somit in »der beständigen Ausweitung dieser Partizipation, es ist *das Problem der Demokratisierung der Demokratie*«. »Die These lautet im Kern«, schreibt Manow, »dass eine [...] als Demokratisierung der Demokratie beschriebene [...] Ausweitung der Partizipationschancen die institutionellen

93 Ebd., S. 20, 24 und 145.
94 Ebd., S. 20.
95 Ebd., S. 45 f.

Funktionsbedingungen der Demokratie zu bedrohen scheint.«[96]

Strategien der Entpolitisierung durch die Übertragung von politischen Entscheidungen und Verantwortlichkeiten an nichtmajoritäre Institutionen innerhalb und jenseits des Nationalstaates seien der Versuch, dieser Bedrohung zu begegnen und die überforderte Demokratie wieder zu stabilisieren. Doch solche Strategien bedeuteten erneut eine Entdemokratisierung, die den Unmut der Ausgeschlossenen und ihren Kampf um die Demokratisierung der Demokratie letztlich nur weiter anfache. Destabilisierend wirke dieser Kampf um direkte Partizipation, so Manow, insbesondere durch das »Obsolet-Werden der Vermittlungsinstanzen« wie etwa der politischen Parteien und den »Verlust ihrer Filterfunktion«. Entscheidend sei, dass mit der »massiven Ausweitung von Chancen zur politischen Partizipation und Kommunikation« die »etablierten Kontrollfunktionen repräsentativer Institutionen« umgangen und ausgeschaltet würden. Gerade »die extremen Positionen, die Außenseiterpräferenzen, die bislang durch etablierte Mechanismen, eingespielte Verfahren und intermediäre Instanzen verlässlich herausgefiltert wurden«, würden in der medialen Öffentlichkeit so einen prominenten Platz bekommen. Artikulationsstarke Minderheiten würden »die Herrschaft über die Themenagenda« gewinnen, und die offiziell verfasste Politik sei »oft nur noch reaktiv«.[97]

96 Ebd., S. 52 und 171.
97 Ebd., S. 111, 58, 113, 115.

Manows Überlegungen beziehen sich primär auf den (Rechts-)Populismus, den er als »das Aufbrechen eines Ausschlusses« und die »Wiederkehr des Nicht-Repräsentierten« erklärt und den er in der Spätmoderne als die wesentliche Selbstbedrohung und Selbstzerstörung der Demokratie sieht.[98] Was er über populistische Bewegungen der Gegenwart sagt, lässt sich aber sehr genau auf die ökoemanzipatorischen Bewegungen seit den siebziger Jahren übertragen. Diese Bewegungen rebellierten seinerzeit ebenso gegen die repräsentative, liberale Demokratie wie heute die Populisten. Sie forderten genauso Einlass ins System der Repräsentation, das sie und ihre Interessen nicht ausreichend berücksichtigte. Auch die ökoemanzipatorischen Bewegungen sahen das Repräsentationsprinzip und die Elitenherrschaft, die es kaschiert, als das zentrale Problem. Ebenso wie heute die Rechtspopulisten forderten sie Basisdemokratie und direkte Partizipation. Mit der Forderung nach einer Demokratisierung der Demokratie zielten sie sowohl auf das Prinzip der Repräsentation, das in ihren Augen ausgrenzend war, als auch auf den Liberalismus, der ihnen zu einseitig die Individualrechte betonte. Beides gilt auch für die heutigen Populisten – die allerdings das Partizipationsprinzip nicht mehr in derselben Weise verstehen wie die Neuen Sozialen Bewegungen der siebziger und achtziger Jahre und die angesichts heute vorherrschender Verständnisse von Freiheit, Subjektivität, Selbstbestimmung und Selbstverwirklichung auch ein anderes Verständnis von

98 Ebd., S. 50 und 51.

»wahrer«, d.h. voll demokratisierter, Demokratie haben.

Der Ausgangspunkt für die Kritik der ökoemanzipatorischen Bewegungen war, dass die liberale, repräsentative Demokratie weder dem Ideal der demokratischen Selbstbestimmung noch den Erfordernissen des ökologischen Umbaus der modernen (Industrie-)Gesellschaft genügte. Ökologiepolitisch sahen viele sogar eine Komplizenschaft zwischen dem Liberalismus und dem System der industriellen Ausbeutung und Zerstörung der Natur, weil nämlich der Liberalismus die Freiheit, die Rechte und den Privatbesitz des Einzelnen für unantastbar erklärt, die ökologische Agenda aber ökologische Imperative und die Sicherung des Gemeinwohls höher veranschlagt.[99] Die liberale, repräsentative Demokratie wurde also – das gerät heute, da die Bürger allenthalben aufgerufen werden, die liberale Demokratie mit aller Entschiedenheit gegen behauptete oder tatsächliche Bedrohungen von innen und außen zu verteidigen, leicht in Vergessenheit – ausdrücklich für eine wesentliche Ursache der sozialen und ökologischen Krise gehalten. Sie galt in entscheidenden Hinsichten als defizitär und dysfunktional. Genau daraus ergab sich die Notwendigkeit, sie zu modernisieren und demokratisieren. Als Zielvorstellung sprach man unter anderem von »Basisdemokratie«, »direkter Demokratie«, »partizipatorischer Demokratie« und »deliberativer Demokratie«.[100] In jedem Falle sollte die Demokratisierung der

99 Vgl. z.B. Wissenburg 1998; Barry und Wissenburg 2001.
100 Vgl. z.B. Macpherson 1977; Dryzek 2000.

Demokratie aber die *Ausweitung* von demokratischen Partizipationsmöglichkeiten auf bisher ausgeschlossene oder marginalisierte Gruppen bringen, die *Vertiefung* von vorhandenen und neu geschaffenen Beteiligungsmöglichkeiten und die *Erweiterung* des zur demokratischen Verhandlung und Entscheidung stehenden Themenbereichs. Nach dem Grundsatz, auch das Private sei politisch, sollte vieles, das bisher als Privatangelegenheit behandelt und im Namen des Liberalismus der individuellen Freiheit zugerechnet wurde, unter demokratische Kontrolle und Rechenschaft gestellt werden. Gleichzeitig sollten die etablierten politischen Institutionen und Organe der politischen Willensbildung möglichst durch alternative, selbstbestimmte Institutionen ersetzt werden. Das galt nicht nur für die etablierten Parteien, sondern auch für die Medien, Bildungseinrichtungen, die wissenschaftliche Forschung und vielfältige soziale Institutionen – mit dem ausdrücklichen Ziel, die Filterfunktion der etablierten Vermittlungsinstanzen zu umgehen und auszuschalten.

Die ökoemanzipatorischen Bewegungen verfolgten also genau das, was Manow heute als das »entscheidende« Problem spätmoderner Demokratien beschreibt und vor allem dem Rechtspopulismus anlastet.[101] Mit ihrem Projekt der Demokratisierung der Demokratie betrieben sie einen Strukturwandel der politischen Öffentlichkeit, versuchten, den politischen Diskurs der Kontrolle der etablierten Parteien und Medien zu entreißen, und kämpften darum, die politische Agenda in ihrem ei-

101 Manow 2020, S. 58.

genen Sinne neu zu bestimmen. Dabei gingen sie davon aus, dass die Problemursache, die ökologisch-soziale Unvernunft und Unverantwortlichkeit, vor allem in den Eigenlogiken des ökonomischen und administrativen Systems und bei den Eliten des Kapitals und der politischen Macht liege, während die Bürgerinnen und Bürger und die Zivilgesellschaft die Akteure der Vernunft, Verantwortlichkeit, Mündigkeit und des wahren Gemeininteresses seien. Das ökonomisch-administrative System und die politischen Eliten hingegen seien von den Bürgern und ihren wahren Bedürfnissen der Gesellschaft abgekoppelt und hätten sich – so wie es heute auch von rechtspopulistischer Seite heißt – ihnen gegenüber verselbständigt. Entsprechend ging es darum, die Wirtschaft, die Verwaltung, die Politik und auch die Technologie, statt sie weiter ihren zerstörerischen Eigenlogiken folgen zu lassen, wieder an die lebensweltlichen Bedürfnisse, die wahren Werte und die Vernunft der Menschen anzubinden. Genau darauf zielte das Projekt der Demokratisierung der Demokratie.

Es beruhte auf der Annahme, dass die gesellschaftliche Basis sich nach ausreichender demokratischer Verhandlung allemal für das ökologisch Notwendige entscheiden würde, weil es ökologisch *vernünftig*, moralisch *richtig* und dem Gemeininteresse gegenüber *verantwortlich* wäre und weil es im Übrigen einen *wahren* Wohlstand und gesellschaftliche Zufriedenheit sichern würde. Diese Narrative leben zum Teil bis in die Gegenwart fort.[102] Demokratische Selbstbestimmung sollte

102 Vgl. z. B. Paech 2012; Folkers und Paech 2020; Jackson 2011, 2021.

also gewissermaßen die Filterfunktion der etablierten Institutionen umkehren, die bisher bestimmende individualistische und ökonomische Unvernunft herausfiltern und das Verantwortliche, Vernünftige und Mündige voll zur Geltung bringen. Die Demokratisierung der Demokratie sollte, mit Ulrich Beck gesprochen, den »heiligen Basisprinzipien« der Moderne volles Gewicht geben – nicht zuletzt auch dadurch, dass die partizipative und deliberative Demokratie auf die Bürgerinnen und Bürger einen Aufklärungs- und Erziehungseffekt haben würde. Sie würde zunächst vorwiegend ihren individualistischen Interessen folgende Privatpersonen in mündige Bürger verwandeln, die sich dann sehr viel stärker ökologischen Imperativen und dem Gemeinwohl verpflichtet fühlen und sich unter voller Ausnutzung der erweiterten und vertieften Möglichkeiten der demokratisierten Demokratie für deren Umsetzung engagieren würden.

Genau hier lag im ökoemanzipatorischen Denken aber der Irrtum – und der Grund, warum die Demokratisierung der Demokratie das erhoffte Ziel nie erreichte. Faktisch war es nämlich nicht nur so, dass die neu geschaffenen Möglichkeiten der demokratischen Partizipation von verschiedenen Teilen der Gesellschaft sehr ungleich genutzt wurden und daher ungewollt die politische Gleichheit ihrerseits zugunsten der bildungs- und artikulationsstarken Mittelschichten verzerrt haben. Vielmehr haben die ökoemanzipatorischen Bewegungen auch nicht einkalkuliert, dass die reflexive Modernisierung auch die Basisprinzipien rekonfiguriert, nach deren Maßgabe die Demokratie demokratisiert werden sollte. Wie in Kapitel 6.3 beschrieben, haben sich diese Referenznormen – also die vorherrschenden Verständnisse von Freiheit, Subjektivität, Selbstbestimmung und Selbstverwirklichung – aber in einer Weise verändert, die die Demokratie plötzlich in mehrfacher Hinsicht als dysfunktional erscheinen lässt.

Ökologische Vernunft, Verantwortlichkeit und Mündigkeit, die Unterordnung unter Prinzipien des Allgemeinen oder die Verpflichtung aufs Allgemeinwohl spielen in der Spätmoderne – im neobiedermeierlichen Rückzug aufs Persönliche – höchstens noch beiläufig eine Rolle.[103] An die *wahre Erfüllung*, die im selbstbegrenzenden Weniger liege, mag – gerade angesichts überschießender neuer Unsicherheiten – kaum jemand glauben. Die Diversifizierung sozialer Gruppen, die Singularisierung spätmoderner Individuen sowie die Pluralisierung und Flexibilisierung persönlicher Identitäten beschränken zunehmend die Fähigkeit demokratischer Institutionen, substanzielle und stabile Entscheidungen zu treffen und damit ihre Tauglichkeit zur effektiven Bearbeitung drängender gesellschaftlicher Probleme. Neben ihrer Problemlösungsfähigkeit verliert die Demokratie gleichzeitig auch an emanzipatorischer Effizienz: Sie erscheint immer weniger als zentrale Voraussetzung und Garant von heute vorwiegend individualistisch verstandener Freiheit, Selbstbestimmung und Selbstverwirklichung. Stattdessen werden demokratische Entscheidungen zunehmend als Einmischung in private Angelegenheiten wahrgenommen, als Beschränkung

103 Vgl. Kapitel 6.3.

persönlicher Rechte und Hindernisse der vollen Selbstentfaltung. Das gilt zumal, wenn bei der Selbstbestimmung und Selbstverwirklichung ausdrücklich der Anspruch auf Singularität und Exklusivität erhoben wird und planetare ökologische Grenzen die wirksame Ausgrenzung (global)gesellschaftlicher Mehrheiten von den favorisierten Verständnissen eines guten und erfüllten Lebens erfordern. Insbesondere das Vertrauen in die alternativen und angeblich besseren Formen der – direkten, egalitären, partizipatorischen, deliberativen – Demokratie hat sich vor diesem Hintergrund weitgehend verflüchtigt. Im Zuge der Modernisierung der Referenznormen werden sie auch insofern dysfunktional, als persönliche Werte und Interessen in hohem Maße komplex, widersprüchlich und instabil sind und darüber hinaus auch keine gemeinsame Vernunft vorhanden ist, die für eine *vernünftige* demokratische Verhandlung und verbindliche Entscheidungen eine unverzichtbare Grundlage wäre.

Diese mehrfache Dysfunktionalität der Demokratie[104] führt in der Spätmoderne zu einem umfassenden Vertrauensverlust, der längst nicht mehr nur die vorhandenen demokratischen Institutionen betrifft, sondern auch den Glauben an die Demokratie insgesamt. Und die von den ökoemanzipatorischen Bewegungen betriebene Demokratisierung der Demokratie hat dazu deutlich beigetragen. Sie hat von der institutionellen Seite her den Effekt des Wandels vorherrschender Verständnisse von Freiheit, Selbstbestimmung und einem guten

104 Vgl. auch Blühdorn 2020c, 2020d, 2020e.

Leben noch einmal verstärkt. Gerade die im oben ausgeführten Sinne demokratisierte Demokratie ist sowohl im Hinblick auf ihre Problemlösungsfähigkeit als auch auf ihre Tauglichkeit als politisches Mittel zur zunehmend individualistisch-marktförmigen Selbstverwirklichung noch dysfunktionaler als zuvor.

Was Manow dem spätmodernen (Rechts-)Populismus anlastet, lässt sich also auf die ökoemanzipatorischen Bewegungen übertragen. Ökologisch gesehen führt die Demokratisierung der Demokratie in eine sklerotische Konstellation, die in Kapitel 3 bereits als »ökologische Unregierbarkeit« beschrieben wurde. Jede weitere Demokratisierung könnte diese Dysfunktionalität eher verschärfen als verbessern. Ohnehin ist das zur SÖT Erforderliche angesichts spätmoderner Wertepräferenzen und absehbarer Wohlstands- und Bequemlichkeitseinbußen in vielen Fällen höchst unpopulär – geradezu unzumutbar. Demokratische Errungenschaften wie Umweltverträglichkeitsprüfungen oder Bürgerbeteiligungsverfahren werden für Projekte wie den Ausbau erneuerbarer Energien zur zusätzlichen Behinderung. Zu Recht beobachtet Philipp Staab: »Der zivilgesellschaftliche Aktivismus« wird in der Spätmoderne »durch seinen eigenen Erfolg frustriert«, denn die dringenden Probleme können »von einer subpolitisch verstopften Demokratie nicht in der gebotenen Geschwindigkeit« bearbeitet werden. Statt mit der Demokratisierung der Demokratie, beobachtet Staab, solle dem breit empfundenen Mangel an politischer Gestaltungsfähigkeit nun »mittels eines Primats staatlicher Steuerung begegnet werden, welche sich auf fachspezifische

Expertisen stützt, nicht von deliberativen Prozessen oder Repräsentationspflichten gebremst wird und vernünftige Regeln notfalls sanktionsbewehrt durchsetzt«.[105] Wenn Klimaschutzbewegungen heute »Listen to the science!« fordern, dann verstößt das nicht nur scharf gegen die ältere Forderung der ökoemanzipatorischen Bewegungen, auch die Wissenschaft und das Wissen zu demokratisieren, sondern, mit Manow gesprochen, ist das die »Aufforderung, sich über Mehrheiten hinwegzusetzen, und damit Ausweis einer bestenfalls halben Haltung zur Demokratie: Sie erscheint [nur] so lange legitim, wie sie als Wunscherfüllungsmaschine einer liberalen Mitte funktioniert, der es aber auch nicht weiter schwerfällt, sich mit einer anderen Herrschaftsform anzufreunden, solange die ihr ungefähr dasselbe zu liefern verspricht.«[106]

Umgekehrt gilt: Wenn der deutsche Bundeskanzler Olaf Scholz sagt, »wer Klimapolitik machen will«, müsse »sich zutrauen, dass jede einzelne gesetzliche Regelung in einer Volksabstimmung eine Mehrheit fände«,[107] klingt das zwar wie ein Bekenntnis zur Basisdemokratie. In Wahrheit wird die Demokratie damit allerdings erstens zum Vorwand der Regierenden, sich aus ihrer Führungsverantwortung zu stehlen, und zweitens wird sie zum wesentlichen Legitimationsinstrument einer Politik, die sich vorhersehbar darauf beschränkt, den

105 Staab 2022, S. 132, 176.

106 Manow 2020, S. 170.

107 Scholz am 14. Juli 2023 in seiner Sommer-Pressekonferenz; online verfügbar unter: {https://www.youtube.com/watch?v=qZ_qMWi2aao}, ab 1:03:42.

nicht-nachhaltigen Status quo zu stabilisieren. Hatten Regierungen zunächst – als die Bewegungen noch forderten: »Listen to the people!« – insistiert, man brauche erst die wissenschaftlichen Beweise, und auf dieser Grundlage könne die Politik dann entschlossen handeln, so hat sich die Konstellation inzwischen umgekehrt: Die Bewegungen fordern angesichts der umfassenden wissenschaftlichen Datenlage und der »historische[n] Enttäuschung über die mangelnde Wirksamkeit subpolitischer Bearbeitungsformen«[108] »Listen to the science!«, und Akteure, die das Projekt der SÖT bestenfalls halbherzig stützen, fordern als verlässliche Bremsstrategie »Listen to the people!«.

Mit seiner These, dass die Demokratisierung der Demokratie in der Spätmoderne kontraproduktiv zu werden droht, liegt Manow also zweifellos richtig. Er verengt die Perspektive aber zu sehr auf die *politisch-institutionelle* Dimension und vernachlässigt die mindestens ebenso wichtige *soziokulturelle*. Insbesondere die reflexive Modernisierung der demokratischen Referenznormen – allen voran die des *autonomen Subjekts* – macht die Demokratie sowohl als *liberale* als auch als *repräsentative* dysfunktional: Liberal kann die Demokratie in der Spätmoderne nicht mehr sein, weil der offenbar nicht verhandelbare Anspruch auf heutige Verständnisse von Freiheit und Selbstverwirklichung zwingend die radikale Begrenzung der Anspruchsberechtigten impliziert.[109] Repräsentativ kann sie nicht

108 Staab 2022, S. 178.
109 Vgl. Lessenich 2018, 2019.

mehr sein, weil das vielschichtige und flüchtige Subjekt der Spätmoderne nicht mehr in dem Sinne repräsentationsfähig ist, wie auch die ökoemanzipatorischen Bewegungen sich das vorgestellt hatten, nämlich im Sinne des möglichst authentischen Abbildens seiner Werte und Interessen.[110] Tatsächlich macht erst die Modernisierung der Basisprinzipien die Demokratisierung der Demokratie zum ernsthaften Problem, weil sie die inhaltliche Interpretation und politische Stoßrichtung des aus sich selbst heraus nur höchst dürftig bestimmten Demokratiebegriffs umkehrt und die Demokratisierung der gesellschaftlichen Institutionen damit unter ein radikal anderes Vorzeichen stellt.

Die Dysfunktionalität und die Defizite der liberalen, repräsentativen Demokratie, die bereits den Ausgangspunkt des ÖEP bildeten und den Anstoß zum Projekt der Demokratisierung der Demokratie gaben, wurden im Vollzug dieses Projekts also nicht beseitigt, sondern vielmehr verstärkt – während die alternativen und einst für besser erachteten Demokratieformen ihre notwendigen Grundlagen verloren haben. Stattdessen entfaltet sich im Zusammenspiel der Interessen ganz verschiedener gesellschaftlicher Akteure, die in ihrer Demokratieskepsis aber vereint sind, die autokratisch-autoritäre Wende: Eliten, die zugunsten ihrer Eigeninteressen schon immer gegen Demokratie waren; ökologische Aktivisten, die das Vertrauen in die Demokratisierung verloren haben und nun eher auf eine Kombination aus Wissenschaft (für die Fakten) und moralischem Funda-

110 Vgl. Blühdorn 2013, S. 203-215.

mentalismus (für die Normen) setzten; überforderte Bürger, denen demokratische Beteiligung zu kräftezehrend, zeitraubend oder verpflichtend ist; und all diejenigen, die angesichts planetarer Grenzen versuchen, ihre Werte, ihre Freiheit und ihren Lebensstil durch Grenzziehung und Ausgrenzung zu sichern. Gemeinsam ist allen, dass sie von einer Demokratisierung der Demokratie nicht mehr viel wissen wollen. Oder mit Philipp Staab gesprochen: »Demokratisierung im Sinne einer Erweiterung deliberativer Beteiligungsformen [...] bildet im Feld nicht das anvisierte Programm.«[111] Bezogen auf die demokratische Säule des ÖEP liegt genau darin die emanzipatorische Katastrophe.

## 6.5 *Emanzipatorisch überholt*

Auch im Hinblick auf die demokratische Säule bestätigt sich also, dass das ÖEP nicht einfach daran scheitert, dass der Kapitalismus und seine Eliten es blockieren und unterdrücken, sondern es zerbricht ganz wesentlich an seiner eigenen Logik – an einem Zuviel an Politisierung und Partizipation. Auch bei der dritten Säule des ÖEP ist wieder das festzustellen, was Beck als »Erfolgs-« oder »Siegkrise« bezeichnete: Die Erfindung des Politischen und die Demokratisierung der Demokratie haben die individuelle und kollektive politische Selbstbestimmung zunächst erheblich befördert, gleichzeitig aber Nebenwirkungen entfaltet, die in die demokrati-

111 Staab 2022, S. 174.

sche Sklerose und Unregierbarkeit führen und die Demokratie zu ersticken drohen. Ebenso wie die *Emanzipation von der Emanzipation* und wie das Entstehen der Gesellschaft der Nicht-Nachhaltigkeit im Schatten des Nachhaltigkeitsparadigmas ist auch die Erschöpfung und Ablösung der Demokratie im Zuge des Versuchs, sie zu demokratisieren, eine »Siegkrise«. In allen drei Dimensionen wurde, nach durchschlagenden Erfolgen, als Nebenfolge und in guter Absicht letztlich das genaue Gegenteil des Intendierten bewirkt bzw. zu dessen Entstehen beigetragen.

In der Summe wirken die Dialektik der Nachhaltigkeit, die Dialektik der Emanzipation und die Dialektik der Demokratie, die, wie ersichtlich wurde, unmittelbar miteinander verbunden sind, als Totengräber des ÖEP und der SÖT – und gleichzeitig als Hebamme einer nächsten Gesellschaft und anderen Moderne, in der das eingangs skizzierte ÖEP anachronistisch wird. Die Analyse der dreifachen Dialektik macht klar erkennbar, wie dessen drei tragenden Säulen zerfallen, warum das ÖEP nicht mehr haltbar ist und inwiefern die emanzipatorische Logik selbst dafür eine ganz wesentliche treibende Kraft ist. Entgegen der Hoffnung, die Beck in diesen Begriff setzt, ist aus spätmoderner Perspektive betrachtet genau das, diese traumatische Erfahrung, die »emanzipatorische Katastrophe«. Bereits die Gesellschaft der Nicht-Nachhaltigkeit hat sich von den emanzipatorisch-transformativen Idealen des ÖEP weitgehend verabschiedet. Sie kämpft – im Namen ihrer eigenen, aktualisierten Verständnisse von Emanzipation, Autonomie und Subjektivität – um die Erhaltung des

Status quo, also um die Stabilisierung dessen, was aus der Perspektive des ÖEP als die Ordnung der Nicht-Nachhaltigkeit erscheint. Dieser Kampf bedeutet erneut eine Neuerfindung des Politischen, die das öko-emanzipatorische Projekt jetzt allerdings nicht mehr konstituiert und *in Angriff nimmt*, sondern die es vielmehr *angreift*, zur politischen Zielscheibe macht und repolitisiert. Während das ÖEP seine Kraft verliert, weil die reflexive Modernisierung seine Grundlagen ausgezehrt hat, bilden sich statt des »gegenhegemonialen Blocks«, von dem Nancy Fraser und andere bis heute träumen,[112] Diskursallianzen und Komplizenschaften, die – sei es ausdrücklich oder stillschweigend – ein postökologischer Verteidigungskonsens verbindet.

Dennoch wäre es falsch und undialektisch gedacht, das, was aus der Perspektive der zweiten Moderne zunächst als umfassendes Scheitern und als Katastrophe erscheint, einseitig nur als Fehlschlag und Verlust zu sehen. Denn auch bei der dritten Säule des ÖEP, bei der Dialektik der Demokratie, geht es eben, mit Beck zu sprechen, um »das wachsende Bewusstsein von der eigenen Ineffizienz« der zweiten Moderne und des ÖEP, »ja von der Konterproduktivität ihrer Maßnahmen«.[113] Beck hatte zu seiner Zeit wie gesagt die Ineffizienz der ersten Moderne und ihrer Institutionen im Blick. Aus der Perspektive der Spätmoderne fallen aber die Normen und Institutionen der zweiten Moderne unter dasselbe Verdikt. Sichtbar wird das in der Ambivalenz ge-

112 Fraser 2019, 2023; vgl. auch Kapitel 3.3.
113 Beck 2007, S. 108; vgl. auch Kapitel 5.4.

genüber der Demokratie und vor allem gegenüber ihrer weiteren Demokratisierung.

Wenn man sagt, das ÖEP »zerbreche« an seinen eigenen Widersprüchen und dies als emanzipatorische »Katastrophe« bezeichnet, werden diese Ineffizienz und Kontraproduktivität eigentlich zu wenig berücksichtigt. Man spricht dann aus der Perspektive der zweiten Moderne, und aus deren Blickwinkel ergibt sich zweifellos ein düsteres und defaitistisches Bild. Tatsächlich ist aber im Zuge des ÖEP nicht nur Erhebliches erreicht worden – sowohl ökologisch als auch hinsichtlich der Selbstbestimmung und der Demokratisierung der Demokratie –, sondern das ÖEP wurde schließlich *emanzipatorisch* überwunden und damit zum Anachronismus. Aus der Perspektive der dritten Moderne erscheinen die Entlastung und Befreiung von seinen überholten Annahmen, Normen und Verpflichtungen als *emanzipatorischer Gewinn*. Man mag sich entscheiden, die normativen Maßstäbe der zweiten Moderne absolut zu setzen, die der dritten entschieden ablehnen und auf dieser Grundlage die hier dargestellte Diagnose als düster und pessimistisch bezeichnen. Das wäre aber eine Denkweise, die die Besonderheit der spätmodernen Gesellschaft nicht erfasst.

Als Beck von der »emanzipatorischen Katastrophe« schrieb, hoffte er, dass die Katastrophe, unabhängig davon, ob sie schon eingetreten ist oder noch drohend bevorsteht, emanzipatorisch wirken würde, indem sie Anstrengungen in Gang setzen würde, die das emanzipatorische Projekt voranbrächten. In gewissem Maße hat sich diese Hoffnung erfüllt. Letztlich ist die (drohende) Katastrophe aber nicht insofern emanzipatorisch, als sie in eine »Mehr-Moderne« führen würde, in der Becks »heilige Basisprinzipien« vollständiger umgesetzt sind, sondern insofern, als sie die bisherige Auslegung dieser Basisprinzipien emanzipatorisch überwindet und damit in eine *andere* Moderne führt. Diese veränderte Verwendung von Becks Begriff legt also zunächst das genaue Gegenteil dessen nahe, was Beck mit ihm meinte: Emanzipatorische Bemühungen um Ökologisierung, mehr Selbstbestimmung und mehr Demokratie bewirken stabilisierte Nicht-Nachhaltigkeit, die Verabschiedung des autonomen Subjekts und die Dysfunktionalität der Demokratie. In gewisser Hinsicht führt die Analyse aber doch zum Beck'schen Verständnis der emanzipatorischen Katastrophe zurück: Die Verabschiedung des ÖEP ist ein emanzipatorischer Fortschritt und Gewinn; allerdings nicht in dem Sinne, dass es die »heiligen Basisprinzipien« befördern würde, sondern in dem Sinne, dass sie deren bisherige Auslegung überwindet. Ebenso wie es soziologisch unzureichend ist, den Rechtspopulismus eindimensional als Regression zu interpretieren,[114] ist es auch falsch, die Unhaltbarkeit des ÖEP bloß als ein Scheitern zu verstehen. Die Spätmoderne gibt vielmehr Grund zu der Annahme, dass es sich *emanzipatorisch überlebt*.

114 Manow 2020; Lütjen 2022.

# 7
# Interregnum

Mit der dreifachen Dialektik erfüllt sich letztlich Becks These von der »anderen Moderne«. Erst die reflexive Modernisierung von Becks Basisprinzipien trägt spätmoderne Gesellschaften über die bloße »Mehr-Moderne« hinaus in eine wirklich *andere* Moderne. Und nur wenn diese reflexive Modernisierung mitgedacht wird, lässt sich die Besonderheit westlicher Gegenwartsgesellschaften erfassen, deren Realität Becks Konzept der »zweiten Moderne« tatsächlich längst nicht mehr entspricht. Die am Anfang von Kapitel 5.3 formulierte Kritik an Becks Theorie der reflexiven Modernisierung könnte in variierter Formulierung somit auch lauten: Seine Theorie von der »halbierten Moderne« erweist sich rückblickend als eine »halbierte Theorie der Metamorphose« der Moderne. Die dreifache Dialektik bewirkt, dass nicht die »heiligen Basisprinzipien« die nicht-nachhaltigen Basisinstitutionen umgestalten, sondern die reflexiv modernisierten Basisprinzipien die inzwischen »heiliggesprochenen« Basisinstitutionen der Nicht-Nachhaltigkeit stabilisieren. Sie bestimmt die Vorzeichen, unter denen ökologische Fragen nun formuliert und verhandelt werden und unter denen in der Spätmoderne die Annahmen, Sicherheiten und Forderungen des ÖEP repolitisiert werden. Aus der Perspektive des ÖEP erscheinen diese Verschiebung der Vorzeichen und diese Repolitisierung traumatisch. Aber das ist wohl eine Übergangserscheinung.

Spätmoderne Gesellschaften befinden sich in einem Zwischenstadium, in dem einerseits die Ergebnisse der dreifachen Dialektik klar erkennbar sind, in dem andererseits aber die Metamorphose zur dritten Moderne erst teilweise vollzogen ist. Traumatisch ist eigentlich nicht die dritte Moderne selbst, sondern vor allem dieses Zwischenstadium, das *Interregnum*. Denn solange spätmoderne Gesellschaften noch »auf dem Weg« sind, hallen die alten Basisprinzipien nach und ihre Verletzung schmerzt – insbesondere bei denen, die das Interregnum, die Phase, wenn »das Alte stirbt«, das Neue aber noch »nicht zur Welt kommen kann«,[1] immer als die Vorstufe einer demokratischeren, gerechteren, ökologischeren und emanzipierteren Gesellschaft und Welt verstanden hatten. Solche Zwischenphasen, so versichern die Vordenker der SÖT ja bis in die Gegenwart, seien »Perioden relativ großer Freiheit, in denen sich die Chance eröffnet, die Spielregeln zu verändern«, weil die bestehende »Ordnung zu zerfallen beginnt« und »frisch radikalisierte soziale Akteure vielfältige, miteinander konkurrierende Ideen präsentieren, was an ihre Stelle treten sollte«.[2] Doch in der Spätmoderne scheinen solcherlei Hoffnungserzählungen immer weniger plausibel: Der Zerfall des ÖEP und die autokratisch-autoritäre Wende sind weit vorangeschritten.

Beck selbst sprach zwar nicht explizit von einem *In-*

1 Gramsci 2012, S. 354f.

2 Fraser und Monticelli 2021, S. 7, 9 und 7; vgl. auch Kapitel 2.2.

*terregnum*, aber auch er sah eine Situation, in der »wir zwar die Zerschlagung der Gewissheiten der nationalen Industriemoderne auf vielen Ebenen erfahren, eine neue Ordnung aber (noch) nicht«.[3] Seiner Forderung, dass wir in dieser Situation »die Klischees vom Untergang oder Rettung der Welt hinter uns lassen und stattdessen ihre Metamorphose ins Auge fassen«, die »zukünftigen Strukturen, Normen [und] Anfänge«, wurde er selbst letztlich nicht gerecht.[4] Aber er lieferte wichtiges Handwerkszeug, das sich für die Beschreibung und Erklärung spätmoderner Gesellschaften und ihrer Krisen bzw. Transformationen hier als sehr nützlich erwiesen hat.

Hinsichtlich der im Vorangegangenen entfalteten Weiterführung von Becks Ansatz muss man freilich zugestehen: Erstens konzentriert sich meine Sicht auf den Weg in eine andere Moderne vor allem auf zwei Dimensionen der Metamorphose, die ökologische und die emanzipatorische. Neben der Dynamik der Emanzipation und der der ökologischen Veränderung spielen bei der großen Transformation spätmoderner Gesellschaften aber auch andere Dynamiken eine wesentliche Rolle, wie die der funktionalen Differenzierung und Komplexitätssteigerung, die der kapitalistischen Expansion, Vermarktlichung und Konzentration von Macht, die der Beschleunigung oder die Dynamik der digitalen Revolution und künstlichen Intelligenz. Auf ihre je eigene Weise bestätigen und verstärken sie den Zerfall bzw. die

3 Beck 2007, S. 386.
4 Beck 2017, S. 57 und 60; vgl. auch Kapitel 4.2 und 4.5.

Transformation der modernistischen Zentralnorm des ÖEP, der Idee des Subjekts und dessen Anspruch auf Autonomie. Dass sie hier im Hintergrund standen, impliziert nicht, dass sie bedeutungslos wären, sondern ist dem Versuch geschuldet, speziell die ökoemanzipatorische Dynamik in den Mittelpunkt zu rücken, die in der einschlägigen Literatur bisher viel zu wenig Beachtung findet.

Zweitens beruht meine Beschäftigung mit der Transformation spätmoderner Gesellschaften und ihrer ökopolitischen Diskurse in verschiedener Hinsicht auf vereinfachenden Konstruktionen. Das betrifft das Konzept des ÖEP, das, wie bereits im ersten Kapitel betont wurde, eine homogenisierende Abstraktion ist, ebenso wie das Modell der drei Modernen, das nicht weniger abstrakt, homogenisierend und vor allem sehr statisch und scheinbar abgeschlossen ist. Beide haben sich bei dem Versuch, die ökopolitische Zeitenwende und das spezifisch Spätmoderne an der derzeitigen Konstellation zu erfassen, aber als sehr hilfreich erwiesen. Beim Erzählen von Geschichte(n), für das Bemühen, gesellschaftliche Entwicklungen begreifbar zu machen, waren derartige Abstraktionen schon immer unverzichtbar. Auch »die Aufklärung«, »die Romantik« oder »den Vormärz« hat es im Singular nie gegeben. Es gilt eben, stets in Erinnerung zu halten, dass Geschichte(n) auch anders erzählt werden können und jede Perspektive bestimmte Dimensionen besonders sichtbar macht, während andere im Hintergrund bleiben. Multiperspektivität ist unverzichtbar; und jenseits der zweiten Moderne gilt das mehr denn je.

Im letzten Kapitel wird in vielen Büchern, die zunächst eine sehr klare und überzeugende Analyse bieten, dann plötzlich eine weiße Taube aus dem Hut gezaubert, die alles Böse und Niederdrückende doch wieder ins Gute und Hoffnungsfrohe wenden soll.[5] In diesem Sinne könnte ich nun abschließend skizzieren, wie sich das Unhaltbare vielleicht doch noch weiter halten und die traumatische Metamorphose in eine andere Moderne sich doch noch verhindern ließe. Stattdessen will ich im Folgenden vier Fragen noch einmal aufgreifen, die schon verschiedentlich angesprochen wurden. Erstens: Ist die hier entwickelte These von der doppelten Unhaltbarkeit nicht doch übermäßig pessimistisch, deterministisch und im Übrigen in ihrer Ausrichtung antiemanzipatorisch oder gar reaktionär? Zweitens: Was genau ist mit dieser Analyse eigentlich gewonnen? Wäre es nicht sehr viel einfacher und auch konstruktiver, die bekannten lösungsorientierten und hoffnungsstiftenden Narrative fortzuschreiben? Drittens: Wie kommen spätmoderne Gesellschaften mit ihrem Problem der doppelten Unhaltbarkeit praktisch zurecht? Wie verarbeiten und bewältigen sie die traumatische Erfahrung des Zerfalls ihrer hergebrachten Selbstbeschreibungen und Selbstverständnisse? Und schließlich: Was bedeutet diese Analyse der doppelten Unhaltbarkeit für die kritische Soziologie, die transformative Nachhaltigkeitsforschung und die politische Bildung?

5 Vgl. z.B. Crouch 2008; Brand und Wissen 2017; Lessenich 2018.

## *7.1 Pessimistisch, deterministisch, reaktionär?*

Es ist eigentlich eine gute Regel, unnötige Wiederholungen zu vermeiden. Der immer wieder vorgebrachte Einwand, der Analyseansatz, den ich schon seit langer Zeit und auch in diesem Buch wieder verfolge, sei pessimistisch, deterministisch, affirmativ oder gar reaktionär,[6] zeigt jedoch, dass es durchaus nötig ist, noch einmal zu betonen: Nichts von alldem trifft zu! Die hier entfaltete Analyse der doppelten Unhaltbarkeit kann nur aus einer Perspektive so bezeichnet werden, die im Interesse des Verständnisses des spezifisch Spätmodernen und der *anderen* Moderne hier ausdrücklich vermieden wird. Oder anders gesagt: Diese Kritik beruht auf Referenznormen, die die vorliegende Analyse nicht unreflektiert teilt, sondern die sie vielmehr zum Gegenstand der Untersuchung macht. Wer derartige Einwände vorträgt, möchte sich auf dieses Experiment nicht einlassen, verschließt sich bewusst dem, worum es in diesem Buch geht – der Auflösung bzw. Rekonfiguration ökoemanzipatorischer Normen –, und zieht sich in die (öko)politische Komfortzone zurück,[7] ans soziologische Stammesfeuer oder, mit Johan Rockström und Kollegen zu sprechen, in den »safe operating space« der bekannten, Orientierung und Halt gebenden Denkbahnen und Debattenmuster. Das ist eine legitime Entscheidung, aber eben keine, die hinsichtlich der soziologischen Agenda dieses Buches – dem Begreifen der

6 Vgl. z.B. Neckel 2020 oder K.W. Brand 2021.
7 Vgl. Blühdorn 2022c.

Spätmoderne und ihrer Unhaltbarkeit(en) – zielführend ist.

Darüber hinaus bezeugt gerade der Einwand, die vorgestellte Analyse sei beunruhigend pessimistisch, ein zweifelhaftes Verständnis von Sozialwissenschaft bzw. stellt zweifelhafte Erwartungen an sie. Denn anders als etwa die Religion zielt die Sozialwissenschaft nicht darauf, Optimismus und Hoffnung zu generieren, sondern darauf, die Erkenntnis bzw. das Verständnis der spätmodernen Gesellschaft zu befördern. Dazu gehört unter anderem zu erkunden, ob und in welchem Maße überkommene Vorstellungen von Autonomie, Emanzipation, Subjektivität, Selbstverwirklichung und einem guten Leben (für alle) heute noch gesellschaftliche Resonanz finden, gesellschaftlich anschlussfähig sind und warum das gegebenenfalls vielleicht nicht mehr der Fall ist. Dabei geht es gerade darum, über die bekannten Pessimismusdiskurse sowie ihr Gegenstück, die Optimismusdiskurse, hinauszureichen. Beide sind rückwärtsgewandt und verstellen – scheinbar gegeneinander, aber doch gemeinsam – den Blick auf die sogenannte Zeitenwende und das spezifisch Spätmoderne. Sie rekurrieren auf Basisprinzipien, die in der Spätmoderne verblassen, und sind insofern gleich blind für das neu Entstehende, das wirklich Andere. Wer die Spätmoderne erschließen und verstehen will, darf daher, wie oben angedeutet, weder den Pessimismus nachschwärzen noch den Optimismus nachschönen, sondern muss sich von beiden trennen.[8] Beck wehrte sich gegen die Weltunter-

8 Vgl. Kapitel 5.1.

gangsszenarien der älteren, meist konservativen Kulturkritik, »weil sie in der Klage über den Untergang *der* Welt den Untergang *ihrer eigenen unreflektierten Weltgewissheiten* verschweigt«.[9] Aus heutiger Perspektive lässt sich das auf all jene gegenwartsdiagnostischen, sozialtheoretischen, kulturkritischen Ansätze übertragen, die mehr oder weniger offensichtlich in der Normativität der untergegangenen oder zumindest untergehenden zweiten Moderne gefangen bleiben. Tatsächlich ist die spätmoderne Gesellschaft der Nicht-Nachhaltigkeit zwar wenig optimistisch in Bezug auf die Inhalte des ÖEP, aber auch wenig pessimistisch im Sinne des Weltuntergangs. Gerade die junge Generation glaubt zwar nicht mehr an das 1,5-Grad-Klimaziel oder das gute Leben für alle. Was ihre persönlichen Zukunftsaussichten anbelangt, sind junge Menschen aber durchaus positiv.[10]

Mit Blick auf den Determinismus-Einwand ließe sich ergänzen: Zwar wird der Zerfall der spezifisch modernistischen Positionierung des seinem Selbstverständnis nach autonomen Subjekts gegenüber der Welt sowie des modernistischen Glaubens an die Steuerungsfähigkeit des Subjekts und seine Kontrolle über die Welt hier als ein wesentliches Kennzeichen der Spätmoderne betrachtet. Beides gilt in der Literatur zur Spätmoderne und zum Anthropozän insgesamt als zentrales Merkmal der neuen Epoche. Aber von Determinismus kann dabei keine Rede sein. Vielmehr geht es gerade um die

9 Beck 2007, S. 387.
10 Vgl. z. B. Albert et al. 2019; Habich 2023.

Rückkehr der Unberechenbarkeit, der Zufälle und um die Herrschaft der unvorhergesehenen Nebenfolgen, die Ulrich Beck schon in den achtziger Jahren ins Zentrum seines Konzepts der Risikogesellschaft stellte. Entsprechend gibt es auch keinen Grund, die dritte Moderne als einen unveränderlichen Endzustand zu denken; das Modell bleibt offen.

Hinsichtlich des Verdachts, die hier vorgestellte Theorie der Spätmoderne sei antiemanzipatorisch, konservativ oder reaktionär, sei daran erinnert: Diese Theorie propagiert keinerlei Zurück – weder zu konservativen Werten noch zum kantischen Verständnis von Autonomie und Emanzipation.[11] Überhaupt propagiert sie gar nicht, *was sein soll*, sondern unternimmt zunächst den Versuch zu erfassen, was in der Spätmoderne im Unterschied zu vorhergehenden Phasen der Moderne (nicht mehr) *ist* – wobei derartige Versuche natürlich immer bestimmte Wahrnehmungs- und Werteraster zugrunde legen. Die Rede von der »emanzipatorischen Katastrophe« im Sinne der These, dass das ÖEP im Vollzug seiner eigenen Logik das Gegenteil dessen ausgelöst hat, was es erreichen wollte, könnte natürlich als antiemanzipatorisch missverstanden werden. Dafür müssten aber die »heiligen Basisprinzipien« der zweiten Moderne zugrunde gelegt und festgeschrieben werden. Doch in der Theorie der Spätmoderne geht es genau darum, die Transformation der emanzipatorischen Basisprinzipien zu erfassen, und das ist eine Aufgabe, der eine kritische Soziologie sich stellen muss, auch wenn

11 Vgl. die Kritik von Amlinger und Nachtwey 2022, S. 379.

das für sie normative Unsicherheit und Orientierungsverlust bedeutet.

Dieser Orientierungsverlust löst reflexartige Versuche aus, die Unsicherheit und Unhaltbarkeit durch radikalisierte und fundamentalistische Schwarz-Weiß- oder Freund-Feind-Positionierungen zu kompensieren und restabilisieren. Pessimistisch! Affirmativ! Reaktionär! Solche Kategorisierungen sind Versuche, sich seiner richtigen Gesinnung und moralischen Urteilskraft zu vergewissern. Gerade in der Spätmoderne, da die etablierten kritischen Maßstäbe, die kritischen Orthodoxien, zerfallen,[12] emanzipatorisch überholt werden, sind derartige Praktiken der eigenen Rückversicherung und Selbstorientierung verständlich. Sie sind gewissermaßen Teil der spätmodernen Schmerztherapie. Je weniger die eigene normative Position als *richtig* begründbar ist, desto mehr gewinnen Strategien der Selbstbestätigung und Selbstversicherung durch nachdrückliche Abgrenzung von anderen Positionen an Bedeutung. Genau dieses Bedürfnis nach Selbstversicherung, die keinen verlässlichen Bezugspunkt mehr hat, ist die Antriebskraft der spätmodernen Polarisierungstendenz.

Derartige Formen der Abgrenzung vermindern die hier thematisierte Unhaltbarkeit aber in keiner Weise, sondern weichen ihr schlicht aus. Ähnlich wie der Hinweis auf die eingangs angesprochenen Abstraktionen und Vereinfachungen des hier entwickelten Ansatzes liefern sie eine Begründung, sich mit dessen Thesen nicht weiter zu befassen und sich von ihnen nicht verunsi-

12 Vgl. Kapitel 2.5.

chern und beunruhigen zu lassen. Auch der Hinweis, der hier verfolgte, vor allem kulturalistische Ansatz gebe nicht nur den biophysischen Fakten zu wenig Gewicht, sondern lasse auch die kapitalistischen Strukturen und Machtverhältnisse außer Acht, eröffnet mögliche Fluchtrouten zu den etablierten Sicherheiten. Diese Abwehrreflexe verkennen jedoch, dass es nicht darum geht, die emanzipatorischen Erfolge des ÖEP zu bestreiten, und schon gar nicht darum, antiökologische, antidemokratische oder antiemanzipatorische Positionen einzufordern oder zu verteidigen. Die spätmodernen Freiheits-, Subjektivitäts- und Selbstverwirklichungsverständnisse werden hier nicht unterstützt oder gerechtfertigt. Biophysische Realitäten, Veränderungen und Kausalzusammenhänge werden in keiner Hinsicht bestritten oder relativiert. Es ist auch ausdrücklich nicht das Ziel, die Strukturen, Eliten und Herrschaftsverhältnisse des Kapitalismus zu entlasten. Sondern es geht darum, das Traumatische der nichtintendierten Nebenwirkungen des ÖEP zu erfassen, das das unterscheidende Merkmal der Spätmoderne ist. Diesem Traumatischen gilt es sich zu stellen, statt es als reaktionär zu kategorisieren und auszublenden. Gerade der soziologischen Theorie fällt die Aufgabe zu, es zu erschließen und begreifbar zu machen. Für eine (selbst)kritische Theorie der Spätmoderne bedeutet das auch, die angesprochenen Selbstversicherungsstrategien nicht blind zu reproduzieren, sondern sie als Abwehrreflexe und Immunisierungsstrategien transparent zu machen. Sie ist kritisch gerade insofern sie versucht aufzuzeigen, wie, warum und mit welchen Konsequenzen in der Spätmoderne die hergebrachte Unterscheidung zwischen progressiv und regressiv einerseits unhaltbar und andererseits – gerade deswegen – mit aller Entschiedenheit verteidigt wird.

## *7.2 Was ist damit gewonnen?*

Doch was und wem ist damit geholfen? Was bringt die Analyse der doppelten Unhaltbarkeit? Wäre es nicht besser und leichter, weiterhin Hoffnungserzählungen anzubieten und das, was von der Nachhaltigkeitsforschung allenthalben gefordert wird: konstruktive Lösungsvorschläge für konkrete Probleme? In Kapitel 1.4 hatte ich gesagt, das Buch ziele darauf, einen nachhaltigkeitssoziologischen Beitrag zur Theorie der Spätmoderne und einen gesellschaftstheoretischen Beitrag zur Nachhaltigkeitssoziologie zu leisten. Sowohl auf Seiten der Nachhaltigkeitssoziologie hatte ich Defizite festgestellt als auch auf Seiten der Theorie der Spätmoderne. Erstere befasst sich im Eifer ihrer Transformationsagenda viel zu wenig mit den Realitäten der spätmodernen Gesellschaft und ihrer Politik der Nicht-Nachhaltigkeit. Letztere berücksichtigt zu wenig die Bedeutung des großen, ökologischen Aufbruchs der siebziger Jahre, der den Hintergrund für die traumatische Erfahrung der Spätmoderne bildet. Beide sind sehr in verblassenden Normen befangen, und vor lauter Konzentration auf die Transformation, die sie herbeiführen wollen, laufen sie Gefahr, die tatsächlich beobachtbare aus dem Blick zu verlieren. Doch eine »den Prämissen ihres Forschungsgegenstandes unreflektiert aufsitzende und in diesem Sinne unkritische Soziologie«, betonte Beck richtig, verfehlt »ihre ureigenste Aufgabe«: Sie »bricht nicht mit den, sondern verfällt den Bornierungen der gesellschaftlichen Selbstbeschreibungen und bleibt daher unfähig, das, was die soziale und politische Wirklichkeit bewegt und in Stücke reißt, empirisch-analytisch in den Blick zu nehmen«.[13] Genau da liegt der Grund, warum die aktuelle Umweltsoziologie, die sich in weiten Teilen weiterhin als transformative Soziologie der Nachhaltigkeit versteht, den Sprung in die Soziologie der Nicht-Nachhaltigkeit nicht schafft und warum sich weite Teile der kritischen Soziologie schwer damit tun, das Wesen der Spätmoderne zu erfassen.

Mein zunächst vor allem diagnostisch ausgerichteter Ansatz jenseits von Pessimismus und Optimismus wird in gewisser Hinsicht treffend mit Becks Hinweis beschrieben, durch die Dialektik der Modernisierung entstehe »eine *andere* Gesellschaft, eine *andere* Moderne, die vielleicht keinen Deut besser in irgendeinem Sinne des Wortes ist«, aber eben »so andersartig, daß dies die Neugierde und das Geschäft des Soziologen weckt und belebt«.[14] Diese Aussage weist unverkennbar über Becks eigene Arbeiten zur zweiten Moderne hinaus. Sie lässt sich aber direkt auf die soziologische Beschäftigung mit der Unhaltbarkeit und Metamorphose der Spätmoderne beziehen. Gerade nach und wegen der Krise des ökoemanzipatorischen Projekts, das die Ideale der Auf-

13 Beck 2007, S. 371 f.
14 Beck 1993, S. 66; vgl. auch Beck 2007, S. 375 ff.

klärung noch einmal auffrischen, aktualisieren und ökologisch erden wollte, haben die Sozialwissenschaften keine verlässlichen Kriterien mehr, anhand deren sie die neue, dritte Moderne, die da gerade heraufzieht, als besser oder schlechter bezeichnen könnten. Aus der Perspektive der zweiten Moderne und des ÖEP ist die beobachtbare Metamorphose spätmoderner Gesellschaften freilich ein Abgrund. Gesellschaftstheoretisch betrachtet ist die sich in Konturen abzeichnende neue Moderne aber tatsächlich vor allem *anders*. Und das weckt die Neugierde und das Interesse des Soziologen – dessen »Geschäft« sich angesichts der spätmodernen Normenschwäche immer stärker auf die beschreibende und erklärende Dimension beschränken muss.

Jenseits der soziologischen Neugierde und des Versuchs, die spätmoderne Zeitenwende begrifflich zu fassen und zu verstehen, liegt mein Interesse allerdings auch darin, aus der Konfliktspirale auszubrechen, in der spätmoderne Gesellschaften gefangen sind. Eine erhebliche Bedrohung liegt in der Spätmoderne nämlich nicht nur in der rasanten Zerstörung biophysischer Systeme, sondern auch darin, dass alle Normen zu ihrer Bewertung deutlicher denn je als letztlich unbegründbare Fundamentalismen und kontingent erkennbar sind. Gerade das macht die Spätmoderne so unsicher, gereizt, polarisierend und explosiv. Radikaler, selbstreferentieller Fundamentalismus tritt an die Stelle von rationaler Begründung und Rechtfertigung, ist aber notorisch hypersensibel und prekär. Auch das Klimathema und das ÖEP werden in dieser Konstellation zur Glaubensfrage, zum Kulturkampf, zum radikalen Spaltungsthema und zur harten, ideologisierten Konfrontation. Mit ihren angesprochenen Abwehrreflexen sowie ihren soziologisch kaum begründbaren Hoffnungsnarrativen treibt die Soziologie diese Konfliktspirale selbst mit an: Die stetige Erneuerung der Befreiungs-, Hoffnungs- und Lösungsnarrative erzeugt immer neue Enttäuschungs- und Frustrationspotenziale.[15]

Gerade vor dem Hintergrund des ökoemanzipatorischen Glaubens an die Rationalität, Vernunft und Mündigkeit, an die eigene moralische und kognitive Überlegenheit und gesamtgesellschaftliche Verantwortungsrolle, wiegt die Ernüchterung für die Vorkämpfer des ÖEP schwer. Sie waren fest davon überzeugt gewesen, als Avantgarde die (Welt-)Gesellschaft »zur ökoemanzipatorischen Vernunft bringen« zu müssen. In der Spätmoderne zerbrechen diese Weltsicht und Selbstverständnisse, und die Ernüchterung führt, zumindest in Teilen der Gesellschaft, zu einer Intensivierung der Kampagne und entsprechend zu einer Intensivierung der Widerstände. Es eröffnet sich eine Perspektive der zunehmenden Polarisierung, des Konflikts und der Gewalt. Der Mehrwert der hier unternommenen Analyse liegt vor diesem Hintergrund vielleicht nicht zuletzt darin, dass sie die spätmoderne Traumatisierung sichtbar macht und in ihren Ursachen erklärt. Sie könnte zu einem Verständnis und damit zur Entschärfung spätmoderner Konflikte und Polarisierungen beitragen. Gleichzeitig eröffnet sie eine neue Perspektive auf verschiedene Phänomene der Spätmoderne und macht sie

15 Vgl. auch Berlant 2011.

als Bewältigungsstrategien der doppelten Unhaltbarkeit erkenn- bzw. interpretierbar.

### *7.3 Zur Bewältigung des Traumas*

Zu diesen Bewältigungsstrategien gehört zuallererst die bereits in Kapitel 1 angesprochene Ablenkungs- und Zerstreuungsindustrie. In der Spätmoderne helfen gerade das Smartphone und die sozialen Medien, dass sich Gelegenheiten zur Reflexion auf die Unhaltbarkeit(en) gar nicht erst einstellen. Wichtig ist zweitens die ebenfalls bereits besprochene komplexitätsreduzierende Abkehr vom Öffentlichen und Politischen und der neobiedermeierliche Rückzug ins Familiäre und Private. Auch die beschriebenen Abwehrreflexe blockieren die Wahrnehmung und Reflexion der doppelten Unhaltbarkeit. Sie blenden die »fatalen Folgen« der reflexiven Modernisierung und der dreifachen Dialektik aus, vor denen bereits Beck warnte. Denselben Zweck erfüllt die »Firewall« aus Hoffnungs- und Vertröstungsnarrativen. Unermüdlich betonen und versichern deren Konstrukteure, das notwendige Verständnis, die erforderlichen Kriterien, die effektiven Technologien und der politische Wille seien nunmehr vorhanden, der richtige Weg sei bereits eingeschlagen worden und müsse jetzt nur noch beschleunigt und entschlossen verfolgt werden – und stabilisieren damit die bröckelnden Gewissheiten und Selbstverständnisse der zweiten Moderne.

Zu diesen Bewältigungsstrategien gehören weiter auch die Verschwörungstheorien, die in der Spätmoderne viele Anhänger finden. An dem Punkt, da der Glaube zusammenbricht, dass das Subjekt als unterschiedenes, autonomes und als Steuermann der Welt gegenüberstehe und sie nach seinem Willen und nach seinen Prinzipien gestalten könne und stattdessen überall Kontrollverlust, geringe Gestaltbarkeit, Unregierbarkeit und die Vorherrschaft von unerwarteten Nebenwirkungen erfahrbar werden, bekommen Verschwörungstheorien Konjunktur. Carolin Amlinger und Oliver Nachtwey beschreiben sie treffend als den Versuch einer »epistemische[n] Resouveränisierung, die die Kränkung des spätmodernen Subjekts kitten soll«. Verschwörungserzählungen »kompensieren die Realität der Schranken und Entbehrungen«, so führen sie aus, »indem sie ein Phantasma der Souveränität über exklusive Wissensbestände konstituieren«.[16] Verschwörungstheorien und die Bewegungen, in denen sie gepflegt werden, sind aber in einem noch umfassenderen Sinne Bewältigungsstrategien: Sie bestätigen den modernistischen Glauben an die Gestalt- und Steuerbarkeit, verorten diese aber nur noch bei den Eliten. Sich selbst verstehen die Anhänger solcher Theorien demgegenüber als machtlos, ausgeliefert, entrechtet und daher – in einem durchaus emanzipatorischen Sinne – auch von jeglicher Verpflichtung und Verantwortung für das von den Eliten definierte und eingeforderte Allgemeine entbunden. Hier vereint sich also das Festhalten am modernistischen Glauben an die Autonomie des Subjekts, die allerdings nur noch den Eliten zugesprochen wird, mit der spätmodernen

16 Amlinger und Nachtwey 2021, S. 17.

Befreiung von diesem Ideal und den Verpflichtungen, die mit ihm verbunden sind. Was in den Querdenker- und Verschwörungsdiskursen performativ bewältigt wird, ist entsprechend nicht einfach »die Realität der Schranken und Entbehrungen«, sondern auch der spätmoderne Widerspruch zwischen der Verteidigung und der emanzipatorischen Entäußerung modernistischer Subjekt- und Autonomieverständnisse.

Gleichzeitig geben diese Diskurse ihren Kritikern Gelegenheit, sich ihrer eigenen normativen Klarheit und Urteilsfähigkeit zu versichern. Für sie wird die entschiedene Abgrenzung von den als irrational und abgedriftet kategorisierten Anhängern solcher Theorien zum Beweis für die eigene Rechtschaffen- und moralische Überlegenheit. So betreiben die Querdenker und diejenigen, die die »Flut des Verschwörungsdenkens« als »demokratiepolitisch gefährlich«, als »regressive Form [...] nachtraditionaler Vergemeinschaftung« und als »aggressive« und »destruktive« Bedrohung der »gesellschaftlichen Ordnung« zurückweisen,[17] von entgegengesetzten Seiten her kommend gemeinsam die Befestigung bzw. performative Wiederherstellung der normativen Kategorien, die in der Spätmoderne zerfallen. Innerhalb des Raums der radikalen Orientierungs- und Haltlosigkeit brauchen sie sich gegenseitig als Referenzpunkt, um ihr Verteidigungs- oder Simulationsprojekt aufrechtzuerhalten und so das Dilemma der Spätmoderne zu bewältigen.

17 Ebd., S. 19 und 18 sowie Amlinger und Nachtwey 2022, S. 321 und 303.

In einem ähnlichen Sinne lassen sich aus der Perspektive der hier entfalteten Analyse auch soziale Bewegungen und ihre »Neue Politik« verstehen. Große Teile der Bewegungsforschung und der Nachhaltigkeitssoziologie sehen beide immer noch vor allem als Avantgarden und Pioniere einer befreiteren, demokratischeren und sozialökologisch nachhaltigeren Gesellschaft im Sinne des ÖEP. In der Spätmoderne verlieren solche Deutungsansätze aber zunehmend ihre Plausibilität: Es wird immer offensichtlicher, dass in diesen Bewegungen und in den vielfältigen, vor allem urbanen Initiativen nicht primär alternative Formen des Lebens und Zusammenlebens ausprobiert und eingeübt – präfiguriert – werden, die auf längere Sicht gesamtgesellschaftlich die etablierte Ordnung der Nicht-Nachhaltigkeit ablösen werden. Im Licht der doppelten Unhaltbarkeit müssen diese Initiativen neu interpretiert werden: Sie erscheinen nun immer mehr als Rückzugsgefechte und Bewältigungsort der »gekränkten Freiheit«, als die Nachhut oder Nachlassverwalter der zweiten Moderne. Die subpolitische Nische für die Experimente für eine nachhaltige Zukunft verwandelt sich in einen Rückzugs- und Erlebnisraum für die »sterbende Illusion«. Die Pioniere der SÖT werden zur Avantgarde des Lebens in den sozialen, politischen, ökologischen und kulturellen Ruinen des Liberalismus, des ÖEP und der westlichen Moderne.

Auch für Harriet Bulkeley, eine der bekanntesten Forscherinnen zu diesem Thema, ist die experimentelle Politik eine Bewältigungsstrategie. Bulkeley bezieht sich nicht speziell auf die Subpolitik im Sinne Becks, sondern sieht auch in der institutionalisierten, offiziellen

Politik eine Wende zum Experimentellen. Die umfassende Unsicherheit nach dem Zerfall des modernistischen Politikverständnisses, das davon ausgeht, dass ein Problem zunächst klar definiert wird, dann passende Lösungsansätze gesucht werden, die dann wiederum in gezielter und koordinierter Weise umgesetzt werden, argumentiert Bulkeley, erzwinge diese Wende. Sie sieht experimentelle Politik also nicht mehr als das optimistisch-avantgardistische Ausprobieren von alternativen, nachhaltigen Lebens- und Gesellschaftsformen, sondern als den alternativlosen Versuch politischer Entscheidungsträger, die zunehmende Unklarheit über Problemdefinitionen, Lösungsrezepte und Zielvorstellungen zu navigieren. Spätmoderne Gesellschaften haben nach ihrem Verständnis angesichts dieser Unklarheit keine andere Option. Sie sind zum herumtastenden Experimentieren verdammt.[18]

Gerade die experimentelle Politik zivilgesellschaftlicher Bewegungen und Initiativen lässt sich aber spezieller als eine Bewältigungspraxis für das Wegbrechen der Glaubenssätze und Selbstverständnisse des ÖEP verstehen sowie für den spätmodernen Widerspruch zwischen der Forderung nach mehr Autonomie, Partizipation, Gestaltungsmacht und Verantwortlichkeit auf der einen Seite und deren emanzipatorisch-entlastenden Aufkündigung auf der anderen. Experimentelle Politik ist dann weniger die Suche nach Lösungen, nach Alternativen, sondern die Simulation der Relevanz und Of-

18 Vgl. z.B. Bulkeley 2023; in einem affirmativen Sinne dazu auch Overdevest et al. 2010.

fenheit der ÖEP-Fragen »Wie wollen wir leben?«, »In was für einer Welt wollen wir leben?«. In einer Gesellschaft, die, mit Philipp Staab zu sprechen, den »modernen Begriff der Emanzipation« verabschiedet und durch das Leitbild der »entlastenden Anpassung« ersetzt hat; im Anthropozän, das das modernistische Subjekt-Welt-Verhältnis zunehmend anachronistisch macht,[19] hat es eigentlich keinen Sinn mehr, diese Fragen noch zu stellen, und es gibt auch keine belastbare Grundlage mehr, auf der sich eine kollektive Antwort finden und umsetzen ließe. Die experimentelle Politik schafft aber einen Diskurs- und Erlebnisraum, in dem die Sinnhaftigkeit dieser Fragen rekonstituiert und erfahrbar gemacht werden kann. Soziale Bewegungen und ihre experimentelle Politik sind nach dieser Lesart also gerade im Interregnum nicht zuletzt ein Erlebnisraum für die performative Wiederherstellung und Erfahrung, die Simulation,[20] von Gestaltbar- und Steuerbarkeit sowie Gestaltungs- und Steuerungsfähigkeit und -willigkeit im Sinne des ÖEP. Jenseits der zukunftsorientierten und transformativen Selbstbeschreibungen, die sie pflegen, lassen sie sich als in einem doppelten Sinn regenerativ verstehen: Sie erwecken das Überholte noch einmal zum Leben, machen es erfahrbar; und sie bieten damit eine Auszeit von der Normalität, eine alternative Welterfahrung, die spezifisch modernistische Bedürfnisse erfüllt, aber nicht auf Dauer gestellt werden kann und soll, weil das emanzipatorische Errungenschaften bedrohen würde, die

19 Vgl. Kapitel 3.2.
20 Vgl. Blühdorn 2007b, 2013.

nicht verhandelbar sind.[21] Gerade in der Phase des Interregnums klagt die spätmoderne Gesellschaft sich selbst an. Sie erkennt, dass diese emanzipatorischen Errungenschaften darauf beruhen, dass sie anderen verweigert werden,[22] und braucht daher diskursive Räume, in denen dieser Widerspruch bewältigt werden kann.

Schließlich lässt sich auch die auffällige Konjunktur des Themas »Resilienz« als eine Antwort auf das Trauma der Spätmoderne bzw. dritten Moderne interpretieren. Nachdem die zweite Moderne eher als Verlängerungs- denn als Transformationsprojekt erkennbar geworden ist; nachdem der vom ÖEP noch einmal aufgefrischte Glaube an die Steuerungsfähigkeit und Gestaltbarkeit sich zusammen mit der Idee des autonomen Subjekts als Illusion erwiesen hat bzw. im Zuge der reflexiven Modernisierung emanzipatorisch überwunden worden ist, erscheinen die Nebenwirkungen der ersten und zweiten Moderne zunehmend als unvermeidbar. »There is no alternative«, insbesondere, weil diese Nebenwirkungen nicht zuletzt im Zuge der emanzipatorischen Logik entstanden sind. Soziale Ungleichheit und Exklusion sind ebenso unvermeidbar Teil der neuen Moderne wie immer häufiger auftretende Krisen und Katastrophen. Das ist eine Realität, mit der spätmoderne Bürgerinnen und Bürger sich zu arrangieren versuchen. War für die zweite Moderne noch die große Transformation und Korrektur das Ziel, ist es für die dritte Moderne die Optimierung der Resilienz.

21 Vgl. Blühdorn 2006, 2023.
22 Vgl. Lessenich 2018.

Mehr noch als bei der Nachhaltigkeit, bei der dies ebenfalls immer schon angelegt war,[23] geht es bei Resilienz, schreibt der Soziologe Andreas Folkers, »darum, das Bestehende trotz perennierender Krisenlagen zu sichern«. Ihr Ziel sei vor allem, »die Kontinuität des je Gegenwärtigen im Angesicht immer neuer Bedrohungen zu gewährleisten«.[24] Mit der Konjunktur des Resilienzdiskurses findet gegenüber dem ÖEP somit eine deutliche Verschiebung statt. Es geht nicht mehr darum, neue emanzipatorische Räume für die progressive Verwirklichung von Gleichheit und Selbstbestimmung zu erschließen, sondern darum, die Abfederungs- und Absorptionskapazität zu erhöhen. Das bezieht sich einerseits auf das gesamtgesellschaftliche System, das in die Lage versetzt werden soll, nach externen Schocks möglichst schnell und umfassend seine vorherige Form und Funktionsfähigkeit wiederherzustellen. Noch wichtiger ist aber die individuelle Dimension. Bereits im Nachhaltigkeitsdiskurs lag immer viel Gewicht auf der Verantwortung des Individuums, auf individuellem Verhalten und auf der individuellen Entscheidung. Damit griff das Nachhaltigkeitsparadigma den ökoemanzipatorischen Glauben an die individuelle Selbstbestimmung, Gestaltungsmacht und Selbstverwirklichung auf. Beim Resilienzprojekt geht es nun wesentlich darum, dass das spätmoderne Individuum sich in die Lage versetzt, möglichst wenig »an sich heranzulassen«. Resilient ist, wer eine »dicke Haut« hat und viel »an sich abperlen«

23 Vgl. Kapitel 6.2.
24 Folkers 2022, S. 250.

lassen kann. Hatte die Umweltbewegung der achtziger Jahre noch einen *Betroffenheitskult* betrieben,[25] geht es in der Spätmoderne also darum, sich vom Unabänderlichen möglichst nicht berühren zu lassen. Hilfreich ist da nicht zuletzt die Rückerinnerung, dass Umweltprobleme ohnehin nie objektiv problematisch, sondern stets subjektiv wahrgenommene Normverletzungen sind. Entsprechend wird genau dort auch der Ansatzpunkt für effektive Gegenmaßnahmen verortet: Problembewältigung nicht durch Veränderung der gesellschaftlichen (Natur-)Verhältnisse, sondern durch Veränderung ihrer subjektiven Wahrnehmung. Resilienz bedeutet also individuelle und kollektive Desensibilisierung gegenüber der Normverletzung.[26]

In der Literatur ist die Konjunktur des Themas Resilienz immer wieder, und durchaus zu Recht, auf die Hegemonie des Neoliberalismus und seiner Ideologie der Selbstverantwortlichkeit zurückgeführt worden, um dann »Emanzipation« und »Transformation« als Gegenstrategien einzufordern.[27] Dieser Ansatz lässt aber außer Acht, dass die spätmoderne Notwendigkeit, resilient zu werden, nicht allein auf die Verheerungen des Neoliberalismus zurückgeht, sondern eben auch auf die unerwarteten Nebenfolgen, die Siegkrise, des ÖEP selbst. Wer in der dritten Moderne, in der Gesellschaft der Ungleichheit und Exklusion, auf der Seite der Verlierer sitzt, ist resilient, wenn er sich durch seine Ausgrenzung und seine »gekränkte Freiheit« möglichst nicht

25 Stephan 1993.
26 Vgl. auch Graefe 2019.
27 Z.B. ebd.

aus der Bahn werfen lässt, sondern sich – materiell und psychologisch – mit den Verhältnissen zu arrangieren versucht. Wer sich auf der Gewinnerseite wiederfindet, muss sich dagegen unempfindlich und unempfänglich machen für die soziale und ökologische Verwüstung, die mit »seiner Freiheit«, »seinen Werten« und »seinem Lebensstil« unzertrennlich verbunden sind. Hier bedeutet Resilienz, mit der kognitiven und ethischen Dissonanz leben zu lernen. In beiden Hinsichten können unter anderem ökosoziale Bewegungen und Initiativen der Zivilgesellschaft einen substanziellen Beitrag leisten.[28]

## *7.4 Kritische Soziologie, transformative Nachhaltigkeitsliteratur, politische Bildung*

So eröffnet die in diesem Buch entfaltete Analyse innovative Perspektiven auf verschiedene Phänomene der spätmodernen Gesellschaft, die es verdienen würden, an geeigneter Stelle genauer verfolgt zu werden. Für die kritische Soziologie, die transformative Nachhaltigkeitsforschung und auch die politische (Nachhaltigkeits-) Bildung bringt die These von der doppelten Unhaltbarkeit der spätmodernen Gesellschaft und des ökoemanzipatorischen Projekts, das deren Krise lösen sollte, aber fundamentale Probleme. Wenn es richtig ist, dass in der heraufziehenden dritten Moderne die Basisprinzipien der ersten und zweiten Moderne ausgezehrt sind

28 Vgl. z. B. Wakefield 2018; MacGregor 2019.

und verabschiedet werden, hat die kritische Soziologie keine belastbaren Maßstäbe der Kritik mehr, die Umweltsoziologie keine klaren Transformationsperspektiven und die politische Bildung keine pädagogischen Leitbilder. »Gegenüber dem Horizont, der sich in der Negation der Basisprinzipien der Moderne auftut«, so Ulrich Beck, »wirkt der große Teil der Kulturkritik veraltet, gleichsam idyllisch [...] oder sogar schlicht affirmativ.«[29] Das gilt noch viel mehr, wenn es nicht nur um die »Negation« der Basisprinzipien der Moderne geht, die Beck als Schritt in die »Anti-Moderne« sah,[30] sondern um deren emanzipatorische Verabschiedung, die in die dritte Moderne führt. Was Beck als Idyll bezeichnete, entspricht dem, was ich im Vorausgegangenen wiederholt das »soziologische Stammesfeuer« genannt habe. Und was er über die Kulturkritik sagte, gilt für wesentliche Teile der umweltsoziologischen Literatur, die für sich in Anspruch nimmt, kritisch und progressiv zu sein, so tut, als habe sie normative Maßstäbe, anhand deren sich die Gesellschaft kritisieren und transformieren lässt, und letztlich vor allem die Ordnung der Nicht-Nachhaltigkeit befestigt.

Die kritische Soziologie befindet sich in dem Dilemma, dass sie sich, um ihrer sozial-theoretisch-diagnostischen Selbstverpflichtung gerecht werden zu können, der emanzipatorischen Verabschiedung der modernistischen Idee des autonomen Subjekts stellen müsste. Wenn sie dies aber tut, verliert sie die normative Grundlage für

29 Beck 2007, S. 404.
30 Ebd., S. 412f.

ihre kritische und transformative Agenda, der sie sich gleichermaßen verpflichtet fühlt. Oder anders formuliert: Angesichts der reflexiven Modernisierung und der dreifachen Dialektik kann die kritische Soziologie nicht mehr an ihren emanzipatorisch-kritischen Maßstäben festhalten. Wenn sie dies trotzdem tut, verstärkt sie weiter die Nicht-Nachhaltigkeit, so wie es auch früheren Versuchen, die Gesellschaft kritisch-emanzipatorisch zu verändern, als nichtintendierte Nebenwirkung immer wieder ergangen ist. Die Soziologie wird dann – im Habitus der Kritik – affirmativ und zur Komplizin der Ordnung der Nicht-Nachhaltigkeit. Bereits bei Horkheimer und Adorno heißt es: »Es gehört zum heillosen Zustand, daß auch der ehrlichste Reformer [...] durch Übernahme des eingeschliffenen Kategorienapparats und der dahinter stehenden schlechten Philosophie die Macht des Bestehenden verstärkt, die er brechen möchte.«[31] Zwischenzeitlich – in Kapitel 4 habe ich das gründlich ausgeführt – hatte man gehofft, mit der ökologischen Krise böte sich ein neuer, sicherer Bezugspunkt für Kritik und Transformation. Während die »Übermacht der Marxistischen Theorie« zuvor zu einer »Versteinerung der Kritik« geführt habe, hoffte Beck, könne »die Gesellschaftskritik jetzt neu Atem schöpfen«.[32] Und während bisher immer nur intellektuelle Eliten »mehr oder weniger gut gerechtfertigte Maßstäbe an die Gesellschaft anlegen und diese danach (und oft gegen das Selbstverständnis der Betroffenen) be- und ver-

31 Horkheimer und Adorno 1969 [1944], S. 14.
32 Beck 1993, S. 53 und 54.

urteilen« konnten, ermögliche die reflexive Moderne nun eine »Demokratisierung der Kritik« und eine »gesellschaftliche Selbstkritik«.[33]

In der Spätmoderne hat genau diese Demokratisierung die normative Kraft der Kritik ausgehebelt. Eine kritische Soziologie, die (sich) nun an ihren hergebrachten Kategorien festhält, kann zum Verständnis der Spätmoderne und der *nächsten Gesellschaft* nur wenig beitragen. Sie ist dann – um im oben aufgemachten Bild zu bleiben – vor allem Teil des Palliativteams, das die spätmoderne Schmerztherapie organisiert. Wenn sie sich aber auf die deskriptiv-explanatorische Seite ihres Geschäfts konzentriert und sich bemüht zu erklären, warum etwa die Erzählungen der Degrowth-Bewegungen, des Postkapitalismus oder der experimentellen Politik sozialtheoretisch auf Sand gebaut sind, könnte sie darüber hinaus Enttäuschungs- und Frustrationspotenziale vermindern. Indem sie transparent macht, welche normativen Annahmen den Warnungen und Versprechen zugrunde liegen, die in den ökoemanzipatorischen Mobilisierungsdiskursen eine zentrale Rolle spielen; indem sie klärt, auf was für Verständnissen gesellschaftlicher Strukturen und Veränderungsdynamiken solche Warnungen und Versprechen beruhen und in welchem Maße solche Verständnisse begründet sind, kann sie das Syndrom der »gekränkten Freiheit« auch von der präventiven Seite her bearbeiten – läuft dabei aber Gefahr, als affirmativ wahrgenommen zu werden und als Steigbügelhalter für die, die das ÖEP und seine Werte verabschieden wollen.

33 Ebd., S. 54 und 53; vgl. auch Kapitel 4.

Die transformative Nachhaltigkeitsliteratur steckt in demselben Dilemma. Sie will verändern, Perspektiven aufzeigen und Hoffnung machen. Sie gibt Einführungen *In die Kunst gesellschaftlichen Wandels*, formuliert Leitfäden für den *Aufbruch in die Welt von morgen* und entwickelt Ideen, *Wie Gesellschaften zukunftsfähig werden* könnten.[34] Aber spätmoderne Gesellschaften blicken auf mehr als fünf Jahrzehnte solcher Hoffnungserzählungen zurück, und die Grenzen dieses Ansatzes sind überdeutlich. Angesichts der sich weiter zuspitzenden Krisen wird ihre stetige Erneuerung zunehmend grausam.[35] Ihr vermeintlicher Optimismus produziert letztlich Frustration, denn was als Transformationsstrategie präsentiert wird, verlängert und vertieft in Wahrheit die Nicht-Nachhaltigkeit. Zumindest für die Teile dieser Literatur, die sich nicht bloß als populäre Hoffnungsliteratur verstehen, die den Anspruch sozialwissenschaftlicher Ernsthaftigkeit erheben und die bereit sind, auf die eigene Verstrickung in die nachhaltige Nicht-Nachhaltigkeit zu reflektieren, wäre es daher an der Zeit, die transformativen Ambitionen zurückzustellen und sich zunächst sehr viel genauer mit der Realität (spät)moderner Gesellschaften zu befassen. Die Aufgabe wäre, sehr viel gründlicher – und auch jenseits der ausgetretenen Erklärungspfade – auszuleuchten, wie und warum es zur Nicht-Nachhaltigkeit gekommen ist und wie und warum spätmoderne Gesellschaften ihre Politik der Nicht-Nachhaltigkeit aufrechterhalten, welcher

34 Schneidewind 2018; Göpel 2022; Luks 2023.
35 Vgl. Berlant 2011.

Preis dafür bezahlt wird und wie die Implikationen der nachhaltigen Nicht-Nachhaltigkeit faktisch bewältigt werden. Statt weitere Transformationsbücher vorzulegen, die von der Realität spätmoderner Gesellschaften weitgehend abgekoppelt sind, ginge es darum, gezielt eine Soziologie der Nicht-Nachhaltigkeit zu entwickeln.

Mehr noch als die transformative Nachhaltigkeitsliteratur verbleiben die Theorie und Praxis der politischen Bildung bzw. der Nachhaltigkeitsbildung in Becks »Idyll«. In geradezu anrührender Einfalt reproduziert die einschlägige Literatur die Werte und Glaubenssätze des ÖEP und zeigt wenig Bewusstsein dafür, dass diese Basisprinzipien in der Spätmoderne anachronistisch (Kapitel 3), reflexiv modernisiert (Kapitel 5), emanzipatorisch überholt (Kapitel 6) und nachhaltigkeitspolitisch kontraproduktiv geworden sein könnten. Ihrem eigenen Verständnis nach zielt politische Bildung auf Mündigkeit, Autonomie, eigenständige Persönlichkeitsentwicklung etc.[36] Sie will Denk- und Entwicklungsräume öffnen, Pluralität, Toleranz und Offenheit fördern und Platz für Utopien der Nachhaltigkeit schaffen. Aber tatsächlich ist sie weder utopisch noch offen, sondern vollständig befangen in der Normativität und Agenda der zweiten Moderne. Sie spricht von einer »partizipatorischen und emanzipatorischen Bildung«, ist überzeugt, dass auch die Nachhaltigkeitstransformation »demokratisch und partizipativ angelegt sein« muss, und betrachtet vor allem »young citizens als change

36 Vgl. z.B. die »Frankfurter Erklärung« zur politischen Bildung von 2015.

agents«.[37] Die Dilemmata der Dialektik der Demokratie reflektiert sie dabei ebenso wenig wie die der Dialektik der Emanzipation und hat damit keinen Zugang zur Realität der Spätmoderne. Sie stemmt sich gegen den Rechtsruck, der sich laut jüngeren Analysen allerdings gerade auch bei denen zeigt, die von der politischen Bildung als primäre »change agents« betrachtet werden.[38] Sie hat keine Kriterien, um das »gute« politische Engagement, das sie verstärken will, von dem »schlechten«, das sie schlicht als »populistische Politiksurrogate« kategorisiert,[39] zu unterscheiden, und zeigt kein Bewusstsein für die Verzahnung der »emanzipatorischen« Politisierung mit der verbreitet als »regressiv« bezeichneten.

Nichts davon ist verwunderlich und vorwerfbar, denn tatsächlich ist unklar, wie eine politische Bildung aussehen könnte, die sich von diesen Glaubenssätzen trennt oder ihre Unhaltbarkeit reflektiert. Es gibt keinen Ersatz für sie. Ihre eigenen Abgründe und Dilemmata erklärt sich die Theorie der politischen Bildung daher schlicht als »willkommene Lerngelegenheiten«. Die politische Bildung solle und könne dazu beitragen, eine Gesellschaft »resilienter« gegenüber Kräften der politischen Destabilisierung zu machen.[40] Das kann sie aber wohl nur im oben beschriebenen Sinne von Resilienz. Denn angesichts ihrer nicht zuletzt emanzipatorischen Ursachen gibt es keinen Grund zu der Annahme, dass

37 Kenner und Nagel 2022, S. 102f.

38 Vgl. die Analysen zum Wahlverhalten junger Bürgerinnen und Bürger oder z.B. Decker und Brähler 2022.

39 Kolleck 2020, S. 16.

40 Kenner und Nagel 2022, S. 108 und 113.

politische Bildung die Ordnung der Nicht-Nachhaltigkeit – Ungleichheit, Exklusion, Spaltung, Polarisierung, Abgrenzung, Ausgrenzung, Abschiebung – verändern und die gesellschaftlichen Entwicklungstendenzen, gegen die sie sich stemmt, bremsen oder gar abwenden könnte. Immerhin öffnet sie aber diskursive Räume, in denen das Bekenntnis zu den Werten, die in der Spätmoderne zunehmend verabschiedet werden – Inklusion in ein gutes Leben für alle in ökologischen Grenzen, Ethik des Miteinander, Demokratie, Verantwortlichkeit –, weiter gepflegt werden kann, während realgesellschaftlich die entgegengesetzte Logik gezielt forciert wird. Auch hier geht es also um die Gleichzeitigkeit des Widersprüchlichen. Derartige Simulationsdiskurse sind Bewältigungsstrategien für die kognitiven und ethischen Dissonanzen der Spätmoderne und wirken gleichzeitig beruhigend und befriedend auf die Ausgeschlossenen, an deren faktischer Inklusion gerade diejenigen kein Interesse haben können, die ihre emanzipatorischen Errungenschaften zu sichern versuchen. So wird auch die politische Bildung – gegen ihren Willen und ohne es vermeiden zu können – affirmativ und komplizenhaft.

Die kritische Soziologie, die transformative Nachhaltigkeitsliteratur und die politische Bildung leiden also gleichermaßen unter dem Syndrom, dass in der Spätmoderne und der dritten Moderne die Unterscheidung zwischen kritisch und affirmativ, progressiv und regressiv, transformativ und stabilisierend immer schwieriger wird. Für alle drei führen die reflexive Modernisierung und die dreifache Dialektik in ein nicht auflösbares Dilemma: Ob sie sich kritisch-emanzipatorisch gegen die

Metamorphose der Moderne stemmen oder sich auf das Verstehen und Erklären ihrer Unhaltbarkeit(en) beschränken, in beiden Fällen werden sie zu Komplizen der Nicht-Nachhaltigkeit und affirmative Wegbereiter der Dritten Moderne. Was Eugen Roth als »Leider« bezeichnete – »am längsten, leider, hält, das Unhaltbare auf der Welt« – und was die ökoemanzipatorischen Bewegungen nach Kräften bekämpften, nämlich diese Haltbarkeit des Unhaltbaren, wird angesichts dieses Dilemmas plötzlich zur Hoffnung: Im Interregnum spenden die auffällig haltbaren, aber letztlich doch unhaltbaren Simulationsdiskurse und idyllischen Stammesfeuerdebatten der kritischen Soziologie, der transformativen Nachhaltigkeitsliteratur und der politischen Bildung Linderung und Trost. Das ökoemanzipatorische Projekt und eine sozialökologische Transformation können sie wohl nicht mehr voranbringen; die Metamorphose in die dritte Moderne werden sie kaum aufhalten. Leider! Auf dem Weg in die andere Moderne helfen sie jedoch, das Trauma der doppelten Unhaltbarkeit zu bewältigen – bis der Schmerz langsam nachlässt und in der *nächsten Gesellschaft* vielleicht schließlich vergeht.

# Literaturverzeichnis


Agamben, Giorgio (2004), *Ausnahmezustand*, Berlin: Suhrkamp.

Agamben, Giorgio (2013), »Die endlose Krise ist ein Machtinstrument«, in: *Frankfurter Allgemeine Zeitung*; online verfügbar unter: {https://www.faz.net/aktuell/feuilleton/bilder-undzeiten/giorgio-agamben-im-gespraech-die-endlose-krise-ist-einmacht instrument-12193816.html}.

Agamben, Giorgio (2021), *An welchem Punkt stehen wir? Die Epidemie als Politik*, Wien: Turia + Kant.

Albert, Mathias/Klaus Hurrelmann/Gudrun Quenzel (2019), »Jugend 2019. Eine Generation meldet sich zu Wort«, 18. Shell Jugendstudie, München: Beltz Verlag.

Allen, Amy (2015), »Emancipation without Utopia: Subjection, Modernity, and the Normative Claims of Feminist Critical Theory«, in: *Hypatia* 30/3, S. 513-529.

Amlinger, Carolin/Oliver Nachtwey (2021), »Sozialer Wandel, Sozialcharakter und Verschwörungsdenken in der Spätmoderne«, in: *Aus Politik und Zeitgeschichte* 35-36, S. 13-19.

Amlinger, Carolin/Oliver Nachtwey (2022), *Gekränkte Freiheit. Aspekte des Libertären Autoritarismus*, Berlin: Suhrkamp.

Augstein, Jakob (Hg.) (2017), *Reclaim Autonomy. Selbstermächtigung in der digitalen Weltordnung*, Berlin: Suhrkamp.

Aulenbacher, Brigitte/Richard Bärnthaler/Andreas Novi (2019), »Karl Polanyi, ›The Great Transformation‹ and Contemporary Capitalism«, in: Themenheft *Österreichische Zeitschrift für Soziologie* 44/2.

Baecker, Dirk (2007), *Studien zur nächsten Gesellschaft*, Frankfurt/M.: Suhrkamp.

Baecker, Dirk (2018), *4.0 oder Die Lücke, die der Rechner lässt*, Leipzig: Merve Verlag.

Barry, John/Wissenburg, Marcel (Hg.) (2001), *Sustaining Liberal Democracy. Ecological Challenges and Opportunities*, New York: Palgrave.

Bauman, Zygmunt (1999), *In Search of Politics*, Cambridge: Polity Press.

Bauman, Zygmunt (2003), *Flüchtige Moderne*, Frankfurt/M.: Suhrkamp.

Bauman, Zygmunt (2017), *Retrotopia*, Berlin: Suhrkamp.
Beck, Ulrich (1986), *Risikogesellschaft. Auf dem Weg in eine andere Moderne*, Frankfurt/M.: Suhrkamp.
Beck, Ulrich (1988), *Gegengifte. Die organisierte Unverantwortlichkeit*, Frankfurt/M.: Suhrkamp.
Beck, Ulrich (1993), *Die Erfindung des Politischen*, Frankfurt/M.: Suhrkamp.
Beck, Ulrich (1995), *Die feindlose Demokratie. Ausgewählte Aufsätze*, Stuttgart: Reclam.
Beck, Ulrich (1997), *The Reinvention of Politics. Rethinking Modernity in the Global Social Order*, Cambridge: Polity.
Beck, Ulrich (2001) »Das Zeitalter des ›eigenen Lebens‹. Individualisierung als ›paradoxe Sozialstruktur‹ und andere offene Fragen«, in: *Aus Politik und Zeitgeschichte*, B29, S. 3-6.
Beck, Ulrich (2007), *Weltrisikogesellschaft. Auf der Suche nach der verlorenen Sicherheit*, Berlin: Suhrkamp.
Beck, Ulrich (2017), *Die Metamorphose der Welt*, Berlin: Suhrkamp.
Beck, Ulrich/Elisabeth Beck-Gernsheim (Hg.) (1994), *Riskante Freiheiten. Individualisierung in modernen Gesellschaften*, Frankfurt/M.: Suhrkamp.
Benson, Melinda H./Robin K. Craig (2017), *The End of Sustainability. Resilience and the Future of Environmental Governance in the Anthropocene*, Lawrence: University Press of Kansas.
Berlant, Laurent (2011), *Cruel Optimism*, Durham: Duke University Press.
Berlin, Isaiah (2006), *Freiheit: Vier Versuche*, Frankfurt/M.: Fischer.
Biermann, Frank (2014), *Earth System Governance: World Politics in the Anthropocene*, Cambridge, MA: MIT Press.
Biermann, Frank (2021) »The Future of ›Environmental Policy‹ in the Anthropocene: Time for a Paradigm Shift«, in: *Environmental Politics* 30/1-2, S. 61-80.
Block, Katharina/Sascha Dickel (2020), »Jenseits der Autonomie. Die De/Problematisierung des Subjekts in Zeiten der Digitalisierung«, in: *Behemoth. A Journal of Civilisation* 13/1, S. 109-131.
Blühdorn, Ingolfur (2000), *Post-Ecologist Politics. Social Theory and the Abdication of the Ecologist Paradigm*, London/New York: Routledge.
Blühdorn, Ingolfur (2006), »Self-Experience in the Theme Park of Radical Action? Social Movements and Political Articulation

in the Late-Modern Condition«, in: *European Journal of Social Theory* 9/1, S. 23-42.

Blühdorn, Ingolfur (2007a), »Self-Description, Self-Deception, Simulation: A Systems-Theoretical Perspective on Contemporary Discourses of Radical Change«, in: *Social Movement Studies* 6/1, S. 1-19.

Blühdorn, Ingolfur (2007b), »Sustaining the Unsustainable: Symbolic Politics and the Politics of Simulation«, in: *Environmental Politics* 16/2, S. 251-275.

Blühdorn, Ingolfur (2013), *Simulative Demokratie. Neue Politik nach der postdemokratischen Wende*, Berlin: Suhrkamp.

Blühdorn, Ingolfur (2016), »Sustainability – Post-Sustainability – Unsustainability«, in: Teena Gabrielson, Cheryl Hall, John M. Meyer und David Schlosberg (Hg.), *The Oxford Handbook of Environmental Political Theory*, Oxford: Oxford University Press, S. 259-273.

Blühdorn, Ingolfur (2017), »Post-Capitalism, Post-Growth, Post-Consumerism? Eco-Political Hopes Beyond Sustainability«, in: *Global Discourse* 7/1, S. 42-61.

Blühdorn, Ingolfur (2018) »Nicht-Nachhaltigkeit auf der Suche nach einer politischen Form. Konturen der demokratischen Postwachstumsgesellschaft«, in: *Berliner Journal für Soziologie* 28, S. 151-180.

Blühdorn, Ingolfur (2020a), *Nachhaltige Nicht-Nachhaltigkeit. Warum die ökologische Transformation der Gesellschaft nicht stattfindet*, mit Beiträgen von Felix Butzlaff, Michael Deflorian, Daniel Hausknost und Mirijam Mock, Bielefeld: transcript.

Blühdorn, Ingolfur (2020b), »Die Gesellschaft der Nicht-Nachhaltigkeit: Skizze einer umweltsoziologischen Gegenwartsdiagnose«, in: ders., *Nachhaltige Nicht-Nachhaltigkeit: Warum die ökologische Transformation der Gesellschaft nicht stattfindet*, Bielefeld: transcript, S. 83-160.

Blühdorn, Ingolfur (2020c), »Demokratie der Nicht-Nachhaltigkeit. Begehung eines umweltpolitischen Minenfelds«, in: ders., *Nachhaltige Nicht-Nachhaltigkeit: Warum die ökologische Transformation der Gesellschaft nicht stattfindet*, Bielefeld: transcript, S. 303-343.

Blühdorn, Ingolfur (2020d), »Kein gutes Leben für Alle! Annäherungen an einen Paradigmenwechsel«, in: ders., *Nachhaltige Nicht-Nachhaltigkeit: Warum die ökologische Transformation der Gesellschaft nicht stattfindet*, Bielefeld: transcript, S. 47-82.

Blühdorn, Ingolfur (2020e), »The Legitimation Crisis of Democracy: Emancipatory Politics, the Environmental State and the Glass Ceiling to Socio-ecological Transformation«, in: *Environmental Politics* 29/1, S. 38-57.

Blühdorn, Ingolfur (2020f), »The Dialectic of Democracy: Modernization, Emancipation and the Great Regression«, in: *Democratization* 27/3, S. 389-407.

Blühdorn, Ingolfur (2022a), »Sustainability: Buying Time for Consumer Capitalism«, in: Luigi Pellizzoni, Emanuele Leonardi und Viviana Asara (Hg.), *Handbook of Critical Environmental Politics*, Cheltenham: Edward Elgar, S. 141-155.

Blühdorn, Ingolfur (2022b), »Liberation and Limitation: The Emancipatory Project and the Grammar of the Autocratic-authoritarian Turn«, in: *European Journal of Social Theory* 25/1, S. 26-52.

Blühdorn, Ingolfur (2022c), »Planetary Boundaries, Societal Boundaries, and Collective Self-limitation: Moving beyond the Post-Marxist Comfort Zone«, in: *Sustainability: Science, Practice, and Policy* 18/1, S. 576-589.

Blühdorn, Ingolfur (2023), »Recreational Experientialism at ›the Abyss‹: Rethinking the Sustainability Crisis and Experimental Politics«, in: *Sustainability: Science, Practice, and Policy* 19/1, S. 46-60.

Blühdorn, Ingolfur/Karoline Kalke (2019), »Befreiung aus der Mü(n)digkeit. Demokratische Krise, flüchtiges Subjekt und digitale Revolution«, in: *Demokratie! Zumutung oder Zukunft* (Tagungsband zum Symposion Dürnstein), Hamburg: tredition GmbH, S. 33-48.

Blühdorn, Ingolfur/Hauke Dannemann (2019), »Der post-ökologische Verteidigungskonsens: Nachhaltigkeitsforschung im Verdacht der Komplizenschaft«, in: Carolin Bon, Doris Fuchs, Antonius Kerkhoff und Christian Müller (Hg.), *Gegenwart und Zukunft sozial-ökologischer Transformation*, Baden-Baden: Nomos, S. 113-134.

Blühdorn, Ingolfur/Michael Deflorian (2021), »Politicisation beyond Post-politics: New Social Activism and the Reconfiguration of Political Discourse«, in: *Social Movement Studies* 20/3, S. 259-275.

Böhme, Gernot (1992), *Natürlich Natur. Über Natur im Zeitalter ihrer technischen Reproduzierbarkeit*, Frankfurt/M.: Suhrkamp.

Boltanski, Luc/Eve Chiapello (2003), *Der neue Geist des Kapitalismus*, Konstanz: UVK.

Bookchin, Murray (1985) *Die Ökologie der Freiheit. Wir brauchen keine Hierarchien*, Weinheim: Beltz.
Brand, Karl Werner (Hg.) (2017), *Die sozial-ökologische Transformation der Welt*, Frankfurt/M./New York: Campus.
Brand, Karl Werner (2021), »Das schwarze Loch der Nicht-Nachhaltigkeit. Eine kritische Auseinandersetzung mit Ingolfur Blühdorns Forschungsansatz«, in: *Berliner Journal für Soziologie* 31, S. 279-307.
Brand, Karl Werner/Detlef Büsser/Dieter Rucht (1983), *Aufbruch in eine andere Gesellschaft. Neue soziale Bewegungen in der Bundesrepublik*, Frankfurt/M./New York: Campus.
Brand, Ulrich (2009), *Die Multiple Krise – Dynamik und Zusammenhang der Krisendimensionen, Anforderungen an politische Institutionen und Chancen progressiver Politik*, Berlin: Heinrich-Böll-Stiftung.
Brand, Ulrich (2016), »*Transformation* as a New Critical Orthodoxy. The Strategic Use of the Term *Transformation* Does not Prevent Multiple Crises«, in: *GAIA* 25/1, S. 23-27.
Brand, Ulrich/Markus Wissen (2017), *Die imperiale Lebensweise*, München: Oekom.
Brand, Ulrich/Christoph Görg/Markus Wissen (2019), »Overcoming Neoliberal Globalization: Social-ecological Transformation from a Polanyian Perspective and beyond«, in: *Globalizations*; online verfügbar unter: {https://doi.org/10.1080/14747731.2019.1644708}.
Brand, Ulrich et al. (2021), »From Planetary to Societal Boundaries: An Argument for Collectively Defined Self-limitation«, in: *Sustainability: Science, Practice and Policy* 17/1, S. 265-292.
Brennan, Jason (2016), *Against Democracy*, Princeton, Oxford: Princeton University press.
Bröckling, Ulrich (2007), *Das unternehmerische Selbst. Soziologie einer Subjektivierungsform*, Frankfurt/M.: Suhrkamp.
Brown, Trent (2016), »Sustainability as Empty Signifier: Its Rise, Fall, and Radical Potential«, in: *Antipode* 48/1, S. 115-133.
Brown, Wendy (2012), »Wir sind jetzt alle Demokraten…«, in: Giorgio Agamben et al. (Hg.), *Demokratie? Eine Debatte*, Berlin: Suhrkamp, S. 55-71.
Bulkeley, Harriet (2023), »The Condition of Urban Climate Experimentation«, in: *Sustainability: Science, Practice and Policy* 19/1, 2188726.

Butterwegge, Christoph (1999), »Folgen der ›regressiven Modernisierung‹ bzw. ›Amerikanisierung‹ des deutschen Sozialstaates«, in: ders.: *Wohlfahrtsstaat im Wandel. Probleme und Perspektiven der Sozialpolitik*, Wiesbaden: VS Verlag, S. 121-137.

Cassegard, Carl/Hakan Thörn (2018), »Toward a Postapocalyptic Environmentalism? Responses to Loss and Visions of the Future in Climate Activism«, in: *Environment and Planning E: Nature and Space* 1/4, S. 561-578.

Chakrabarty, Dipesh (2000), *Provincializing Europe: Postcolonial Thought and Historical Difference*, Princeton University Press.

Chakrabarty, Dipesh (2002), »Europa provinzialisieren: Postkolonialität und die Kritik der Geschichte«, in: Sebastian Conrad und Shalini Randeria (Hg.), *Jenseits des Eurozentrismus: Postkoloniale Perspektiven in den Geschichts- und Kulturwissenschaften*, Frankfurt/M./New York: Campus, S. 283-312.

Crouch, Colin (2008), *Postdemokratie*, Frankfurt/M.: Suhrkamp.

Crouch, Colin (2015), *Die bezifferte Welt. Wie die Logik der Finanzmärkte das Wissen bedroht*, Berlin: Suhrkamp.

Crozier, Michel/Samuel P. Huntington/Joji Watanuki (1975), *The Crisis of Democracy: Report on the Governability of Democracies to the Trilateral Commission*, New York: New York University Press.

Crutzen Paul J. (2002), »Geology of mankind«, in: *Nature* 415, S. 23.

Crutzen, Paul J./Eugene F. Stoermer (2000), »The Anthropocene«, in: *Global Change Newsletter* 41, S. 17-18.

Crutzen, Paul J., Will Steffen (2003), »How Long Have We Been in the Anthropocene Era?«, in: *Climatic Change* 61, 253.

Davis, Angela Y. (1982), *Women, Race and Class*, New York: Vintage Books.

Decker, Oliver/Johannes Kiess, Ayline Heller, Elmar Brähler (Hg.) (2022), *Autoritäre Dynamiken in unsicheren Zeiten. Neue Herausforderungen – alte Reaktionen?*, Gießen: Pyschosozial-Verlag.

Deflorian, Michael (2021), »Refigurative Politics: Understanding the Volatile Participation of Critical Creatives in Community Gardens, Repair Cafés and Clothing Swaps«, in: *Social Movement Studies* 20/2, S. 346-363.

Degele, Nina/Christian Dries (2005), *Modernisierungstheorie. Eine Einführung*, München: Fink.

Demirović, Alex/Julia Dück/Florian Becker/Pauline Bader (Hg.)

(2011), *Vielfachkrise im finanzmarktdominierten Kapitalismus*, Hamburg: VSA.

De Moor, Joost (2022), »Postapocalyptic Narratives in Climate Activism: Their Place and Impact in Five European Cities«, in: *Environmental Politics* 31/6, S. 927-948.

Djeffal, Christian (2018), »Normative Leitlinien für künstliche Intelligenz in Regierung und öffentlicher Verwaltung«, in: Resa Mohabat Kar, Basanta E. Thapa und Peter Parycek (Hg.), *(Un)berechenbar? Algorithmen und Automatisierung in Staat und Gesellschaft*, Berlin: Fraunhofer-Institut für Offene Kommunikationssysteme FOKUS, S. 493-415.

Die Grünen-Bundesgeschäftsstelle (Hg.) (1980), *Das Bundesprogramm*.

Dimbath, Oliver (2020), »Zeitdiagnostik statt Gesellschaftstheorie? Ulrich Becks Begriffe der Individualisierung, der reflexiven Modernisierung und der Kosmopolitisierung zwischen Feuilleton und Soziologie«, in: Clemens Römer et al. (Hg.), *Soziologische Phantasie und kosmopolitisches Gemeinwesen. Perspektiven einer Weiterführung der Soziologie Ulrich Becks*, Baden-Baden: Nomos, S. 44-69.

Dobson, Andrew (2022), »Emancipation in the Anthropocene: Taking the Dialectic Seriously«, in: *European Journal of Social Theory* 25/1, S. 118-135.

Dörre, Klaus (2021), »Kampf um die Öffentlichkeit. Kapitalistische Landnahme und die Zerstörung von Vernunft«, in: Nils S. Borchers et al. (Hg.), *Transformation der Medien – Medien der Transformation*, Frankfurt/M.: Westend.

Dörre, Klaus/Harmut Rosa/Karina Becker/Sophie Bose/Benjamin Seyd (Hg.) (2019), *Große Transformation? Zur Zukunft moderner Gesellschaften*, Wiesbaden: Springer.

Dryzek, John (2000), *Deliberative Democracy and beyond. Liberals, Critics, Contestations*, Oxford: Oxford University Press.

Eisenstadt, Shmuel (2000), *Die Vielfalt der Moderne*, Weilerswist: Velbrück.

Elsässer, Lea/Svenja Hense/Armin Schäfer (2021), »Not just Money: Unequal Responsiveness in Egalitarian Democracies«, in: *Journal of European Public Policy* 28/12, 1890-1908.

Enzensberger, Hans Magnus (1973), »Zur Kritik der politischen Ökologie«, in: *Kursbuch* 33, S. 1-42.

Eppler, Erhart (1975), *Ende oder Wende. Von der Machbarkeit des Notwendigen*, München: dtv.

Europäische Kommission (2022), Generaldirektion Bildung, Jugend, Sport und Kultur, *Ethische Leitlinien für Lehrkräfte über die Nutzung von KI und Daten für Lehr- und Lernzwecke*, Amt für Veröffentlichungen der Europäischen Union.

Fians, Guilerme (2022), »Prefigurative Politics«, in: Felix Stein (Hg.), *The Cambridge Encyclopedia of Anthropology*; online verfügbar unter: {http://doi.org/10.29164/22prefigpolitics}.

Fischer, Joschka (1989), *Der Umbau der Industriegesellschaft: Plädoyer wider die herrschende Umweltlüge*, Frankfurt/M.: Eichborn.

Fisher, Mark (2013), *Kapitalistischer Realismus ohne Alternative?*, Hamburg: VSA-Verlag.

Folkers, Andreas (2022), »Nach der Nachhaltigkeit: Resilienz und Revolte in der dritten Moderne«, in: *Leviathan* 50/2, S. 239-262.

Folkers, Manfred/Niko Paech (2020), *All You Need Is Less. Eine Kultur des Genug aus ökonomischer und buddhistischer Sicht*, München: oekom.

Foucault, Michel (1984), »Was ist Aufklärung?«, in: Eva Erdmann et al. (Hg.), *Ethos der Moderne. Foucaults Kritik der Aufklärung*, Frankfurt/M. 1990. S. 35-54.

Foucault, Michel (2006), *Die Geburt der Biopolitik. Vorlesungen am Collège de France 1978/1979*, Frankfurt/M.: Suhrkamp.

Foster, John (2015), *After Sustainability*, Abingdon: Earthscan.

Frankfurter Erklärung (2015), »Für eine kritisch-emanzipatorische Politische Bildung«; online verfügbar unter: {https://uol.de/f/1/inst/sowi/ag/politische_bildung/Frankfurter_Erklaerung_aktualisiert27.07.15.pdf}.

Fraser, Nancy (2013), *Fortunes of Feminism: From State-managed Capitalism to Neoliberal Crisis*, London: Verso.

Fraser, Nancy (2014), »Krise, Kritik und Kapitalismus. Ein Leitfaden für das 21. Jahrhundert«, in: *Transit. Europäische Revue* 46, S. 92-115.

Fraser, Nancy (2015), »Legitimation Crisis? On the Political Contradictions of Financialized Capitalism«, in: *Critical Historical Studies* 2/2, S. 157-189.

Fraser, Nancy (2017), »Vom Regen des progressiven Neoliberalismus in die Traufe des reaktionären Populismus«, in: Heinrich Geiselberger (Hg.), *Die große Regression: Eine internationale Debatte über die geistige Situation der Zeit*, Berlin: Suhrkamp, S. 77-92.

Fraser, Nancy (2019), *The Old is Dying and the New Cannot be Born*, London: Verso.

Fraser, Nancy (2023), *Der Allesfresser. Wie der Kapitalismus seine eigenen Grundlagen verschlingt*, Berlin: Suhrkamp.

Fraser, Nancy/Rahel Jaeggi (2020), *Kapitalismus. Ein Gespräch über Kritische Theorie*, Berlin: Suhrkamp.

Fraser, Nancy/Lara Monticelli (2021), »Progressive Neoliberalism Isn't the Solution. We Need a Radical Counter-hegemonic and Anti-capitalist Alliance. A Conversation with Nancy Fraser«, in: *Emancipations: A Journal of Critical Social Analysis* 1/1, Art. 2.

Friedrichs, Werner (2022), »Vom erschöpfenden Verteidigen zum entschiedenen Anstecken. Zur Zukunft der Demokratie in der neuen Kosmologie des Anthropozäns«, in: Ilka Maria, Tonio Oeftering und Nikolaj Schulte-Wörmann (Hg.), *Angegriffen und erschöpft!? Demokratie(n) und Politische Bildung*, Frankfurt/M.: Wochenschau Verlag.

Funtowicz, Silvio/Jerome Ravetz (1991), »A New Scientific Methodology for Global Environmental Issues«, in: Robert Costanza (Hg.), *Ecological Economics: The Science and Management of Sustainability*, New York: Columbia University Press, S. 137-152.

Funtowicz, Silvio/Jerome Ravetz (1992), »Three Types of Risk Assessment and the Emergence of Postnormal Science«, in: Sheldon Krimsky und Dominic Golding (Hg.), *Social Theories of Risk*, Westport: Greenwood, S. 251-273.

Funtowicz, Silvio/Jerome Ravetz (1993), »Science for the Post-normal Age«, in: *Futures* 25/7, S. 739-755.

Gallie, Walter Bryce (1956) »Essentially Contested Concepts«, in: *Proceedings of the Aristotelian Society* 56, S. 167-198.

Geiselberger, Heinrich (Hg.) (2017), *Die große Regression. Eine internationale Debatte über die geistige Situation der Zeit*, Berlin: Suhrkamp.

Giddens, Anthony (1991), *Modernity and Self-Identity. Self and Society in the Late Modern Age*, Cambridge: Polity.

Göpel, Maja (2022), *Wir können auch anders. Aufbruch in die Welt von morgen*, Berlin: Ullstein.

Goldsmith, Edward (1972), *A Blueprint for Survival*, London: Penguin.

Gorz, André (1978), *Ökologie und Politik. Beiträge zur Wachstumskrise*, Reinbek bei Hamburg: Rowohlt.

Gorz, André (1980), *Ökologie und Freiheit*, Reinbek bei Hamburg: Rowohlt.

Gottschlich, Daniela (2017), *Kommende Nachhaltigkeit: Nachhalti-*

*ge Entwicklung aus kritisch-emanzipatorischer Perspektive*, Baden-Baden: Nomos.

Gough, Ian (2020), »Defining Floors and Ceilings: The Contribution of Human Needs Theory«, in: *Sustainability: Science, Practice and Policy* 16/1, S. 208-219.

Graefe, Stefanie (2019), *Resilienz im Krisenkapitalismus. Wider das Lob der Anpassungsfähigkeit*, Bielefeld: transcript.

Gramsci, Antonio (2012), *Gefängnishefte*, 10 Bde., hrsg. von Klaus Bochmann und Wolfgang Fritz Haug, Hamburg: Argument Verlag.

Guterres, António (2021), »Rede auf der UNO-Vollversammlung in New York im September 2021«; online verfügbar unter: {https://www.un.org/sg/en/content/sg/statement/2023-09-19/secretary-generals-address-the-general-assembly}.

Guterres, António (2022), »Rede auf der UN-Klimakonferenz (COP 27) in Scharm El-Scheich, Ägypten, im November 2022«; online verfügbar unter: {https://www.un.org/sg/en/content/sg/statement/2022-11-07/secretary-generals-remarks-high-level-opening-of-cop27-delivered-scroll-down-for-all-english-version}.

Habermas, Jürgen (1973), *Legitimationsprobleme im Spätkapitalismus*, Frankfurt/M.: Suhrkamp.

Habermas, Jürgen (1980), »Die Moderne – ein unvollendetes Projekt«, in: ders., *Die Moderne – ein unvollendetes Projekt. Philosophisch-politische Aufsätze*, Stuttgart: Reclam.

Habermas, Jürgen (2021), »Überlegungen und Hypothesen zu einem erneuten Strukturwandel der politischen Öffentlichkeit«, in: Martin Seelinger und Sebastian Sevignani (Hg.), *Ein neuer Strukturwandel der Öffentlichkeit?*, Sonderband *Leviathan* (37), Baden-Baden: Nomos.

Habich, Jörg (2023), »Einstellungen und Sorgen der jungen Generation Deutschlands 2023«, repräsentative Studie der Bertelsmann-Stiftung; online verfügbar unter: {https://www.bertelsmann-stiftung.de/de/publikationen/publikation/did/einstellungen-und-sorgen-der-jungen-generation-deutschlands-2023}.

Haderer, Margaret (2023), »Experimental Climate Governance as Organized Irresponsibility? A Case for Revamping Governing (also) through Government«, in: *Sustainability: Science, Practice and Policy* 19/1, 21860.

Haderer, Margaret/Hauke Dannemann (2023), »Revisiting the Promises of Eco-Political Experimentation: Achievements, Appropriations, Limits«, in: Sondernummer von *Sustainability: Science, Practice and Policy* 19/1.

Hausknost, Daniel (2020), »Die gläserne Decke der Transformation. Strukturelle Blockaden im demokratischen Staat«, in: Ingolfur Blühdorn, *Nachhaltige Nicht-Nachhaltigkeit: Warum die ökologische Transformation der Gesellschaft nicht stattfindet*, Bielefeld: transcript, S. 161-189.

Hausknost, Daniel (2022), »Zur Zukunft der Umweltpolitik. Die gläserne Decke der Transformation«, in: *Politische Ökologie* 1/168, S. 78-83.

Helbrecht, Ilse (1996), »Die Wiederkehr der Innenstädte. Zur Rolle von Kultur, Kapital und Konsum in der Gentrification«, in: *Geographische Zeitschrift* 84/1, S. 1-15.

Herrmann, Ulrike (2022), *Das Ende des Kapitalismus. Warum Wachstum und Klimaschutz nicht vereinbar sind – und wie wir in Zukunft leben werden*, Köln: Kiepenheuer & Witsch.

Hobbes, Thomas (1970 [1651]), *Leviathan*. Stuttgart: Reclam.

Hofmann, Jeanette (2022), »Demokratie und Künstliche Intelligenz«, im Rahmen des Projektes Digitales Deutschland; online verfügbar unter: {https://digid.jff.de/demokratie-und-ki/}.

Hofstetter, Yvonne (2014), *Sie wissen alles – Wie intelligente Maschinen in unser Leben eindringen und warum wir für unsere Freiheit kämpfen müssen*, München: Bertelsmann.

Hofstetter, Yvonne (2016), *Das Ende der Demokratie. Wie die künstliche Intelligenz die Politik übernimmt und uns entmündigt*, München: Bertelsmann.

Holm, Andrej (2010), »Gentrifizierung und Kultur: Zur Logik kulturell vermittelter Aufwertungsprozesse«, in: *Jahrbuch StadtRegion 2009/10: Stadtkultur und Kreativität*, S. 64-82.

Honneth, Axel (2012), »Brutalization of the Social Conflict: Struggles for Recognition in the Early 21st Century«, in: *Distinktion: Journal of Social Theory* 13/1, S. 5-19.

Horkheimer, Max/Theodor W. Adorno (1969 [1944]), *Dialektik der Aufklärung*, Frankfurt/M.: Fischer.

Hradil, Stefan (2002), »Vom Wandel des Wertewandels. Die Individualisierung und eine ihrer Gegenbewegungen«, in: Wolfgang Glatzer, Roland Habich und Karl Ulrich Mayer (Hg.), *Sozialer Wandel und gesellschaftliche Dauerbeobachtung*, Opladen: Leske + Budrich, S. 31-47.

Inglehart, Ronald (1977), *The Silent Revolution. Changing Values and Political Styles among Western Publics*, Princeton: Princeton University Press.

Inglehart, Ronald (1998): *Modernisierung und Postmodernisierung: Kultureller, wirtschaftlicher und politischer Wandel in 43 Gesellschaften*, Frankfurt/M./New York: Campus.

Inglehart, Ronald/Christian Welzel (2005), *Modernization, Cultural Change, and Democracy: The Human Development Sequence*, Cambridge: Cambridge University Press.

Jackson, Tim (2011), *Wohlstand ohne Wachstum: Leben und Wirtschaften in einer endlichen Welt*, München: oekom.

Jackson, Tim (2021), *Wie wollen wir leben? Wege aus dem Wachstumswahn*, München: oekom.

Jäger, Anton (2023), *Hyperpolitik. Extreme Politisierung ohne politische Folgen*, Berlin: Suhrkamp.

Jaeggi, Rahel (2013), »Was (wenn überhaupt etwas) ist falsch am Kapitalismus? Drei Wege der Kapitalismuskritik«, in: Jaeggi Rahel, Daniel Loick (Hg.), *Nach Marx*, Berlin: Suhrkamp, S. 321-349 (auch als Working Paper 01/2013 des Kolleg Postwachstumsgesellschaften).

Jänicke, Martin (2007), *Megatrend Umweltinnovation: Zur ökologischen Modernisierung von Wirtschaft und Staat*, München: oekom.

Jasansky, Simon/Mirko Lieber/Stefan Giljum/Victor Maus (2023), »An Open Database on Global Coal and Metal Mine Production«, in: *Scientific Data* 10/1, S. 52.

Jörke, Dirk (2019), *Die Größe der Demokratie. Über die räumliche Dimension von Herrschaft und Partizipation*, Berlin: Suhrkamp.

Jonas, Hans (1979), *Das Prinzip Verantwortung. Versuch einer Ethik für die technologische Zivilisation*, Frankfurt/M.: Suhrkamp.

Jonas, Hans (1993), *Dem bösen Ende näher. Gespräche über das Verhältnis des Menschen zur Natur*, Frankfurt/M.: Suhrkamp.

Kaase, Max (1982), »Partizipatorische Revolution – Ende der Parteien?«, in: Joachim Raschke (Hg.), *Bürger und Parteien: Ansichten und Analysen einer schwierigen Beziehung*, Bonn: Bundeszentrale für politische Bildung, S. 173-189.

Kaase, Max (1984), »The Challenge of the *Participatory Revolution* in Pluralist Democracies«, in: *International Political Science Review* 5/3, S. 299-318.

Kant, Immanuel (1983 [1784]), »Idee zu einer allgemeinen Geschichte in weltbürgerlicher Absicht«, in: ders., Werkausgabe Bd. VI, Darmstadt: Wissenschaftliche Buchgesellschaft.

Kant, Immanuel (1983 [1785]), »Beantwortung der Frage: Was ist Aufklärung?«, in: ders., Werkausgabe Bd. VI, Darmstadt: Wissenschaftliche Buchgesellschaft.

Kant, Immanuel (1983 [1795]), »Zum ewigen Frieden. Ein philosophischer Entwurf«, in: ders., Werkausgabe Bd. VI, Darmstadt: Wissenschaftliche Buchgesellschaft.

Kolleck, Nina (2020), »Bildung für die Zukunft in Zeiten globaler Krisen? Chancen und Dilemmata in der demokratischen und (trans)kulturellen Bildung sowie der Bildung für nachhaltige Entwicklung«, in: *Zeitschrift für Schul- und Professionsentwicklung* 2/6, S. 14-26.

Kelly, Petra (1983), *Um Hoffnung kämpfen. Gewaltfrei in die grüne Zukunft*, Bornheim-Merten: Lamuv.

Kenner, Steve/Nagel, Michael (2022), »Große Transformation mit jungen Change Agents? Partizipative politische Bildung für nachhaltige Entwicklung als Antwort auf multiple Krisen der Gegenwart«, in: *Zeitschrift für Didaktik der Gesellschaftswissenschaften* 13/2, S. 99-116.

King, Anthony (1975), »Overload: Problems of Governing in the 1970s«, in: *Political Studies* 23/2-3 (1975), S. 284-296.

Klein, Naomi (2015), *This Changes Everything: Capitalism vs. the Climate*, London: Penguin.

Kleinhückelkotten, Silke/Peter H. Nietzke/Stephanie Mose (2016), »Repräsentative Erhebung von Pro-Kopf-Verbräuchen natürlicher Ressourcen in Deutschland (nach Bevölkerungsgruppen)«, 39/2016, Dessau-Roßlau: Umweltbundesamt.

Knöbl, Wolfgang (2007), *Die Kontingenz der Moderne: Wege in Europa, Asien und Amerika*, Frankfurt/M.: Campus.

Knöbl, Wolfgang (2013), »Aufstieg und Fall der Modernisierungstheorie und des säkularen Bildes ›moderner Gesellschaften‹«, in: Ulrich Willems, Detlef Pollack, Helene Basu, Thomas Gutmann und Ulrike Spohn (Hg.), *Moderne und Religion: Kontroversen um Modernität und Säkularisierung*, Bielefeld: transcript, S. 75-116.

Kuhn, Berthold (2019), *Ecological Civilization in China*, Berlin: Dialogue of Civilizations Research Institute.

Laclau, Ernesto (2002), *Emanzipation und Differenz*, Wien: Turia + Kant.

Latour, Bruno (2017), *Kampf um Gaia. Acht Vorträge über das neue Klimaregime*, Berlin: Suhrkamp.
Latour, Bruno (2018), *Das terrestrische Manifest*, Berlin: Suhrkamp.
Latour, Bruno/Nikolaj Schulz (2022), *Zur Entstehung einer ökologischen Klasse. Ein Memorandum*, Berlin: Suhrkamp.
Lessenich, Stephan (2018), *Neben uns die Sintflut. Wie wir auf Kosten anderer leben*, München.
Lessenich, Stephan (2019), *Grenzen der Demokratie. Teilhabe als Verteilungsproblem*, Stuttgart: Reclam.
Lessenich, Stephan (2022), *Nicht mehr Normal: Gesellschaft am Rande des Nervenzusammenbruchs*, Berlin: Hanser.
Levitsky, Steven/Daniel Ziblatt (2018), *Wie Demokratien sterben: Und was wir dagegen tun können*, München: Deutsche Verlags-Anstalt.
Linse, Ulrich (1986), *Ökopax und Anarchie: Eine Geschichte der ökologischen Bewegungen in Deutschland*, München: Deutsche Verlags-Anstalt.
Lipset, Seymour M. (1959), »Some Social Requisites of Democracy: Economic Development and Political Legitimacy«, in: *American Political Science Review* 53/1, S. 69-105.
Lipset, Seymour M. (1960), *Political Man. The Social Bases of Politics*, New York: Doubleday.
Liu, Chen/Lily Chen/Robert M. Vanderbeck/Gill Valentin/Mei Zhan/Kristina Diprose/Katie McQuaid (2018), »A Chinese Route to Sustainability: Postsocialist Transitions and the Construction of Ecological Civilization«, in: *Sustainable Development* 26/6, S. 741-748.
Lührmann, Anna/Staffan I. Lindberg (2019), »A Third Wave of Autocratization Is Here: What Is New about it?«, in: *Democratization* 26/7, S. 1095-1113.
Lütjen, Torben (2022), »The Anti-Authoritarian Revolt: Right-Wing Populism as Self-Empowerment?«, in: *European Journal of Social Theory* 25/1, S. 75-93.
Luhmann, Niklas (1984), *Soziale Systeme*, Frankfurt/M.: Suhrkamp.
Luhmann, Niklas (1986a), *Ökologische Kommunikation*, Opladen: Westdeutscher Verlag.
Luhmann, Niklas (1986b). »Das Trojanische Pferd. Ein Interview«, in: Kai-Uwe Hellmann (Hg.), *Protest*, Frankfurt/M.: Suhrkamp, S. 64-74.
Luks, Fred (2019), »(Große) Transformation – die neue große Nach-

haltigkeitserzählung?«, in: ders. (Hg.), *Chancen und Grenzen der Nachhaltigkeitstransformation*, Wiesbaden: Springer Gabler, S. 3-18.

Luks, Fred (2023), *Ökonomie der Großzügigkeit. Wie Gesellschaften nachhaltig werden*, Bielefeld: transcript.

Lyotard, Jean-François (1994 [1979]), *Das postmoderne Wissen. Ein Bericht*, Wien: Passagen Verlag.

Lyotard, Jean-François (1987), *Der Widerstreit*, München: Fink.

MacGregor, Sherilyn (2019), »Finding Transformative Potential in the Cracks? The Ambiguities of Urban Environmental Activism in a Neoliberal City«, in: *Social Movement Studies* 20/3, S. 329-345.

Macpherson, Crawford B. (1977), *The Life and Times of Liberal Democracy*, Oxford: Oxford University Press.

Malm, Andreas (2016), *Fossil Capital. The Rise of Steam Power and the Roots of Global Warming*, London: Verso.

Manow, Philip (2020), *(Ent-)Demokratisierung der Demokratie*, Berlin: Suhrkamp.

Mar Castro Varela, María do/Dhawan, Nikita (2020), *Postkoloniale Theorie. Eine kritische Einführung*, Stuttgart: UTB.

Marcuse, Herbert (1964), *Der eindimensionale Mensch*, München: dtv.

Mason, Paul (2018), *Postkapitalismus. Grundrisse einer kommenden Ökonomie*, Berlin: Suhrkamp.

McKibben, Bill (1990), *The End of Nature*, London: Penguin.

Meadows, Dennis/Donella Meadows/Jorgen Randers (1972), *Die Grenzen des Wachstums*, Stuttgart: Deutsche Verlags-Anstalt.

Merchant, Carolyne (1980), *The Death of Nature. Women, Ecology and the Scientific Revolution*, San Francisco: Harper and Row.

Mitchell, Timothy (2011), *Carbon Democracy. Political Power in the Age of Oil*, London: Verso.

Mol, Arthur/David Sonnenfeld (Hg.) (2000), *Ecological Modernisation Around the World*, London: Frank Cass.

Monticelli, Lara (2022), *The Future is Now: An Introduction to Prefigurative Politics*, Bristol: Bristol University Press.

Moser, Stephanie/Silke Kleinhückelkotten (2018), »Good Intents, but Low Impacts: Diverging Importance of Motivational and Socioeconomic Determinants Explaining Pro-Environmental Behaviour, Energy Use, and Carbon Footprint«, in: *Environment and Behaviour* 50/6, S. 626-656.

Mouffe, Chantal (2018), *Für einen linken Populismus*, Berlin: Suhrkamp.

Mouffe, Chantal (2023), *Eine Grüne demokratische Revolution: Linker Populismus und die Kraft der Affekte*, Berlin: Suhrkamp.

Mounk, Yascha (2018), *Der Zerfall der Demokratie. Wie der Populismus den Rechtsstaat bedroht*, München: Droemer.

Nachtwey, Oliver (2016), *Die Abstiegsgesellschaft. Über das Aufbegehren in der regressiven Moderne*, Berlin: Suhrkamp.

Nandy, Ashis (1983), *The Intimate Enemy. Loss and Recovery of Self under Colonialism*, Oxford: Oxford University Press.

Nassehi, Armin (2020), »Die Ästhetik der Erreichbarkeit und Benennbarkeit. Eine unsachliche Kritik«, in: Angelika Poferl und Natan Sznaider (Hg.), *Ulrich Becks kosmopolitisches Projekt*, Baden-Baden: Nomos, S. 250-262.

Nassehi, Armin (2021), *Unbehagen. Theorie der überforderten Gesellschaft*, München: C.H. Beck.

Nassehi, Armin (2022a), »Die Rückkehr des Feindes«, in: *Zeit Online* (25. Februar 2022); online verfügbar unter: {https://www.zeit.de/kultur/2022-02/demokratie-bedrohung-russland-ukraine-krieg-wladimir-putin}.

Nassehi, Armin (2022b), »Nichts ist mehr selbstverständlich«, in: *Der Spiegel* 14 (2. April), S. 108f.

Neckel, Sighard (2020), »Der Streit um die Lebensführung. Nachhaltigkeit als sozialer Konflikt«, in: *Mittelweg* 36/6, S. 82-100.

Neyrat, Frédéric (2019), *The Unconstructable Earth. An Ecology of Separation*, New York: Fordham University Press.

Noelle-Neumann, Elisabeth/Thomas Petersen (2001), »Zeitenwende: Der Wertewandel 30 Jahre später«, in: *Aus Politik und Zeitgeschichte* B29, S. 15-22.

Offe, Claus (1972), *Strukturprobleme des kapitalistischen Staates. Aufsätze zur Politischen Soziologie*, Frankfurt/M.: Suhrkamp.

Overdevest, Christine/Alena Bleicher/Matthias Gross (2010), »The Experimental Turn in Environmental Sociology: Pragmatism and New Forms of Governance«, in: Matthias Gross und Harald Heinrichs (Hg.), *Environmental Sociology: European Perspectives & Interdisciplinary Challenges*, Dordrecht: Springer, S. 279-294.

Paech, Niko (2012), *Befreiung vom Überfluss: Auf dem Weg in die Postwachstumsökonomie*, München: oekom.

Parsons, Talcott (1971), »Evolutionäre Universalien in der Gesellschaft«, in: Wolfgang Zapf (Hg.), *Theorien des sozialen Wandels*, Köln: Kiepenheuer & Witsch, S. 55-74.

Pellizzoni, Luigi (2022), »A Different Kind of Emancipation? From Lifestyle to Form-of-life«, in: *European Journal of Social Theory* 25/1, S. 155-171.

Polanyi, Karl (1978 [1944]), *The Great Transformation*, Frankfurt/M.: Suhrkamp.

Prittwitz, Volker von (Hg.) (1993), *Umweltpolitik als Modernisierungsprozess*, Opladen: Leske + Budrich.

Rancière, Jacques (2011), *Hass der Demokratie*, Berlin: August.

Reckwitz, Andreas (2017), *Die Gesellschaft der Singularitäten. Zum Strukturwandel der Moderne*, Berlin: Suhrkamp.

Reckwitz, Andreas (2019), *Das Ende der Illusionen. Politik, Ökonomie und Kultur in der Spätmoderne*, Berlin: Suhrkamp.

Reckwitz, Andreas (2021), »Gesellschaftstheorie at work: Von der bürgerlichen Moderne über die industrielle Moderne zur Spätmoderne«, in: Andreas Reckwitz und Hartmut Rosa, *Spätmoderne in der Krise*, Berlin: Suhrkamp, S. 99-128.

Reckwitz, Andreas/Hartmut Rosa (2021), *Spätmoderne in der Krise. Was leistet die Gesellschaftstheorie?*, Berlin: Suhrkamp.

Rockström, Johann et al. (2009a), »A Safe Operating Space for Humanity«, in: *Nature* 461, S. 472-475.

Rockström, Johann et al. (2009b), »Planetary Boundaries: Exploring the Safe Operating Space for Humanity«, in: *Ecology and Society* 14/2, Art. 32.

Rockström, Johann et al. (2021), »Identifying a Safe and Just Corridor for People and the Planet«, in: *Earth's Future* 9/4; online verfügbar unter: {https://doi.org/10.1029/2020EF001866}.

Rohkrämer, Thomas (1999), *Eine andere Moderne? Zivilisationskritik, Natur und Technik in Deutschland 1880-1933*, Paderborn: Schöningh.

Römer, Oliver/Clemens Boehncke/Markus Holzinger (Hg.) (2020), *Soziologische Phantasie und kosmopolitisches Gemeinwesen. Perspektiven einer Weiterführung der Soziologie Ulrich Becks*, Baden-Baden: Nomos.

Rosa, Hartmut (2005), *Beschleunigung. Die Veränderung der Zeitstrukturen in der Moderne*, Berlin: Suhrkamp.

Rosa, Hartmut/David Strecker/Andrea Kottmann (2007), *Soziologische Theorien*, Stuttgart: UTB.

Rosa, Hartmut (2021), »Best Account. Skizze einer systematischen

Theorie der modernen Gesellschaft«, in: Andreas Reckwitz und Hartmut Rosa, *Spätmoderne in der Krise*, Berlin: Suhrkamp, S. 151-251.

Roth, Roland (1994), *Demokratie von unten. Neue soziale Bewegungen auf dem Wege zur politischen Institution*, Köln: bund Verlag.

Rucht, Dieter (1994), *Modernisierung und neue soziale Bewegungen: Deutschland, Frankreich und USA im Vergleich*, Frankfurt/M./New York: Campus.

Sarkar, Saral (2003), »Nachhaltige Entwicklung. Der vergebliche Rettungsversuch für eine sterbende Illusion«, in: Claudia v. Werlhof, Veronika Bennholdt-Thomsen und Nicholas Faraclas (Hg.), *Subsistenz und Widerstand. Alternativen zur Globalisierung*, Wien: Promedia Druck- und Verlagsgesellschaft, S. 69-83.

Schäfer, Armin/Michael Zürn (2021), *Die demokratische Regression*, Berlin: Suhrkamp.

Schellnhuber, Hans Joachim (1999), »›Earth System‹ Analysis and the Second Copernican Revolution«, in: *Nature* 402 (S 6761), c19-c23.

Schneidewind, Uwe (2018), *Die Große Transformation: Eine Einführung in die Kunst gesellschaftlichen Wandels*, Frankfurt/M.: Fischer Verlag.

Sennett, Richard (2007), *Der flexible Mensch. Die Kultur des neuen Kapitalismus*, Berlin: Berliner Taschenbuch-Verlag.

Shearman, David/Joseph Wayne Smith (2007), *The Climate Change Challenge and the Failure of Democracy*, Westport: Praeger.

Sieferle, Rolf-Peter (1984), *Fortschrittsfeinde? Opposition gegen Technik und Industrie von der Romantik bis zur Gegenwart*, München: C.H. Beck.

Spaargaren, Gert/Arthur Mol (1992), »Sociology, Environment, and Modernity: Ecological Modernization as a Theory of Social Change«, in: *Society & Natural Resources* 5/4, S. 323-344.

Spengler, Oswald (1922), *Der Untergang des Abendlandes: Umrisse einer Morphologie der Weltgeschichte*, Bd. 1, München: C.H. Beck.

Staab, Philipp (2022), *Anpassung. Leitmotiv der nächsten Gesellschaft*, Berlin: Suhrkamp.

Steffen, Will et al. (2015), »Planetary Boundaries: Guiding Human Development on a Changing Planet«, in: *Science* 347 (6223), S. 736-746.

Steffen, Will et al. (2018), »Trajectories of the Earth System in the Anthropocene«, in: *Proceedings of the National Academy of Sciences of the United States of America* 115/33, S. 1-8.
Stephan, Cora (1993), *Der Betroffenheitskult. Eine politische Sittengeschichte*, Reinbek bei Hamburg: Rowohlt.
Streeck, Wolfgang (2013), *Gekaufte Zeit. Die vertagte Krise des demokratischen Kapitalismus*, Berlin: Suhrkamp.
Streeck, Wolfgang (2015), »Wie wird der Kapitalismus enden?«, Teil I und Teil II, in: *Blätter für deutsche und internationale Politik* 3/2015, S. 99-111 und 4/2015, S. 109-120.
Tauss, Aron (Hg.) (2016), *Sozial-ökologische Transformation. Das Ende des Kapitalismus denken*, Hamburg: VSA.
Tsing, Anna (2016), *The Mushroom at the End of the World. On the Possibility of Life in Capitalist Ruins*, Princeton: Princeton University Press.
Tyfield, David (2021), »Will China Deliver Urban ›Ecological Civilization?‹«, in: Janette Webb, Faye Wade und Margaret Tingey (Hg), *Research Handbook on Energy & Society*, S. 201-214.
Tyfield, David/Fabricio Rodríguez (2022), »Against and For China's Ecological Civilisation: Economising the *Bios* or ›Life-ising‹ Transition?«, in: *International Quaterly for Asian Studies* 53/3, S. 441-469.
Ulbricht, Lena (2020), »Scraping the Demos. Digitalization, Web Scraping and the Democratic Project«, in: *Democratization* 27/3, S. 426-442.
Van der Loo/Willem van Reijen (1992), *Modernisierung. Projekt und Paradox*, München: dtv.
Van Reybrouck, David (2016), *Against Elections: The Case for Democracy*, London: The Bodley Head.
Vereinte Nationen (UN) (2015), »Transformation unserer Welt: die Agenda 2030 für nachhaltige Entwicklung«, Beschluss der Generalversammlung, 18. September 2015, Vereinte Nationen: New York.
Wagenknecht, Sahra (2022), *Die Selbstgerechten. Mein Gegenprogramm – für Gemeinsinn und Zusammenhalt*, Frankfurt/M./New York: Campus.
Wainwright, Joel/Geoff Mann (2020), *Climate Leviathan. A Political Theory of Our Planetary Future*, London: Verso.
Wakefield, Stephanie (2018), »Infrastructures of Liberal Life: From Modernity and Progress to Resilience and Ruins«, in: *Geography*

*Compass* 12:e12377; online verfügbar unter: {https://doi.org/10.1111/gec3.12377}.
Wakefield, Stephanie (2021), »Experimental Government in the Anthropocene«, in: David Chandler, Franziska Müller und Delf Rothe (Hg.), *International Relations in the Anthropocene. New Agendas, New Agencies and New Approaches*, London: Palgrave, S. 331-348.
Wissenschaftlicher Beirat der Bundesregierung Globale Umweltveränderungen (WBGU) (2011), *Welt im Wandel. Gesellschaftsvertrag für eine Große Transformation*; online verfügbar unter: {https://www.wbgu.de/de/publikationen/publikation/welt-im-wandel-gesellschaftsvertrag-fuer-eine-grosse-transformation}.
Welsch, Wolfgang (1987), *Unsere postmoderne Moderne*, Weinheim: Acta humaniora.
Welzer, Harald (2017), *Die smarte Diktatur. Der Angriff auf unsere Freiheit*, Frankfurt/M.: S. Fischer.
Wiest, Karin/André Hill (2004), »Sanfte Gentrifizierung, Studentifizierung und Inseln ethnischer Konzentration in ostdeutschen Innenstadtrandgebieten«, in: *Raumforschung und Raumordnung, Spatial Research and Planning* 62/6, S. 361-374.
Wilson, Japhy/Erik Swyngedouw (Hg.) (2014), *The Post-Political and its Discontents: Spaces of Depoliticisation, Spectres of Radical Politics*, Edinburgh: Edinburgh University Press.
Wissenburg, Marcel (1998), *Green Liberalism. The Free and the Green Society*, London: UCL Press.
World Commission on Environment and Development (WCED) (1987), *Our Common Future*, Oxford: Oxford University Press.
Zapf, Wolfgang (1975), »Soziologische Theorie der Modernisierung«, in: *Soziale Welt* 26, S. 212-226.
Zapf, Wolfgang (1991), »Modernisierung und Modernisierungstheorien«, in: ders. (Hg.), *Die Modernisierung moderner Gesellschaften: Verhandlungen des 25. Deutschen Soziologentages in Frankfurt am Main 1990*, Frankfurt/M./New York: Campus, S. 23-39.
Zuboff, Shoshana (2018), *Das Zeitalter des Überwachungskapitalismus*, Frankfurt/M./New York: Campus.